tpreußischer Winterfeldzug

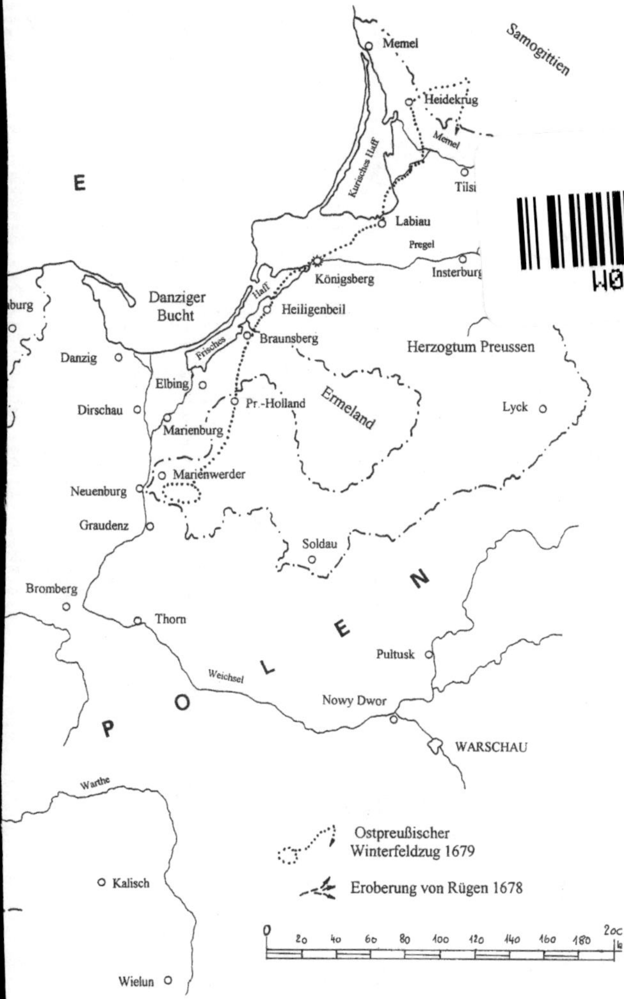

Herrmann, Georg Freiherr von Derfflinger

DER HOCHWOL GEBORNE HERR,
HERR GEORG FREYHERR VON DERFLINGER,
Churfürstl. Brandenburg. Geheimer Kriegs Rath, Statt-
halter des Herzogthums Hinter Pommern und Fürsten-
thums Camin, General Feld Marschal und Ober Gou-
verneur der Churfürstl. Festungen, Herr zu Quiteinen
und darzu gehörigen Güter, als auch Schildberg, Gusow,

Georg Freiherr von Derfflinger

von Gerd-Ulrich Herrmann

Preußische Köpfe

Stapp Verlag Berlin

Abbildungsnachweis: Schloß Mühlgrub, S. 11 (die Gemälde fotografierte N. Guld, Neuhofen); Statens Konstmuseer, S. 25, 61; Archiv für Kunst und Geschichte, S. 43; Deutsches Historisches Museum, S. 115, 117; Archiv Stapp Verlag, S. 165; alle anderen Vorlagen stellte der Autor zur Verfügung.

Die Buchreihe *Preußische Köpfe* erscheint unter der Schirmherrschaft des Präsidenten der Stiftung Preußischer Kulturbesitz, Prof. *Dr. Werner Knopp.*
Sie wird herausgegeben von *Heinz Ohff.*
Die grafische Gestaltung besorgt *Christian Chruxin.*

ISBN 3 87776 178 X

Satz: PR Druckservice Berlin
Druckerei: Wichmann Offsetdruck, Berlin
Bindearbeiten: Heinz Stein, Industriebuchbinderei, Berlin

Inhalt

Kindheit und frühe Jugend

Der erste Lebensabschnitt des späteren Generalfeldmarschalls Georg Freiherr von Derfflinger liegt bis heute weitgehend im dunkeln. In alten Biographien existieren darüber ungezählte Widersprüchlichkeiten, Ungereimtheiten, viel Anekdotenhaftes und Unbewiesenes. Das hat seinen Grund vor allem in den wenigen urkundlichen Erwähnungen sowie in der Tatsache, daß Derfflinger selbst aus unterschiedlichen Gründen nichts zur „Aufklärung" seiner ersten Lebensjahre beitrug. Guttknecht, Feldprediger und Pfarrer des Sohnes Derfflingers, bemerkte bereits 1695, man möge sich keine vergeblichen Mühen machen, weil man sichere Nachricht nicht mehr erhalten und geben könne. Dennoch, einiges wissen wir heute mehr als damals.

Sein Geburtsort, Neuhofen a. d. Krems, ca. 20 Kilometer südlich der oberösterreichischen Hauptstadt Linz gelegen, ist überliefert. Intensive Nachforschungen aus jüngerer Zeit von Historikern und Heimatforschern seines Geburtslandes erbrachten beachtliche Erkenntnisse über seine Herkunft, Kindheit und frühe Jugend. Der Name Derfflinger ist noch heute in der Umgebung von Neuhofen mehrfach vertreten. Dieser Familienname hat in Österreich überdauert. Selbst ein Ort „Dörfl", was so viel wie kleine, bäuerliche Ansiedlung heißt, existiert in der Umgebung gleich zweimal. Im oberösterreichischen Dialekt wird „Dörfl" fast wie „Derfl" gesprochen. Vielleicht liegt in der Phonetik auch die Begründung, warum später sowohl die Schreibweise „Dörfflinger" als auch „Derfflinger" auftaucht.

Dem Grundbuch aus dem Jahre 1573 des oberösterreichischen Stiftes Kremsmünster ist zu entnehmen, daß Derfflingers Großeltern untertänige Bauern und Besitzer des Kamptnergutes am Hundsfußberg zwischen Sipbach und Krems waren. Großvater Hans, Bauer und Zimmermann zugleich, sowie Großmutter Margarete vererbten ihren Grund und Boden bereits 1577 an die vier Söhne Wolf, Georg (Vater unseres Georgs), Mert und Leonhard sowie an die Tochter Anna, die zu diesem Zeitpunkt bereits nicht mehr lebte. Der wahrscheinlich älteste Sohn Wolf verkaufte mit Einverständnis seiner Brüder das gesamte Erbe. Den Anteil von Anna erhielten ihre beiden Kinder zugesprochen. Zu diesem Zeitpunkt hielt sich der spätere Vater unseres Georgs in Niederösterreich auf. Zwei Urkunden beweisen jedoch seine Übersiedlung nach Neuhofen; wann das konkret geschah, ist bisher noch unbekannt.

In Neuhofen erblickte Georg Derfflinger, vermutlich am 10. März 1606, „als geringer Leute Kind" das Licht der Welt. Verschiedene Veröffentlichungen geben die Existenz des Vaters mit Bauer, Handwerker oder Weinschenk an. Das Geburtsdatum kann allerdings nur aus nicht beurkundeten Überlieferungen geschlußfolgert werden. Das genaue Datum ist bis heute nicht restlos gesichert, denn es existieren „Im Tor zum Kremstal" und seiner Umgebung keine Taufregister aus jener Zeit, weil die Matrikel der Pfarre Neuhofen erst Mitte des 17. Jahrhunderts beginnen. Wahrscheinlich wurde seine Geburt, wenn überhaupt, von einem umherziehenden Prädikanten beurkundet. Der auch häufig genannte 6. März 1606 bezieht sich wahrscheinlich auf einen Text im „Großen vollständigen Universallexikon 1734". Darin steht: „† 5. 2. 1695, 88 J. 11 M. alt". Auf dem ihm zu Ehren gestifteten Epitaph hingegen steht: „Ist auf diese Welt gebohren Ao. 1606 d. 10. Martij zu Neuhofen in Ober-Östreich im Landel ob der Ens". Der Text wurde im Auftrage seines Sohnes angebracht und dürfte den Tatsachen entsprechen. Dieses Datum übernahmen jedenfalls fast alle Biographen. Den tatsächlichen Geburtstag zu verifizieren wird wohl kaum möglich sein.

Ebenso sind Standort und Ansicht seines Geburtshauses nicht überliefert. Bekannt ist jedoch, daß Georg mindestens zwei ältere Schwestern hatte. Die erste urkundliche Erwähnung der Neuhofener Derfflinger findet sich im Kematener Trauungsbuch und betrifft die Hochzeit seiner Schwester Anna. Sie heiratete am 15. September 1615 Thomas Gattermayer. Diese Eintragung nennt Georgs Vater einen „civis", also „erbgessener Altbürger". Daraus zu schließen, daß er Handwerker oder gar Amtsträger gewesen sei, wäre falsch, denn in dieser Region wurden auch die Bauern als „civis" bezeichnet. Die Eintragung ist zugleich die einzige in dem katholischen Pfarrbuch.

Georgs Schwester Regina war mindestens sechzehn Jahre älter als ihr Bruder und heiratete 1617 den Magister Christophorus Crinesius, der, aus Wittenberg gerufen, im Schloß Gschwendt als Theologe wirkte. Ein Jahr später kam ihr erstes Kind zur Welt. Crinesius erlangte in der Region als evangelischer Prediger eine beachtliche Bedeutung. Nachdem der Seelsorger Österreich verlassen mußte, nahm er bis zu seinem Tode, am 29. August 1629, die Stelle eines Universitätsprofessors in Nürnberg-Altdorf ein. Sein schriftlicher Nachlaß, der in verschiedenen europäischen Archiven verstreut ist, zeugt von seinen beachtlichen wissenschaftlichen Arbeiten.

Georg besuchte die 1594 erstmals urkundlich erwähnte Schule in Neuhofen. Sie war ein hölzerner Anbau unmittelbar am alten Rathaus; an diesem Gebäude erinnert heute eine kleine Gedenktafel an den berühmtesten Einwohner Neuhofens. Der damalige Lehrer, Johannes Steinbauer, galt als ein protestantischer Rebell. Bei ihm bekam Georg seine erste schulische Ausbildung.

Mit Hilfe dieser wenigen Informationen, die erst in den letzten Jahren gesammelt wurden, können wichtige Schlüsse über die ersten Lebensjahre Georgs gezogen werden. Derfflinger erhielt eine höhere Bildung als die meisten Dorfkinder seiner Zeit, denn als späterer Offizier, Diplomat oder Politiker stellte er ein hohes Wissen, eine rasche Auffassungsgabe sowie seine ausgeprägte Lernbereitschaft unter Beweis. Sicherlich waren seine hohe Intelligenz und sein ausgeprägter Ehrgeiz wichtige Voraussetzungen, aber ohne eine solide schulische Allgemeinbildung hätte Derfflinger den Anforderungen, die das Leben an ihn stellte, nicht standgehalten.

Elternhaus, Lehrer und Schwager erzogen Derfflinger von frühester Kindheit im Sinne der Reformation. Crinesius kam 1613 nach Neuhofen und hatte bis zum Weggang Georgs genügend Zeit, um seinem wesentlich jüngeren Schwager nicht nur das „Bibellesen" beizubringen. Dieser soll sogar später des Lateinischen mächtig gewesen sein, und das hatte er bekanntlich nicht auf den Schlachtfeldern erlernt. Einige Quellen berichten sogar, daß Derfflinger in späteren Jahren weiterhin Schwedisch und sogar Holländisch beherrscht habe und schnell Rechnen konnte. Seine militärischen Berichte und sonstige Briefpost zeugen von einer geübten Handschrift sowie knapper und klarer militärischer Ausdrucksweise.

Obwohl Georg sehr zeitig seinen Heimatort verließ, haben die dortigen gesellschaftlichen Umstände sein weiteres Leben geprägt. Den neuen Glauben hatten 95 % der Bewohner Oberösterreichs angenommen, weil die Grafen zu Losenstein entschiedene Förderer des evangelischen Bekenntnisses waren. Am 26. Februar 1572 bat Dietmar Graf zu Losenstein und Gschwendt, der Landeshauptmann von Oberösterreich, erfolgreich um die Einrichtung einer Stelle für einen Prädikanten mit augsburgisch-lutherischem Bekenntnis. Doch Ende des 16. Jahrhunderts gab es bereits die ersten Anzeichen

Magister
Christophorus Crinesius
(um 1623), Pfarrer und
Schwager Derfflingers

Regina Crinesius,
geb. Derfflinger, Schwester
Derfflingers (um 1623)

Ölgemälde in Schloß Mühlgrub

der immer stärker werdenden Gegenreformation, bereits 1592 schrieb Otto Heinrich, Herr auf Losenstein und Gschwendt, „daß er sich den Prädikanten nicht verbieten lasse“. Selbst Weigerungen der katholischen Priester, Nichtkatholiken auf ihren Friedhöfen zu beerdigen, und andere Versuche, die Andersgläubigen zu diskriminieren, konnten die neue Bewegung nicht stoppen. Die radikalen Verfechter des katholischen Glaubens wandten zur Durchsetzung ihrer Ziele immer entschiedenere Mittel an. Seit Jahrzehnten lösten unzufriedene Bauern Unruhen aus. Die Ursachen dafür lagen nicht nur in den religiösen Bereichen, sondern auch in der politischen und sozialen Sphäre. Die Auseinandersetzungen eskalierten 1625, zu diesem Zeitpunkt hatte Georg Derfflinger vermutlich seine ersten Kriegsjahre bereits überstanden. Anfang des Jahres 1626 trat Georg Achaz Graf v. Losenstein endgültig zum katholischen Bekenntnis über. Damit besaß die Reformation in dieser Region keine Basis mehr. Die vom Kaiser Ferdinand II. unterstützte Gegenreformation holte nun zum Vernichtungsschlag gegen die „Abtrünnigen“ aus. Den Protestanten blieb nur die Wahl: Uneingeschränktes Bekenntnis zu Rom oder die Heimat verlassen. Bis zum Osterfest 1626 ließ der Kaiser den protestantischen Oberösterreichern Zeit, sich zu entscheiden.

Dieses Ultimatum bedeutete auch für die Familie Derfflinger einen gewaltigen Einschnitt. Als erster spürte dies Crinesius am eigenen Leibe. Anfang 1617 mußten er und seine Familie Schloß Gschwendt verlassen, weil der letzte überzeugte evangelische Losensteiner starb. Aufnahme fand Christophorus Crinesius im nahegelegenen Schloß Mühlgrub, wo er die Seelsorge für die nähere Umgebung übernahm. Seine Frau und die Kinder dürften vorerst allerdings im Schutz der Eltern in Neuhofen geblieben sein. Wann konkret die Familien Derfflinger und Crinesius das Land verlassen haben, ist bis heute ungeklärt. Als erster verließ wohl der junge Georg

Neuhofen und ging zu den Soldaten. Zu diesem Zeitpunkt predigte sein Schwager noch, denn am 24. Juni 1620 hielt er in Mühlgrub seine bekanntgewordene und 1621 in Linz gedruckte Handwerkerpredigt. Georg Derfflinger senior wird dagegen noch 1621 als Pächter eines Wiesengrundes genannt. Die Vermutung liegt nahe, daß die Eltern mit Tochter Regina nebst Enkel um 1624 nach Böhmen auswanderten.

Die Auseinandersetzung zwischen Protestanten und Katholiken nahm in dieser Zeit an Schärfe zu. Am 17. August 1626 kam es zwischen beiden Parteien zu einem größeren „Treffen bei Gschwendt". Das Bauernheer unter dem Kommando des Hauptmanns Achaz Wiellingger trat gegen das kaiserliche an, das der bayerische Obrist Hans Christoph Löbl führte. Vor Gschwendt, der früheren Wirkungsstätte des Magisters Crinesius, nahmen die Truppen Aufstellung. Durch eine Kriegslist gerieten die Aufständischen in einen Hinterhalt, dabei fielen mehr als tausend Bauern, und eine große Anzahl geriet in Gefangenschaft. Heute erinnert im Geburtsort Derfflingers eine steinerne Rundsäule mit einer Kugel und einem einfachen Kreuz als Bekrönung an die toten Bauern. Trotz des Waffenstillstandes vom 18. September 1626 verbesserte sich die Lage der Protestanten nicht. Im Gegenteil. Ihr Lebensraum und die Lebensverhältnisse verschlechterten sich zunehmend. Die evangelischen Bewohner sahen sich massivem Druck ausgesetzt. Crinesius Nachfolger, der Prädikant und vorherige Chorherr des Stiftes St. Florian, Georg Zauner, der mehrere Jahre im Untergrund wirkte, vertrat die ortsansässigen Bauern häufig in prozessualen Angelegenheiten.

Zu diesem Zeitpunkt war Georg längst Soldat. Auch Guttknecht verwies darauf, daß Derfflinger „in seiner Kindheit von seinem Eltern Vaterland weggekommen" sei. Ob er zuvor einen Beruf erlernte oder ausübte, ist nicht bekannt. Daß Derfflinger ein Schneidergeselle gewesen war, ist eine bereits zu Lebzeiten entstandene Legende und durch nichts bewiesen. Theodor Fontane bringt die ganze Diskussion um das Schneiderdasein Derfflingers auf den Punkt: „Indessen Schneider oder nicht, keinesfalls war er es lange. Der Held steckte drin und wollte heraus. Dazu waren die damaligen Tage die besten Tage. Alles stand im Krieg, und Böhmen war sein eigentlicher Schauplatz."

Der Beginn einer langen militärischen Laufbahn

Georg Derfflinger wurde in eine Zeit hineingeboren, die durch eine Vielzahl verschiedenartiger Widersprüche gekennzeichnet war. Sie hatten auf sein weiteres Leben erhebliche Einflüsse. Anfang des 17. Jahrhunderts eskalierte, nicht nur in Deutschland, der Kampf um Macht und Glaubensfragen. Der Kaiser mit seinen Verbündeten wollte seine Interessen mit immer drastischeren Mitteln gegenüber den „protestantischen Abtrünnigen" durchsetzen. Doch die Lehren von Luther und Calvin fanden bei vielen deutschen Landesherrn immer mehr Anklang. Sie versprachen sich davon, vor allem ihre wirtschaftlichen und gesellschaftlichen Interessen gegenüber Rom und dem Kaiser besser durchsetzen zu können. Deshalb schlossen sich diese Landesherren bereits 1608 zur protestantischen „Union" zusammen. Nur ein Jahr später bildeten die katholischen süddeutschen und rheinischen Fürsten, mit tatkräftiger Unterstützung Roms, durch die „Katholische Liga" ein Gegenbündnis. Damit standen sich deutsche Herrscher tief verfeindet gegenüber. Der Streit um angebliche Glaubensfragen war längst zu einem Machtkampf zwischen dem katholischen Kaiser und seinen protestantischen Landesfürsten geworden. Es ging vor allem um die Frage, welche Gruppierung die deutsche Politik weiter bestimmen sollte. Infolge dieser Auseinandersetzung, die nicht mit friedlichen Mitteln beigelegt werden konnte, bildeten sich politische Zweckbündnisse. Frankreich, obwohl katholisch, stand, aus Angst vor dem kaiserlichen Machtzuwachs, der Union bei. An dessen Seite traten die Niederlande,

Schweden, Dänemark und zeitweise auch England. Die Liga fand durch Spanien, den Papst, Polen, Litauen und einige italienische Fürsten Unterstützung.

Das kleine, aber wohlhabende Königreich Böhmen, durch die Krone mit den Herzogtümern Schlesien und Lausitz und der Grafschaft Mähren verbunden, geriet in jener Zeit in den Strudel der Auseinandersetzungen. Die Böhmen vertraten überwiegend den protestantischen Glauben, aber ihr König Ferdinand II. hielt Rom die Treue. Die religiösen Spannungen und das Streben Böhmens nach eigener Souveränität nahmen deutlich zu. Widerstand gegen die Krone mit Aussicht auf Erfolg erforderte jedoch dringend eine entschlossene politische und militärische Führung. Nur: Wer im Land konnte die Verantwortung übernehmen? Galt es doch, die „drei leitenden Ideen Nationalismus, religiöse Toleranz und Demokratie“ zu einen.

Heinrich Matthias Graf Thurn wurde an die Spitze der böhmischen Bewegung gedrängt. Er fühlte sich zum politischen und militärischen Führer berufen. Thurn war ein „Berufssoldat, schnell im Entschluß, energisch, skrupellos im Handeln“ und mit einer gehörigen Portion Selbstbewußtsein ausgestattet. Ihm wurde allerdings auch nachgesagt, ein Intrigant und Wichtigtuer zu sein. Der Zufall wollte es, daß er später der erste Vorgesetzte Derfflingers wurde.

Die Auseinandersetzung zwischen dem Kaiser und den aufgebrachten Böhmen nahm durch die Zerstörung der protestantischen Kirche von Klostergrab und die Gefangennahme einiger Bürger in Braunau an Schärfe zu. Am 23. Mai 1618 stürmten ein Dutzend bewaffneter adliger Herren, unter Führung des Grafen von Thurn, in die Prager Königsburg, den Hradschin. Dort residierte der Statthalter des katholischen Kaisers Matthias. Kurz entschlossen wurden zwei Räte sowie ein Sekretär „defenstriert“. Was nichts anderes bedeutete, als daß diese Männer aus einem Fenster geworfen wurden. Sie hatten Glück im Unglück. Die Landung nach 17 Meter „freiem Fall“ auf einem Misthaufen verhinderte Schlimmeres. Der Prager Fenstersturz gab das Signal zum bewaffneten Aufstand in Böhmen. Die Protestanten im gesamten Königreich erhoben sich, und die Empörung weitete sich zur Revolution aus, als die Stände, Adligen, Geistlichkeit und Städte ihren König Ferdinand am 22. August 1619 als einen verbrecherischen Tyrannen absetzten.

Die selbstbewußten Böhmen wollten – wie berichtet – einen eigenen und zwar einen protestantischen Landesherrn. Kurfürst Friedrich V. von der Pfalz, zur damaligen Zeit Führer der Union und Schwiegersohn des Königs von England, wurde die böhmische Krone angetragen. Nach langem Zögern nahm er, trotz zahlreicher warnender Stimmen, sie an. Als Friedrich die prächtige Stadt Heidelberg reitend verließ, soll seine Mutter gerufen haben: „Ach! Nun geht die Pfalz nach Böhmen!“ Seine Wahl fand am 26. August statt, und am 4. November erfolgte die Krönung. Die ohnehin verworrenen politischen Verhältnisse Europas erfuhren durch den neuen, prunkliebenden und nicht gerade energischen König von Böhmen eine dramatische Zuspitzung. Der abgesetzte König Ferdinand II. wurde deutscher Kaiser. Die militärische Auseinandersetzung zwischen Liga und Union war unausweichlich. Ferdinand II. erhielt von Spanien Truppen, vom Papst Geld und das unter dem Herzog Maximilian von Bayern stehende Heer der Liga. Dem neuen böhmischen König Friedrich V. hingegen leistete England eine unbedeutende und die Union, aus Furcht vor einem großen Krieg, kaum Hilfe.

Eine kriegerische Zeit erforderte stets Soldaten. Da es keine allgemeine Wehrpflicht gab, mußten innerhalb kurzer Zeit Söldner angeworben und ausgebildet werden. Unzählige Werbetrupps durchzogen das Land und suchten mit nicht immer lauteren Mitteln nach geeignetem „Nachwuchs“. Wo Derfflinger den Entschluß faßte, Soldat zu werden, bleibt wohl für immer unbekannt. Oftmals wurde die Stadt Tangermünde an der Elbe genannt, wo der angebliche Wanderbursche Georg, im Unmut, den Fährzoll nicht zahlen zu können, seine Schneiderutensilien in die Elbe geworfen haben und kurz entschlossen Soldat geworden sein soll, weil diese ohne Geld ans andere Ufer kamen. Vermutlich geriet der damals 14jährige irgendwo in Österreich oder Böhmen in die „Fänge" der Werber des Grafen von Thurn. Das Jahr und sein Alter beim Eintritt in das Heer sind bis heute nicht eindeutig bestimmbar. Viele Jahre später wurde dem Kriegsmann bestätigt, daß er „von Jugend auf Profession von einem Soldaten gemacht" habe.

Als Motiv für den sehr zeitigen Eintritt in die Armee werden in älteren Biographien immer wieder Glaubensgründe, also die protestantische Überzeugung, genannt. Als Beleg gelten sein Dienst ausschließlich unter protestantischer Flagge und seine Kindheitserfahrungen, als man Andersgläubige in seiner Heimat verfolgte. Mit Sicherheit prägten diese Geschehnisse auch den Jüngling Georg. Es gab damals noch weitere, alltägliche Gründe für die Wahl des Soldatenberufes, so z. B. die Abenteuerlust eines Jünglings, die Versprechungen der Werber, das Begrüßungsgeld, die Hoffnung, bei den Soldaten eine soziale Heimstatt zu finden, oder einfach der Zufall. Nation und Religion des Angeworbenen spielten eher eine untergeordnete Rolle. Nicht patriotische Überzeugung, sondern die Höhe des versprochenen Soldes war ausschlaggebend für die Wahl einer militärischen Tätigkeit.

Ein genaues Datum seines Soldatwerdens ist nicht überliefert. Nur einem kleinen Hinweis aus seiner Leichenpredigt, in der auf sein 75jähriges militärisches Leben verwiesen wurde, ist es zu verdanken, daß mit einer gewissen Sicherheit das Jahr 1620 angenommen werden kann. Ob Georg von Anfang an als Soldat oder als Gemeiner diente, kann angesichts seiner 14 Lebensjahre angezweifelt werden.

Die Vermutung liegt nahe, daß er einige Jahre als Troßbub oder Kriegsknecht seinen Dienst versah, denn es war auch für die damalige Zeit nicht üblich, daß ein 14jähriger „zu den Soldaten ging". Trotz seiner Jugend war Georg offensichtlich den Härten eines Krieges gewachsen. Mit Sicherheit verfügte er bereits damals über eine kraftvolle Gesundheit, einen starken Willen, ein kämpferisches Temperament sowie über eine gehörige Portion Ehrgeiz. Auf jeden Fall fand Derfflinger im Kriegsdienst, wie sich in den nächsten Jahren zeigen sollte, ein breites Betätigungsfeld und einen Beruf, den er von der Pike auf erlernte und Jahrzehnte mit seiner ganzen Kraft und seiner Seele ausführte.

Auf seine ersten Bewährungsproben mußte Derfflinger nicht lange warten. Die ersten Monate waren für ihn und seine Kameraden nicht gerade leicht. Durch Ausbleiben des Soldes und durch viele Epidemien sank die Moral der Truppe, so durchzogen die Söldnerhaufen mordend und raubend das eigene, böhmische Land. Es drohte eine offene Meuterei. Sie brach aber nicht aus, da sich der Feind rasch näherte und zum Kampf stellte. Am 23. Juli 1620 zog Maximilian von Bayern mit über fünfundzwanzigtausend Mann der katholischen Liga, die unter dem Oberbefehl des Grafen Johann Tserclaes von Tilly standen, über die österreichische Grenze und vereinigte sich kurz darauf bei Linz, also nahe dem Geburtsort Derfflingers, mit den Resten des kaiserlichen Heeres. Dann begann der Marsch auf die Hauptstadt Prag, um der Regentschaft Friedrichs V. ein Ende zu setzen.

Am 5. November 1620 wich das böhmische Heer unter dem Kommando von Christian von Anhalt-Bernburg und Graf von Thurn eilig vor der kaiserlichen Streitmacht in Richtung Prag zurück. Es besetzte mit ca. 22 000 Mann und 10 Geschützen den Gipfel des 379 Meter hohen Weißen Berges, einer unmittelbar vor der Hauptstadt gelegenen kalkhaltigen Höhe. Das Heer war zwar der herannahenden kaiserlich-ligistischen Armee mit ca. 31 000 Mann und 18 Kanonen zahlenmäßig unterlegen, aber die Anhöhe bot den böhmischen Verteidigern günstige Voraussetzungen. So konnten sie die ersten feindlichen Attacken erfolgreich abwehren. Der Hauptangriff begann jedoch erst am 8. November 1620. An diesem Tag entschied sich das Schicksal des böhmischen Königreiches innerhalb von zwei Stunden. Tilly griff, für die Böhmen vollkommen überraschend, bergauf das Infanterieregiment des Grafen Thurn an. Daraufhin sprengte der Graf persönlich mit seinen Reitern heran, um seinem Fußvolk zu Hilfe zu eilen. Tatsächlich gelang es den Reitern, den Feind zurückzudrängen und einen Teilerfolg zu erringen. Durch die kaiserlichen Angriffe, von ihrem linken Flügel vorgetragen, und das Feuer ihrer Artillerie brach jedoch binnen kurzer Zeit der böhmische Widerstand völlig zusammen. Das aus vielen Nationen rekrutierte Heer der protestantischen Union geriet in völlige Auflösung und verließ in panischer Flucht das Schlachtfeld. Viele ihrer Regimenter hatten überhaupt nicht in den Kampf eingegriffen. „Wären Alexander der Große und Julius Caesar dabei gewesen, sie hätten das Kriegsvolk nicht wieder zum Stehen gebracht"; so hieß es in einem Bericht der evangelischen Seite. Einzig die Thurnschen Reiter leisteten Widerstand und wichen als letzte zurück. Die Gesamtverluste der Protestanten waren verheerend: 4 000 Tote und Verwundete, 1 500 Gefangene sowie alle Geschütze gerieten in die Hände des Feindes. Die kaiserlich-ligistische Armee, die nur etwa 400 Mann verlor, zog am nächsten Tag ohne Gegenwehr zur Plünderung in Prag ein.

Mit der Niederlage am Weißen Berg brachen der böhmische Aufstand und das böhmische Königreich zusammen. Die stolzen Böhmen verloren ihre Unabhängigkeit und blieben bis 1918 unter habsburgischer Herrschaft. Der König Friedrich von der Pfalz floh Hals über Kopf. Er verlor nicht nur Böhmen, sondern auch sein Stammland. In die Geschichte ist dieser Herrscher als der „Winterkönig“ eingegangen, nicht etwa, weil er in der kalten Jahreszeit, wie überliefert, ausgedehnte Schlittenfahrten durchführte, sondern wegen seiner kurzen Regentschaft, die nur einen Winter überdauerte. Seine Flucht führte nach Küstrin, wo er Schutz bei seinem Schwager Georg Wilhelm, dem Kurfürsten von Brandenburg, suchte.

Es ist anzunehmen, daß der junge Derfflinger an diesem militärischen Aufeinandertreffen beteiligt war. Die Schlacht am Weißen Berg war für den damals noch Kriegsunerfahrenen eine wichtige Etappe seiner langen militärischen Laufbahn. Vielleicht liegt im Verlauf und Ausgang seines ersten Gefechts die Begründung seines späteren Draufgängertums. Er sah, wie sein General, Graf von Thurn, auch in schwierigen Situationen seine Truppe zusammenhielt und Widerstand leistete. Eigenschaften, die bei Derfflinger später ebenfalls zu finden sind.

Nach der Niederlage am Weißen Berg und der danach beginnenden, durch Ferdinand II. veranlaßten Rekatholisierung, flohen nicht nur 30 000 böhmische Familien, sondern auch die Reste der geschlagenen Armee. Wohin es Derfflinger verschlagen hat, ist nicht mit Bestimmtheit festzustellen. Die Quellen geben unterschiedliche Auskünfte. Mit Sicherheit beteiligte sich Derfflinger an den militärischen Auseinandersetzungen innerhalb des pfälzischen Krieges, als es um die Wiedereinsetzung Friedrichs ging. Aber auch diese Versuche scheiterten. 1622 zogen sich 500 Reiter unter dem Kommando Thurns nach Sachsen zurück, zu ihnen soll der junge Kriegsmann gehört haben. Diese Reiterschar wollte sich mit weiteren bescheidenen Resten des böhmischen Heeres vereinen.

Vier Jahre später soll der nun Zwanzigjährige bereits kursächsischer Leutnant gewesen sein. Dieses Ereignis nennen zwar viele Biographen, allerdings ohne beglaubigte Quellen anzuführen. Obwohl Derfflinger aus niederem Stande kam, ist dieser militärische Aufstieg durchaus möglich gewesen, denn in damaliger Zeit rekrutierte sich vor allem das niedere Offizierskorps zum größten Teil aus Bauern- oder Handwerksburschen. In dieser Befehlsebene kam es nicht vorrangig auf Bildung, sondern auf Eifer, Durchsetzungsvermögen, Draufgängertum und militärisches Können an.

Einige Quellen berichten, daß Georg sich im Gefolge des Herzogs Ernst von Weimar nach Siebenbürgen begab, um unter Fürst Bethlen Gabor zu dienen. Auch diese Feststellung bleibt unbewiesen. Sie ist jedoch nicht ohne logischen Hintergrund, denn mehr als ein Jahrzehnt später erfüllte Derfflinger eine wichtige diplomatische Mission in Siebenbürgen. Wurde er dorthin aufgrund seiner Orts- und Personenkenntnis geschickt? Derfflingers erste urkundliche Erwähnung findet sich erst Anfang der dreißiger Jahre. Aus den Zeiten als Gemeiner oder Leutnant sind leider keine urkundlichen Informationen erhalten.

Kriegs- und Beutezüge unter schwedischer Flagge

Im Juli 1630 landete Gustav II. Adolf von Schweden mit seinem 15 000 Mann starken und kriegserprobten Heer auf Usedom. Mit seinem Eingreifen erhielt der nun schon 12 Jahre dauernde Krieg eine neue Dimension. Die Gründe für das militärische Engagement lagen wohl in der Sorge des schwedischen Monarchen um die absolute Seeherrschaft und die damit verbundenen Handelsinteressen im Ostseeraum sowie in der Angst vor der „polnischen katholischen Wasalinie", die mit Hilfe der Habsburger eine ernsthafte Gefahr für den skandinavischen Staat darstellte. Gustav II. Adolf wurde von der protestantischen Bevölkerung Deutschlands als Befreier begrüßt. Einige protestantische Reichsfürsten, darunter auch sein brandenburgischer Schwager, Kurfürst Georg Wilhelm, empfingen den König zunächst mit offenen Armen.

Durch die verworrene „Heiratspolitik" der europäischen Dynastien kam der junge Offizier aus Neuhofen unbewußt immer wieder mit seinem späteren brandenburgischen Herrscherhaus in Verbindung. So war der erste König, dem er vermutlich diente, Friedrich V. von der Pfalz, ein Bruder von Kurfürstin Elisabeth Charlotte, der Mutter von Friedrich Wilhelm. Der Schwedenkönig, Gustav II. Adolf, heiratete am 25. November 1620 die Brandenburgerin Eleonore, die Schwester des Kurfürsten Georg Wilhelm, und war damit ein Onkel des späteren Großen Kurfürsten.

Der Übertritt Derfflingers auf die Seite der Schweden ist nicht exakt zu datieren. In seiner Leichenpredigt, gehalten am 25. Februar 1695 in Gusow, erwähnte der Pfarrer: „In dem 30jährigen Kriege ist Derselbe anfänglich vom ... Gustavo Adolpho ... / nachmals von dem Weltberühmten Banier und Torsten Sohn / aller Ehren-werth-gehalten / und wegen seines rühmlichen Verhaltens / hohen Verstandes ... von einer Ehren Staffel zur andern gestiegen". Demnach trat Derfflinger zwischen 1630 und 1632 unter die schwedische Flagge.

Seine erste offizielle Erwähnung in schwedischen Diensten ist datiert auf das Jahr 1632. Als Hauptmann wirbt ihn Jacob Duwall an, dessen Dragonerregiment vor allem aus Deutschen bestand. Später wird Derfflinger im neu aufgestellten Dragonerregiment von Jürgen Grabow erwähnt. Seltsamerweise sind Schlachten, an denen Derfflinger teilnahm, kaum überliefert. Nur die Kenntnisse des Einsatzes jener Regimenter, in denen er als Offizier diente, helfen in diesem Fall etwas weiter. Aus seinen raschen Beförderungen sowie den speziellen militärischen und diplomatischen Verwendungen können Rückschlüsse auf seine militärischen Leistungen und Erfolge gezogen werden. Der wohl älteste Derfflinger-Biograph Zedler schrieb bereits 1734, daß Derfflinger durch sein „Wohlverhalten ... allmälig" höher stieg. Bereits 1635, also 29jährig, war er Oberstleutnant in einem schwedischen Reiterregiment.

Nach dem Tod von König Gustav II. Adolf, den er 1632 während der Schlacht bei Lützen fand, änderten sich die Kriegführung und die Lage der Protestanten erheblich. Die Unterhaltung des Heeres gestaltete sich immer problematischer. Selbst in protestantisch gesinnten und verbündeten Landesteilen plünderten und mordeten die unter schwedischen Fahnen stehenden Söldner. Regimenterweise ergossen sie sich, getreu dem Leitspruch „Der Krieg ernährt den Krieg", übers Land, um Geld und Nahrungsmittel einzutreiben. Plündern, Brandschatzen und Morden standen auf der Tagesordnung. Für die leidgeprüften Städte und Dörfer war es faktisch egal, ob der Ruf „Die Schweden kommen" er-

Christina
(1626–1689),
Schwedische Königin
(1632–1654)

Gustav II. Adolf
(1594–1632),
Schwedischer König
(1611–1632)

schallte oder die „Kaiserlichen" angekündigt wurden. War das Land ausgesogen, mußten die Regimenter weiterziehen. Viele deutsche Stadtarchive geben heute noch über die Greueltaten der Söldner des Dreißigjährigen Krieges Auskunft. Auch der schwedische Offizier Derfflinger war an solchen „Besorgungszügen" beteiligt.

Der erste diesbezügliche Hinweis stammt aus dem Jahre 1634. Die Heeresteile unter Führung des legendären Banér bezogen im Herbst von Böhmen kommend in Thüringen Winterquartier. Zu diesem Zeitpunkt diente Derfflinger im Regiment eines Böhmen namens Graf Hoditz, der ebenfalls unter schwedischer Fahne kämpfte, und hatte die Funktion als Quartiermeister inne. Von 300 Reitern begleitet ging er nach Schmalkalden, um „sich mit Stadt und dem Amt zu vergleichen". Sehr wohl wissend, was seinen Soldaten zustand, stellte er entsprechend den „Sätzen der schwedischen Einquartierungs- oder Kammerordnung" harte Forderungen an den Bürgermeister und seinen Rat.

Ein Blick in diese „Ordnung" verrät die enormen Belastungen für die heimgesuchten Ortschaften bzw. Regionen. Demnach standen dem Soldaten täglich zwei Pfund Brot, ein Maß Bier sowie ein Pfund Fleisch oder die einfache Hausmannskost zu. Je höher der Dienstgrad, desto mehr Verpflegung konnte der Betreffende beanspruchen. Ein Oberst bekam für sich, seine Frau oder die Burschen pro Tag 12 Essen, 10 Pfund Brot und 10 Maß Bier. Der Preis für ein Essen sollte 3 Groschen nicht überschreiten. Für jedes seiner Pferde (mancher Oberst hatte bis zu 12 Pferde in Besitz) standen ihm 8 Scheffel Hafer, 1 Fuder Heu und 6 Bund Stroh zu. In Feindesland kam es darüber hinaus häufig zum Eintreiben der Löhnung für Mannschaften und Offiziere. Auch daraus erwuchs, da dem Reiter 3 Taler, dem Leutnant 24, dem Rittmeister 40 und dem Obristen 120 Taler zustanden, eine ungeheure Last für die heimgesuchten Ortschaften. All diese

Ansprüche und das Recht der Soldaten, von den Quartierwirten kostenlos „Holz, Licht, Salz und Lagerstatt“ zu fordern, bedeutete für viele Bewohner häufig den Ruin. Es scheint, daß in diesem Krieg ganze Regimenter ihre eigentliche Aufgabe im Eintreiben von Geld und Verpflegung sahen.

Aber zurück zu den Ereignissen in Schmalkalden. Am 9. und 10. Oktober 1634 führte Derfflinger insgesamt 8 Kompanien zu Fuß und 300 Musketiere ins Quartier. Er forderte für sich und seine Reiter täglich an „proviant 7 1/2 Centner Brod, 7 fi Centner Fleisch, 14 Eymer Bier, fi Fuder Wein, 100 Malter Hafer und alle 10 Tage 3 000 thl“. Diese enorme Forderung konnten oder wollten die Bürger einfach nicht aufbringen. Der Bürgermeister Valtin Neunes begab sich in Begleitung eines Ratsherrn zum Vorgesetzten Derfflingers. Sie hofften, beim Grafen Hoditz Nachsicht zu finden. Umsonst: Das Gespräch endete für die Bittsteller mit einer empfindlichen Strafe, denn beide wurden kurzerhand in Gewahrsam genommen. Derfflinger erhielt die Weisung, „die deputirten mit 20 Soldaten aufm Rathhauss so lang arrest halten, Biss sie nebst anderen Raths Gliedern bewilligten, Besagten proviant und Geld zu liefern“. 10 Tage dauerte es, bis das Geforderte bereitstand.

Da einige kaiserliche Regimenter auf Schmalkalden marschierten, konnten die Reiter nicht lange in dieser Stadt verweilen. Bevor Derfflinger in Richtung Eisenach abzog, erpreßte er vom Stadtrat 3 000 Taler und forderte eine Nachzahlung von 6 000 Talern. Zum „Abschied“ plünderten die Schweden noch einige Häuser und nahmen zwei in Ketten gelegte Juden mit, für die die Schmalkaldener „2 000 Taler ranzioniren mußten“.

Im August 1635 lag Derfflinger mit seinem 10 Kompanien starken Regiment im Anhaltinischen. Seine Hauptbeschäftigung bestand wiederum im Beschaffen von Verpflegung und Geld. Zwar erhielt er vom Grafen Hoditz eine „lobenswürdige ordre“, die angeblich zur Mäßigung aufrief, aber die Praxis sah anders aus: Die geforderten Lieferungen waren für die Bürger und Bauern nicht auftreibbar. Der Verwalter von Winningen erklärte, „lieber auf'm Blockersberg“ sein zu wollen als die Abgaben zu erbringen.

Zu diesem Zeitpunkt verließ der Oberstleutnant offensichtlich das Hoditzsche Regiment, denn im Oktober taucht er im Gefolge des Stabes Banérs als Generaladjutant auf. Eine Einquartierungsliste aus jener Zeit besagt: Die Generaladjutanten Jens und Derfflinger, nebst anderen Offizieren, wurden nach „Amt und Stadt Artlenburg an der Elbe mit umliegenden Dörfern Brietlingen und Lüdershausen“ verlegt, also in die Lüneburger Gegend. Da Derfflinger vorher als Reiteroffizier Verwendung fand, liegt die Vermutung nahe, daß er Generaladjutant des kommandierenden Reitergenerals war. Diesem unterstand er direkt und unterstützte ihn in vielfältigen Generalstabsangelegenheiten, wie Befehlsübermittlung und Informationsgewinnung.

Seit Ende 1635 tauchte Derfflingers Name im Zusammenhang mit der Nennung eines Dörfflinger Regiments häufiger auf. Daß er als Oberstleutnant bereits ein Reiterregiment besaß, ist äußerst zweifelhaft, denn dazu fehlten ihm Geld und Einfluß. Eine Unterschrift vom 15. November 1636, die er in Schmalkalden leistete, gibt über den eigentlichen Besitzer des Regimentes Auskunft. Er unterschrieb dort als Oberstleutnant des Regiments „Dorst“. Derfflinger befehligte zwar relativ eigenständig das Regiment, allerdings stets im Auftrage des legendären Torstensons, der oftmals selbst mit „Leonhardt Dorsten Sohn“ unterschrieb.

Das Jahr 1635 war auch für Derfflinger sehr kompliziert. Nach dem Prager Frieden meuterten Banérs Truppen. Von seinen insgesamt 23 000 Mann kam nur ein Zehntel aus Schweden, die anderen stammten zum größten Teil aus

Deutschland. Durch die empfindliche Niederlage von Nördlingen und das Ausbleiben des Soldes wuchsen Unzufriedenheit und Ratlosigkeit bei den Söldnern. Verstärkt wurden diese durch „sächsische Agenten“, die die unzufriedenen Truppen zur Fahnenflucht aufwiegelten und die kaiserliche Order, wonach jeder Deutsche, der unter schwedischer Fahne weiterkämpfe, in Acht fiel, geschickt in Umlauf brachten. Die Auswirkungen waren verheerend: Offiziere und Mannschaften verließen in größerer Zahl die Armee. Eine offene Meuterei brach nicht aus, aber die Autorität von Feldmarschall Banér litt in dieser Situation sehr. Er beklagte sich daraufhin: „Ich muß die Tatsache bedauern, daß jeder Offizier Befehle gibt, wie es ihm beliebt.“ Derfflinger ließ sich von den kaiserlichen Drohungen nicht beirren und blieb der schwedischen Fahne treu, was sich für sein weiteres Fortkommen positiv auswirken sollte.

Kurfürst Johann Georg von Sachsen trat nach dem Prager Frieden auf die Seite des Kaisers. Daraufhin zog der Feldmarschall Anfang des Jahres 1636 seine Truppen eiligst zusammen, um in Sachsen einzufallen. Der Feldzug fiel gerade in die Zeit, in der der Krieg seine schlimmsten Auswüchse zeigte. Die Leiden der Zivilbevölkerung waren unvorstellbar. Das Land war ausgeplündert, dadurch gestaltete sich die Versorgung der zahlenmäßig starken Truppe immer schwieriger. Selbst Banér befürchtete, daß im Anhaltinischen kein einziges Getreidekorn zu finden sei. Trotzdem suchte er dort eine militärische Entscheidung. Die vereinten schwedischen Regimenter überquerten bei Magdeburg und Werben die Elbe und stießen in der Hoffnung, daß die sächsischen Truppen von Pommern abließen, in Richtung Sachsen vor.

Zu diesem Zeitpunkt erhielt Derfflinger von seinem Feldmarschall den Befehl, eine Vorhut zu führen sowie die Grafschaft Mansfeld zu plündern und zu brandschatzen. Am 16. Januar 1636 schickte Oberst v. Molcken seinen Regimentsquartiermeister nach Eisleben, um den Rat aufzufordern, sich umgehend in Hettstedt zwecks Lieferung von Verpflegung und Futter einzufinden. Als der Rat gerade einen Unterhändler verabschiedete, sprengte Leutnant Hans Christoph Berk mit drei Kompanien Derfflingerreitern nebst einigen anderen Mannschaften durch das Eislebener „Freystraßentor“. Der Leutnant forderte 6 000 Taler gegen Brandschatzung und drohte, bei Weigerung die Stadt „mit Feuer und Schwert anzugreifen“. Nach einer kurzen Verhandlung begnügte sich Berk mit einem Viertel der geforderten Summe unter der Bedingung, daß diese innerhalb von drei Stunden auf dem Tisch liege. In der Zwischenzeit drangen noch weitere Soldaten plündernd in die Stadt ein. Innerhalb von vier Stunden war der Spuk vorbei, die Söldner zogen mit 100 geraubten Pferden sowie weiterem Beutegut ab. Kurze Zeit später griffen Derfflingers Reiter bei Polleben einen schwerbeladenen Kaufmannszug an. Zwei Kaufleute schossen sie nieder und raubten „über 5 Tonnen Goldeswerth an baarem Geld und Waaren“. Dieser Raubzug blieb nicht ohne Nachspiel, denn zehn Hamburger Kaufleute begaben sich mit einem Empfehlungsschreiben des französischen Gesandten in Banérs Hauptquartier nach Aschersleben und trugen ihre Beschwerde vor. Der Feldmarschall sprach sein Bedauern aus und ließ, um solche Ausschreitungen künftig zu verhindern, zwei der beteiligten Offiziere und mehrere Reiter in Magdeburg hängen. Außerdem ordnete Banér ein „sehr ernsthaftes Mandat“ zum Schutze von Kaufmannszügen an und ließ nach dem Geraubten suchen. Inwieweit Derfflinger Beteiligter oder Befehlsgeber war, ist nicht bekannt. Die Hinrichtung seiner Soldaten mußte er auf jeden Fall hinnehmen.

Am 21. Januar 1636 erreichte das schwedische Heer Wettin. Einen Tag später rückte die von Derfflinger befehligte Vorhut mit 200 Reitern in Richtung Halle vor. Die Stadt hielten 600 sächsische Reiter unter Oberst Wolfframsdorff und 13 Kompanien Dragoner unter Oberst Gall besetzt. Außerdem standen 500 Musketiere des Oberstleutnants Joh. Fabian von Ponickau auf der Moritzburg bereit. Derfflinger ließ Teile des Feindes sofort mit einer enormen Wucht und Entschlossenheit angreifen und zwang die gegnerischen Reiter, die sich auf einem Streifzug vor den Toren Halles befanden, zum eiligen Rückzug. Die Überraschung ausnutzend drangen die Schweden zeitgleich mit den zurückweichenden Sachsen in die Stadt ein. Die Verwirrung bei den Kaiserlichen war offensichtlich so groß, daß sie ohne Widerstand abzogen. Den fliehenden Feind verfolgte Derfflinger mit seiner Vorausabteilung in Richtung Weißenfels und Merseburg. Nur die 500 sächsischen Musketiere auf der Moritzburg hielten die Stellung, deshalb ließ Derfflinger seine Soldaten Vorkehrungen zur Belagerung treffen. Allerdings zogen die Sachsen auf Befehl ihres Kurfürsten ab. Dieses Scharmützel, das sicher nicht den entscheidenden Sieg des gesamten Feldzuges darstellte, ist auch zugleich der einzige konkrete Hinweis auf ein Gefecht, an dem Derfflinger maßgeblich „beteiligt“ war. Weitere „kühne Waffentaten“ des späteren Güsowers sind in dieser Ausführlichkeit leider nicht überliefert.

Bereits der Herbst brachte für Derfflinger und seine Soldaten neue Bewährungsproben. Am 24. September gewann das protestantische Heer die Schlacht bei Wittstock, an der dieser mit hoher Wahrscheinlichkeit teilnahm. Dieser Erfolg erlangte zwar nicht die Bedeutung der Siege von Lützen oder Breitenfeld, aber der zweifelsfrei angeschlagene Ruf der Schweden festigte sich. Sie nahmen Torgau ein, griffen Leipzig an und wandten sich wieder dem Süden zu. Auf dem Marsch in Richtung Thüringen übernahm Oberst Adam v. Pfuel, ein Schwager des schwedischen Feldmarschalls, die Deckung der südwestlichen Flanke, die Rekognoszierung des Geländes und die Sicherung der wichtigen Übergänge über den Thüringer Wald. Unter den vier Reiter- und einem Dragonerregiment befand sich auch das von Derfflinger geführte.

Wieder durchzogen die schwedischen Truppen die Gegend von Schmalkalden und Meiningen. Am 15. November quartierten sich Oberst Karl Gustav Wrangel mit elf und Oberstleutnant Derfflinger mit seinen sechs Kompanien in der erstgenannten Stadt ein. Derfflinger unterzeichnete am gleichen Tag einen Schutzbrief für Meiningen, allerdings mußte die Stadt vorher als Gegenleistung 4 000 Taler zahlen und 20 „mundirte Pferde" stellen. Eine Woche später verließen die Schweden Schmalkalden erneut, jedoch nicht für lange. Schon am 5. Dezember kehrte der Major aus dem Derfflingerregiment mit 20 Reitern zurück und blieb bis zum 14. des Monats. Am 13. Dezember 1636 rückte auch Pfuel mit seinem Regiment in Schmalkalden ein. Eine alte Urkunde aus jener Zeit nennt Pfuel „einen rechten Brandschätzer". In der Stadt blieben seine Soldaten für zwei Nächte. Sie gingen „hernach in Franken, den Kayserl. Obrist Herrach aufzusuchen, worauf sich Obrist Pful mit seinen Völckern in Meiningen, Wrangel in Schleusingen, Dörffling in Mellerstädt, Mordan in Kühndorff und Themar gelegen". Melrichstadt an der Streu, zwischen Meiningen und Neustadt an der Röhn gelegen, war der Gefahr eines möglichen plötzlichen kaiserlichen Überfalls am meisten ausgesetzt. Deshalb erhielt Derfflinger den Auftrag, diesen vorgeschobenen Posten zuverlässig zu bewachen und zu halten.

Anfang Januar 1637 zogen sich die Regimenter Pfuels aus taktischen Erwägungen vor dem Feind in Richtung Erfurt zurück, weil, wie der Oberst später schrieb, nicht eindeutig klar war, wo sich der Gegner befand. Bei Wasungen kam es zum ersten Zusammentreffen der fünf schwedischen Regimenter mit den Kaiserlichen. Am 9. Januar gab Pfuel den Befehl zum Angriff auf die gegnerische Streitmacht.

Derfflinger bildete dabei mit 200 Reitern erneut die Vorausabteilung. Drei Tage später lieferte Pfuel dem überlegenen und aus „lauter auserlesene kommandirte Völker" bestehenden Gegner, der zwei Tage vorher Meiningen besetzt hatte und „still lagen und nichts Böses ahnten", nahe der Stadt ein blutiges Gefecht und trieb ihn in die Flucht. Dabei traf Wrangel mit 200 Reitern als erster auf den Feind. Oberstleutnant Derfflinger griff entschlossen mit seinem Regiment Meiningen an. Dadurch sei die gegnerische Reiterei „in ziemliche Sprünge gebracht" worden, denn die kaiserlichen Wachen am Armenhaus, am Gottesacker und am unteren Tor gaben „ohne sondern Widerstand" auf. Der verursachte Lärm alarmierte die kaiserliche Besatzung, die allerdings keinen geordneten und straffgeführten Kampf aufzunehmen vermochte. Die Chronik weiß zu berichten, daß die Schweden nach mehreren Stunden den vollständigen Sieg erringen konnten. Ein Zeitzeuge schrieb, daß die Schweden „darauf ... an ein Niedermachen gegangen und, wer in der Furi angetroffen, niedergehauen und tot geschossen worden" sei. Die wenigen Überlebenden flüchteten zurück nach Franken. Danach griff Pfuel den Feind in Richtung Königshofen entschlossen an. Erneut ritt Derfflinger mit 200 Dragonern und 80 Reitern an der Spitze der Vorhut. Eine halbe Meile vor Königshofen trafen sie auf die kaiserliche Infanterie. Sofort ließ Derfflinger zur Attacke anreiten und vernichtete den völlig überraschten Gegner fast vollständig. Dabei eroberten seine Soldaten drei Geschütze mit den dazugehörigen Munitions- und Bagagewagen. Als die toten gegnerischen Soldaten, meist Kroaten, nach der Schlacht „zusammengeschleppt und auf dem Gottesacker unten beim Thor auf der rechten Seite in ein großes Loch zusammen eingescharrt" waren, konnten die Schweden eine erfolgreiche Bilanz der letzten Tage ziehen, denn ihre rechte Flanke war gesichert und die Belagerung Leipzigs konnte relativ ungestört fortgesetzt werden. Über die militärischen Handlungen berichtet eine alte, glaubhafte Quelle: „3 Feld Gestück erobert und Obrist Manteuffel, Kromsdorff nebst andern Officiern und 700 Soldaten gefangen." Die eigenen Verluste waren dagegen äußerst gering, „weil sich der Feind gar schlecht wehrte". Banér selbst nannte dieses Gefecht, da der Gegner „keine rechte Charge (Salve) gethan", „ein merkliche Viktoria", „für welche er Gott von Herzen Lob und Dank sage".

Das Jahr 1637 war für Derfflingers militärische Karriere erfolgreich. Nach diesem Treffen in Thüringen gehörte er zu den Belagerern Leipzigs. Bereits im Februar zogen sich die Schweden nach Torgau zurück. Derfflinger und sein Regiment begaben sich nun verstärkt auf sogenannte „Kontributions-Streifzüge", um vor allem Verpflegung, Futter und Geldmittel aufzutreiben. Ende März erhielt Derfflinger von seinem Feldmarschall zwei Reiter- und ein Dragonerregiment sowie einige Infanterie, die alle „geschlagen" und „zerstreut" waren, damit diese im Mansfeldischen „sich wieder stärken" konnten. Am 29. März 1637 setzte „Ob. Leut. Dorfling" mit „7 Compagnien Dragoner" nahe Dessau über die Mulde. Da die Dessauer aus Furcht vor den Schweden die einzige Fähre versenkt hatten, durchschwammen die Pferde den kleinen Fluß, die Soldaten setzten mit Kähnen über und drangen in die Stadt ein. Sofort sandte Derfflinger seinen Rittmeister Canis mit einem Drohbrief an den Fürsten Johann Casimir, indem er die Hebung der Fähre noch am selben Abend forderte, weil „sein Volk in der Nähe liege und leicht in Schaden und Ungelegenheit kommen könne. Wolle man sich nicht in Güte dazu verstehen, so wisse er wohl Mittel und Wege, Rath zu schaffen, es würde aber den armen Unterthanen wenig zuträglich sein und Frommen bringen." Canis muß den Auftrag mit Nachdruck erfüllt haben, denn der Fürst berichtet in seinem Antwortschreiben: „... weil wir den ernst und die gewalt für augen gesehen", hatte er dem hiesigen Mühlenmeister die unverzügliche Hebung und Instandsetzung der „fliegenden Brücke“ befohlen. Bereits einen Tag später lagen ca. 400 Dragoner in der Vorstadt „auf dem Sande“ und in den Dessauer Bürgerhäusern. Derfflinger ließ ca. 40 Reiter die Straße nach Leipzig aufklären, „ob etwan sich was sehen ließ“. Zur Versorgung seiner Soldaten forderte er immerhin „8 000 Pfd. Brodt“, die nicht nur für sein eigenes Regiment bestimmt waren. Ein Blick in die alte Stadtchronik verrät den Grund für die große Menge an „frisch Gebackenem“, denn es „sollen noch 13 Compagnien folgen undt 160 pagagiwagen“, die schließlich am 30. März die Mulde überquerten. Für sie trieb Derfflinger ebenfalls Versorgungsgüter ein. Insgesamt dürften davon „3 000 Pferde“ sowie „einiges Fußvolk“ versorgt worden sein. Wieviel Soldaten zu den 3 000 Pferden gehörten, ist allerdings unbekannt.

Briefe aus jener Zeit offenbaren das Verhalten der Soldaten beim rücksichtslosen Eintreiben von Beute. In der Umgebung Dessaus raubten die Derfflingerdragoner 200 Stück Vieh, 40 Pferde und nahmen zwei Bauern mit. Das geschah, obwohl am 31. März ein gewisser Hans Ernst von Freyberg in einem Schreiben an seinen Landesherrn, Fürst Ludwig, berichtete, daß er in den Morgenstunden mit „dem Herrn Commandirenden Obr. Leut.“ ein Gespräch geführt und dieser versichert habe, „das ehr Ihr. Fstl. Gnaden Landt im geringsten nicht berühren“ werde.

Die Dessauer Dokumente berichten von einem Marsch Derfflingers in Richtung Halle und Halberstadt sowie der Entsendung eines kleinen Trupps, sicherlich zur Flankendeckung, nach Köthen. Stadtchroniken verraten viele Fakten, lassen aber oftmals das Leid der Bevölkerung fast unerwähnt. Der Hinweis, daß „noch über 400 Stück Rindvieh und 500 Schaf, welche auch“ mitgenommen wurden, macht deutlich, welche Belastungen die Dessauer ertragen mußten. Man fand nach dem Abzug „die beiden Vorstädte gantz ruiniret“. In einem Buch aus dem Jahr 1710 finden wir darüber einen weiteren interessanten Hinweis: „Den 30. Mart ist der damalige Obr. Lieutenant Dörfling mit seinem Regiment durchgezogen/ auch Jonitz und ein Hauß zu Petenitz abgebrannt worden.“ Die Auswirkungen einer solchen Besetzung waren im allgemeinen verheerend, zumal die Eindringlinge oftmals keine Löhnung erhielten und sich an den Bewohnern schadlos hielten. So war auch Derfflinger angehalten, für seine Soldaten Verpflegung und Geld zu beschaffen, um eine Meuterei zu verhindern.

Am 1. April erreichten Derfflinger und seine Reiter Seeburg, dort ließ er 70 Reiter zur Sicherung zurück und lagerte mit den Hauptkräften einen Tag später auf dem Gottesacker vor Eisleben. In die Stadt selbst legte er die Kompanie des Rittmeisters Christian Schmiel. Der Offizier forderte für seine Einheit 1 500 und für eine Kompanie Dragoner 1 200 Taler. Die Summen sollten innerhalb von fünf Tagen gezahlt werden, sonst, so drohte er, würde die Stadt mit Feuer und Schwert belegt. Derfflinger indessen zog mit „1 500 Knechte zu Fuß und Roß“ bis nach Hettstedt.

Vollkommen sorglos ließ er seine Trupps durch das Land ziehen, um in den vielen Ortschaften Kriegssteuern einzutreiben. Da ihm vom nahen Feind nichts bekannt war, fühlte sich der sonst so kriegserfahrene Derfflinger völlig sorglos und vernachlässigte jegliche Aufklärung. Diese Fahrlässigkeit führte am 3. April 1637 zwangsläufig zur Katastrophe, denn es nahten vollkommen unbemerkt die Kaiserlichen mit 2 000 Reitern, davon 1 000 Kroaten. Unter der Führung von Oberst Druckmüller überschritten sie zwischen Halle und Merseburg die Saale, eilten an Eisleben vorüber und überfielen in den Morgenstunden Hettstedt. Derfflingers Soldaten, die „sich seiner nicht vermuthet und keine Wacht gehalten als in Thoren“, waren überrascht und leisteten keinen organisierten Widerstand. Über 40 Reiter starben und 500 Mann nebst 6 Rittmeistern sowie mehrere Offiziere gerieten in Gefangenschaft. Außerdem gingen 6 Standarten, 2 000 Pferde, 200 Bagagewagen, einige Kutschen und eine große Menge Beutegut verloren. Nur mit Mühe und Not entkam Derfflinger mit 60 seiner Söldner. Kaum vernahm Rittmeister Schmiel diese Nachricht, flüchtete er in Richtung Halle. „Was in diesem Hettstedtischen Lärmen ausgerissen", vereinigte sich später erneut und tat „hin und wider großen Schaden". Derfflinger kam mit ca. 200 Reitern am 7. April in Zerbst an und quartierte sich in der Vorstadt ein, wohin der Rat Bier und Brot bringen mußte. Am 8. April setzten 100 Dragoner unter Rittmeister Lange, sie gehörten auch zum Derfflinger-Streifkorps, bei Wettin über die Saale und plünderten anschließend Alsleben. Die Nachricht aus jener Zeit lautet: „viel Pferd geraubt", „vor Alsleben Heinrich von Krosigken niedergemacht, undt sich über die Saale begeben". Wo sie wenig später den neuen Hofmeister Reichart in Cölbigk ermordeten.

So weit und ausführlich die Geschehnisse des Jahres 1637. Einerseits weil das Jahr für die militärische Karriere Derfflingers – trotz der erwähnten Niederlage – bedeutsam war und um andrerseits die monatelangen Strapazen und Kämpfe mit den vielfältigen negativen Auswirkungen deutlich zu machen.

Zwei Jahre später melden Kriegsrapporte die Teilnahme Derfflingers am Einmarsch der Union-Truppen in Sachsen. Anfang des Jahres 1639 eröffnete der zuletzt erfolglose Banér einen neuen Feldzug. Aus Pommern kommend zog er erneut in Richtung Süden. Die Kaiserlichen, die Vorpommern und Mecklenburg besetzt hielten, wichen zurück. Ein größerer Teil ihrer Söldner lief zu den Schweden über, denn sie hofften, vor allem dem Hunger zu entkommen. Wieder stand Derfflinger an der Spitze eines Reiterregimentes und führte die schwedische Vorhut. Die vielfache Verwendung als Führer eines Vortrupps kann durchaus ein Hinweis auf sein militärisches Können sein, denn Avantgarden klärten Marschstraßen auf und warnten die Hauptmacht vor einem nahenden Feind. Solche Aufgaben übertrugen Befehlshaber nur verantwortungsbewußten, kampferfahrenen und umsichtigen Kommandeuren.

In seiner Marschorder stand als Rekrutierungsplatz die thüringische Stadt Eisenberg. Nur kam Derfflinger dort nie an. Vermutlich verwechselte er Eisenberg mit dem sächsischen Eilenburg. Die „Eilenburgische Chronica" berichtet über Derfflingers Aufenthalt in dieser Stadt sehr ausführlich. Durch Meldungen erfuhr dieser, daß der sächsische General Joachim von Schleinitz, Kommandant der Pleißenburg, am 21. Februar 1639 viele Wagen, „in die hundert schöner Pferde gespannet waren" und von 20 Musketieren bewacht wurden, nach Eilenburg schickte, um dort das dringend benötigte Bier abzuholen. Als Derfflinger diese Nachricht vernahm, ließ er seine noch berittenen Soldaten aufsitzen und drang bis zum Abend in die Nähe der Muldestadt vor. In der Zwischenzeit trafen die Bierwagen in Eilenburg ein. Ohne zu zögern ließ der Oberstleutnant angreifen und nahm die nur schwach besetzte Stadt ein. Die wenigen bewaffneten Bürger streckten ohne Gegenwehr die Waffen, und die 20 Musketiere, die den Biertransport bewachen sollten, ergriffen in panischer Angst die Flucht. Als erstes befahl Derfflinger, die 100 Pferde des Konvois und die in der Stadt befindlichen zu beschlagnahmen. „Gar mancher hatte seinen Gaul mit Tränen in den Augen den schwedischen Dragonern ausgeliefert." Durch diese drastische Maßnahme gelang es endlich, daß aus den Dragonern wieder „aufs Pferd gesetzte Infanterie" wurde, denn Derfflingers Regiment machte damals offensichtlich nicht den besten Eindruck. Ein Zeitbericht stellte nämlich fest, daß „... dessen Regiment zu Pferde meist dismundiret, und die meisten Reuter zu Fusse giengen...".

Die Soldaten nahmen bei den Bürgern Quartier. Auch Derfflinger war nicht untätig, denn über „diß wurde die Stadt von ihm sehr hart gedränget“. Vom Rat forderte er die stattliche Summe von 30 000 Talern, auf deren schneller Zahlung er mit besonderem Nachdruck bestand, denn den Bürgern drohte er mit Brandschatzung, „oder (müßten) alle mit weißen Stäben (als Bettler, d. A.) aus der Stadt gehen“. Nach über zwei Jahrzehnten des furchtbaren Krieges waren der Rat und die Bürgerschaft nicht in der Lage, diese gewaltige Summe aufzutreiben. Alle vorgebrachten Begründungen waren jedoch vergebens. Derfflinger blieb bei seinen harten Forderungen. Der Archidiakonus Martin Rinkkart begab sich in das Quartier des Oberstleutnants und wollte um Milde bitten. Allerdings ohne Erfolg, denn die Worte des Geistlichen stimmten ihn auch nicht um. Rinkkarts Beteuerung, daß der Rat eine solche Menge an Geld nicht einzutreiben vermochte, versetzte „Dörfflinger in hellen Zorn“. Während des Gespräches warteten die verzweifelten Eilenburger auf die Rückkehr ihres Pfarrers. Als der ihnen das Ergebnis mitteilte, waren sie sehr niedergeschlagen. Sofort wandte er sich an die Bürgerschaft und rief: „Kommt her, ihr lieben Kirchkinder, wir haben bei den Menschen kein Gehör noch Gnade mehr, wir wollen mit Gott reden!“ Daraufhin ertönten die Glocken, und die Gläubigen kamen zum Gebet.

Noch Anfang unseres Jahrhunderts wurde die Reduzierung der ursprünglich geforderten Summe auf 8 000 Taler als eine Einsicht des gottesgläubigen Derfflingers gewertet. So sprach der Gusower Pfarrer Winkelmann anläßlich des 300. Geburtstages des Generalfeldmarschalls: „Mit der Gemeinde kniete er (Rinckart, d. A.) nieder, und sie sangen … Derfflinger hörte es. Er gedachte der Zeit, als er unter dem großen Schwedenkönig focht. Da war es anders gewesen. Mit Gebet waren sie in die Schlacht gezogen. Wo war der fromme Sinn geblieben, den Gustav Adolf seinem Heer gegeben hatte? Über sein eigenes Ich erging in jener Stunde ein Gericht." Aber die Minderung der überhöhten Forderung nahm Derfflinger wohl mehr aus der Einsicht vor, daß aus dieser leidgeprüften Stadt nicht mehr herauszuholen sei, denn selbst die 8 000 Taler konnten die Eilenburger nicht aufbringen. Derfflinger mußte abziehen und nahm als „Entschädigung" das Kirchensilber mit.

Zwei Monate später finden wir Derfflinger beim Korps des Generalfeldzeugmeisters Torstenson, das sich in der Oberlausitz befand. Über Bautzen kommend trafen ca. 5 500 Schweden am 21. Mai vor Zittau ein. Oberst Wittenberg und Oberstleutnant Derfflinger erhielten den Befehl, in das nahegelegene Zittau zu gehen und vom dortigen Rat eine Summe von 30 000 Talern zu fordern. Natürlich konnten die Bürger diesen Betrag nicht bereitstellen, und man einigte sich notgedrungen auf eine Zahlung von 10 000 Talern. Nach diesem Feldzug wurde Derfflinger endlich Oberst und diente zunächst unter dem Generalmajor Königsmark. Da ein Obrist im allgemeinen auch gleichzeitig als Inhaber eines Regimentes galt, könnte Derfflinger frühestens ab diesem Zeitpunkt über ein eigenes verfügt haben. Dies ist allerdings nicht nachweisbar.

Gegen Ende Juni 1639 drang Königsmark mit seinen Truppen von der Weser über das Eichsfeld erneut bis nach Meinigen vor. Im Zeitraum vom 28. Juni bis zum 2 . Juli hielten sie sich in dieser Stadt auf. Am 28. Juni erschien der schwedische Kriegskommissar Karl Greger mit 60 Reitern in Schmalkalden und stellte seine Forderungen. Generalmajor Königsmark sowie die Obristen Braun, Dietemann, Birkenfeld und Derfflinger zogen wenig später in diesen mehrfach leidgeprüften Ort ein. Die Mannschaften dagegen nahmen in den Vororten Quartier. Als endlich die Truppe am 4. Juli abzog, nahm Greger anstelle der noch ausstehenden Taler zwei Ratsherrn und vier Bürger als „Pfand" mit. Die Bilanz nach dem Abzug der Schweden war erschreckend: Die Vorstädte waren verwüstet, die Feldfrucht vernichtet, die Teiche abgestochen und die metallenen Stücken, die Federbetten der Wilhelmsburg und die fürstlichen Kutschen als Beute mitgenommen.

Im November 1639 hielt sich Oberst Derfflinger, wiederum unter dem Kommando des Generals Königsmark, in Sachsen und Thüringen auf. Die Regimenter drangen bis Meiningen vor und blieben, „weil immer offenes Wetter gewesen", bis Weihnachten dort. Danach setzte sich das Korps ins Vogtländische und nach Saalfeld ab, wo sie nahe Neustadt/Orla das kursächsische Regiment Jung-Schleinitz aufrieben. Hier vereinigten sie sich mit der Hauptmacht Banérs.

Im Jahre 1640 stand Derfflinger erneut unter dem Kommando von Generalmajor Adam v. Pfuel. Auch in diesem Jahr brachen die Truppen erst im November in Richtung Thüringen auf. Der Marsch führte nach Altenburg, wo am 16. des Monats Pfuel, Derfflinger und Oberst Braun eintrafen. Zu größeren Kampfhandlungen kam es im folgenden Winter nicht. Die Truppen trieben Verpflegung und Geld ein, welches stets mit besonderem Nachdruck geschah. Derfflingers Regiment trat dabei mit besonderer Härte auf. Drei seiner Offiziere überfielen bei Landsberg raubend drei norddeutsche Kaufmannszüge. Nachdem Pfuel davon hörte, ließ er die Offiziere im Februar 1641 „auf einem adligen, eine Meile davon gelegenen Hause" enthaupten. Den Scharfrichter, der für die Hinrichtung ein neues Schwert verwenden mußte, holten die Schweden eigens aus Naumburg herbei.

In der Folgezeit wechselte das „Kriegsglück" der Schweden ständig. An welchen kriegerischen Aktionen Oberst Derfflinger teilnahm, ist bis heute unbekannt. Daß er zu den angesehensten Regimentschefs gehörte, beweist nachfolgendes Ereignis. Der 40jährige Marschall Johan Banér, seit langem Feldherr des schwedischen Korps in Deutschland, erlitt bei der Erstürmung eines kaiserlichen Lagers durch einen Musketenschuß eine schwere Verwundung. An deren Folge starb er am 10. Mai 1641 in Halberstadt. Sein Leben gestaltete sich genauso widersprüchlich wie die Zeit, in der er lebte. Erstaunliche militärische Erfolge prägten seine militärische Karriere. Ihm gelang es häufig, durch geschicktes Lavieren gegenüber den Kaiserlichen, das Gleichgewicht zu halten. Banér war zwar erfolgreicher Marschall der Königin, aber in erster Linie Sohn einer sehr alten und vermögenden Adelsfamilie und äußerst „ehrgeizig, herrschsüchtig und skrupellos". Besonders in den letzten Jahren seines Lebens beherrschte das Streben nach Macht und noch größerem Landbesitz in Deutschland sein Tun. Seit den schwedischen Niederlagen Mitte der 30er Jahre galt er als ein „Aktivposten seiner Regierung" und „ein Bollwerk gegen die Kaiserlichen". Durch sein Wirken und die Handlungen der von ihm geführten Truppen, in denen auch Derfflinger stand, konnten die Schweden für ihren wichtigen französischen Bündnispartner wertvolle Dienste leisten und dadurch auf dessen finanzielle Unterstützung hoffen. In den letzten Lebensjahren Banérs sanken seine Führerqualität und sein Einfluß auf die Soldaten jedoch erheblich. Mangelnde Bezahlung und schlechte Unterbringung gehörten zu den markantesten Auslösern der zahlreichen Meutereien. Ausschnitte aus Banérs Briefen an den schwedischen Kanzler Oxenstierna deuten auf gravierende Schwierigkeiten hin: „Ich konnte nicht mehr tun als Ihnen im Namen Ihrer Majestät immer wieder Bezahlung versprechen ... mit den glaubwürdigsten Ausreden, die ich ersinnen konnte"; oder „Es wär keine Lücke in den Reihen, wenn nur die Nachzügler, Plünderer und Räuber, deren verantwortungsloses Treiben ... nicht abzustellen ist, zu ihren Fahnen zurückkehreten." Mögen diese Worte übertrieben sein, die Lage gestaltete sich zusehends komplizierter. Nach

Johan Banér
(1596–1641),
Schwedischer Marschall in der Schlacht von Wittstock. Nach einer Zeichnung von J. M. Trenkwald

Karl Gustav Graf Wrangel
(1613–1676),
Schwedischer Rechsadmiral und -marschall

dem Tod seiner Frau Elisabeth, die ihn stets bei den Kriegszügen begleitet hatte und bei den Soldaten respektiert wurde, kümmerte er sich offensichtlich immer weniger um die Lage und die Disziplin seiner Untergebenen. Infolgedessen war er bei seinen Soldaten mehr als unbeliebt. Nach seinem Tode brodelte es im schwedischen Heer.

Besonders unter der Reiterei, die fast ausnahmslos aus ausländischen Söldnern bestand, herrschte Unzufriedenheit und Aufruhr. Das in Niedersachsen stehende ca. 17 000 Mann zählende und aus deutschen, schottischen und holländischen Kontingenten zusammengesetzte Korps erhielt seit Monaten keinen Sold mehr, und es traten große Versorgungsschwierigkeiten auf. Soldaten, sogar Offiziere verkauften ihre Pferde und Waffen, um zu überleben. Mord, Raub, mangelnde Führung und die Gegenwehr der Kaiserlichen drohten, große Teile des schwedischen Heeres aufzulösen. Die leidgeprüften Soldaten zogen in ganzen Scharen durch weit entfernte Gebiete, um sich Getreide und andere Lebensmittel zu besorgen. Da die Bauern sich zur Wehr setzten, mußten die Abteilungen, die zum „Furagieren“ ausrückten, immer wieder verstärkt werden. Trotzdem stiegen die Verluste, besonders durch Fahnenflucht, erschreckend. In diesem Zustand verboten sich für die militärische Führung weitere Angriffe von selbst. Ohne vorherige Soldzahlung kamen weitere Offensivbemühungen nicht in Frage.

Die fünf Generale, die nach Banérs Tod die Führung übernahmen, standen im befestigten Lager bei Wolfenbüttel der komplizierten Lage ziemlich hilflos gegenüber. Die Obristen ihrerseits hielten militärischen Rat, um die Ordnung im Heer wiederherzustellen. Sie forderten u. a. ein Mitspracherecht im Kriegsrat der Generale. Es änderte sich in den folgenden Monaten nichts. Deshalb kamen die Obristen überein, zwei aus ihren Reihen, den Obersten der Reiter Derfflinger, der damals acht Kompanien befehligte, und den

Oberst der Infanterie Mortaigne zum schwedischen Staatsrat Grubbe nach Hamburg zu schicken, damit dieser bei der Bewältigung der materiellen und finanziellen Schwierigkeiten helfe. Mortaigne, französisch-flandrischer Abstammung, hatte vorher selbst eine Meuterei angeführt und gedroht, bei ausbleibendem Sold würde sich die Truppe zu den Franzosen ins Rheinland absetzen. Beiden, davon gehen eine Vielzahl von Biographen aus, muß es gelungen sein, Grubbe und den schwedischen Bevollmächtigten Salvius davon zu überzeugen, daß bei Ausbleiben des Soldes das „... ganze Heer sonst auseinandergehe und für die Schweden unwiederbringlich verloren sei". Besonders die niederen Offiziere, die weder über Geld noch Kredite verfügten, seien „elend und kummerlich". Auf jeden Fall kehrten die Abgesandten mit immerhin 60 000 Talern zurück. Den Rest der Summe, so das Versprechen, sollte der neue und kriegserfahrene Feldmarschall Torstenson mitbringen. Da sich dessen Ankunft aufgrund eines schweren Gichtanfalls verzögerte, mußten die Söldner auf die versprochene Restzahlung weiterhin warten.

Die gravierenden Versorgungsschwiergkeiten schürten die Kaiserlichen durch häufige Überfälle auf schwedische Nachschubtransporte. Das feindliche Heer des Grafen Hatzfeld lagerte deshalb am Rande des Harzes. Beinahe wäre es für die Schweden zum Fiasko gekommen, als sich am 14. August 1641 über 2 000 kaiserliche Reiter bei Hornburg in einen Hinterhalt legten. Derfflinger befahl einen seiner Soldaten zur Aufklärung „an den Feind". Dieser schlich sich in Begleitung zweier Kameraden aus dem Regiment Pfuel an das feindliche Lager heran, um sich „ihre Montirung vom Feind zu holen". Die Drei bemerkten den Abmarsch der genannten 2 000 Mann aus ihrem Hauptlager. Den gegnerischen Marschkolonnen folgten wenig später zwei einzelne Trompeter. Sofort überfielen die Schweden die beiden und brachten sie ins eigene Hauptquartier. Aufgrund von deren

Aussagen brachen einige schwedische Regimenter auf und griffen die Kaiserlichen überraschend zwischen Hornburg und Schöppenstedt an. Nur mit Mühe entkam Graf Bruay, der den Trupp führte. Die Siegesbeute konnte sich trotzdem sehen lassen, 1 500 gesattelte Pferde. Die Unruhen hörten trotz des Erfolges nicht auf. Abermals erhielt Salvius, diesmal vom Oberst v. Hake und dem Landgraf Friedrich von Hessen, eine Forderung über vier Tonnen Gold. Eine solche Menge jedoch vermochte keiner herbeizuschaffen. Die langerwartete Ankunft von Lennart Torstenson, dem neuen Befehlshaber, zum 14. Oktober 1641 änderte die Lage zum Positiven.

Generalmajor Wrangel und die in den Verhandlungen so erfolgreichen Obristen Derfflinger und Mortaigne begaben sich unverzüglich zu dessen Begrüßung nach Stralsund. Sie gratulierten Torstenson zu der „ihm anvertrauten Charge" und sprachen mit ihm über den Zustand des Heeres. Beide Obristen sollen sehr diplomatisch vorgegangen sein. Sie „redeten jetzt gar aus einem anderen Ton, wie es bisher gelautet". Derfflinger und Mortaigne versicherten dem neuen Feldmarschall, daß er Offizieren und Mannschaften „mehr lieb und angenehm sein würde, als er sich selbst einbilden könnte, wofern er nur etwas Contentement für dieselben mitbrächte". Torstenson wollte Ratschläge hören, wie er die meuternde Truppe besänftigen könne. Beide Obristen wichen einer konkreten Antwort aus und äußerten vorsichtig, daß sie dafür keine Instruktion hätten. Auf der Rückreise besuchten sie für einige Tage den Herzog Christian Ludwig von Lüneburg.

Zur Hebung der Moral des schwedischen Heeres brachte Torstenson 7 000 Mann und eine größere Geldsumme mit, die allerdings immer noch nicht ausreichte, um die Soldaten zufrieden zu stellen. So mußte Salvius erneut 180 000 Taler bei den Hamburger Kaufleuten auftreiben. Der stets von

Gichtanfällen geplagte Marschall führte nach Lösung der finanziellen Probleme das schwedische Heer erfolgreich. Er beruhigte die erhitzten Gemüter nicht nur mit Geld, sondern auch mit nachhaltigen Diziplinierungsmethoden. Die „eiserne Hand" spürten nicht nur die Soldaten. Ein deutscher Oberst, der mit der kaiserlichen Seite wegen seines Übertritts verhandelte, wurde in Salzwedel kurzerhand zur Abschreckung aller öffentlich hingerichtet. Dieses Strafgericht hielt offensichtlich andere Offiziere davon ab, die schwedische Armee zu verlassen. Wedgwood charakterisierte Torstenson wie folgt: „Er machte sich nichts aus Popularität, weshalb er auch nicht danach strebte; seine Soldaten haßten ihn, und er übte ... eine Schreckensherrschaft über sie aus." Derfflinger gewann allerdings erneut rasch das Vertrauen des hart durchgreifenden Feldmarschalls. Torstenson zog, kurz nach der Kommandoübernahme, mit seiner Truppe in das neue Lager bei Hildesheim bzw. Winsen an der Aller. Bei dem Gefecht bei Bergen am 8. Dezember 1641 stand Derfflinger mit seinem Regiment, in zwei Schwadronen formiert, im ersten Treffen am linken Flügel, den Generalmajor Stalhandske befehligte.

Das Jahr 1642 prägte eine Vielzahl von militärischen Aktivitäten, in denen sich auch der 36jährige Oberst Derfflinger auszeichnen konnte. Der Frühling war gerade angebrochen, als das schwedische Korps den Marsch aus den ausgesogenen Quartieren in Niedersachsen in Richtung des Habsburgischen Stammlandes antrat. Wiederum befehligte Derfflinger drei Regimenter, die zur Sicherung der rechten Flanke und zur Beschaffung von Proviant sowie Geld eingesetzt waren. Er marschierte in Richtung Burg und überschritt am 27. März bei Werben die Elbe. Torstenson ließ kurz zuvor seinem Oberst folgende „Ordonnanz" überbringen: „Demnach gegenwertiger der Wol-Edle Gestrenge Herr Obrister Dörfflinger mit bey sich habenden Regimentern über die Elbe umb die im Stifft Magdeburg belegene Aembter und Städte außer den Curbrandenburgischen Landen in Feindliche Quartir umb sich greiffen und Zu behuf der Königl. Schwedischen Armée in eine erträgliche Contribution die Inwohner Jedes orts auf gedachtes Herrn Obristen Dörfflingers Zuschreiben sich dergestalt wilfertig bezeiget, damit er sich widrigsfalls scharffer mittel Zu gebrauchen nicht verursachet werden möge, Wornach sie sich Zu richten und für schaden Zu hüten wissen werden."

Der geplante Vormarsch verzögerte sich jedoch durch die starken Regenfälle, deshalb legte Torstenson Ende März bei Ziesar für einige Tage eine Rast ein, damit die nur langsam vorwärtskommenden Regimenter den Anschluß an die Hauptmacht vollziehen konnten. Derfflinger dagegen erfüllte offensichtlich den obengenannten Auftrag zur vollen Zufriedenheit. Das bereits durch die Kaiserlichen stark mitgenommene Burg ließ er besetzen und stellte seine harten Forderungen, wonach die umliegenden Ortschaften und die Stadt selbst Geld und Proviant zur Verfügung stellen mußten. Welchen Erfolg er dabei hatte, ist leider nicht überliefert.

Das Leid der Dörfer und Städte war zu jener Zeit besonders groß. Die Stadttore von Zerbst blieben beim Herannahen, in der Hoffnung das Ärgste zu verhindern, einfach geschlossen. Vielleicht wußten die Zerbster, daß mit Derfflinger einer der hartgesottensten Eintreiber kam. Auf jeden Fall sollte die Angst ihre Berechtigung haben, denn der schwedische Oberst stellte, gestützt auf das Schreiben seines Feldmarschalls, seine hohen Forderungen. Derfflingers Aufforderung beantwortete der Rat allerdings ablehnend. Die Absicht der Zerbster, Zeit zu gewinnen, durchschaute Derfflinger sofort, deshalb meldete er an das Hauptquartier in Ziesar die Haltung des Rates. Trotzdem schrieb er den Stadtvätern am 29. März 1642 aus Burg folgende Zeilen: „Ehrenveste Achtbare und Wolweise, insonders fr. vielgeliebte Herrn, Deroselben antwortschreiben hab ich empfangen auch verstanden, daß solch begehrte proviant für die Armada von ihnen in ein langwieriges Zu Ziehen gemeint, Alß wil ich sie hiermit ernstlich vermahnet haben, daß sie eilendts und unverzüglich mit solchem proviant parat sein möchten, damit sie wegen seumung dessen ihnen und der gantzen Stadt nicht ein großes unheil auf den Halß laden möchten ..." Als einen kleinen Abschlag forderte der Oberst zur Versorgung seines Regimentes Hafer und Bier, das bis zum darauffolgenden Tag an einen seiner Offiziere zu übergeben sei. Die Hauptlieferung, welche die Armee erhalten sollte, wollte Derfflinger persönlich übernehmen. Abschließend drohte der schwedische Oberst mit den Worten. „Woferne sie morgen sich nicht einstellen und deßwegen richtigkeit machen, haben sie sich Zu versichern, daß ich meine Ordre nach mit den Regimentern Zu ihnen logiren werde, darnach sie sich Zu richten, und für schaden Zu hüten haben ..." Unterschrieben ist das unmißverständliche Schreiben mit „Deroselben freundwilliger Georg Dörfflinger – Der Königl. Maytt. und Crohn Schweden, wie auch dero Conföderirten bestalter Obrister über Ein Regiment Zu Roß". Sicherlich „freundwillig" nur, wenn der Rat seine Forderungen erfüllt. Um diesem Brief Nachdruck zu verleihen, schickte er in der Nacht zum 31. März Oberstleutnant Christoph Friedrich Löwen mit einer stärkeren Reitermacht vor die Zerbster Stadttore. Dieser verlangte Einlaß und Quartier, um „den Ort zu verwahren", und forderte, entsprechend der Anweisung seines Obersten, folgenden „Commiß für die Armée: 1. Ihr. Excellenz Zur Taffel undt in die Küchen was darzu nöthig ist. 2. Hundert Wispel Mehl, davon brott geliefert. 3. Dreyhundert Faß Bier. 4. Vierhundert Wispel Hafer. 5. Ahn geld so viel, als der Feind bekommen hatt".

Die fürstliche Regierung empfand diese Forderungen als unerschwinglich und schickte den Hofrat Johann Köppen mit dem Leutnant Rudolf Hinnicke mit einer Vollmacht des Fürsten August von Anhalt-Zerbst direkt ins Quartier Torstensons. Gleichzeitig bat der Rat Derfflinger um einen Aufschub, denn es werde bereits Brot gebacken. Löwen lenkte ein und versprach, seine Quartiere nicht in der Residenzstadt, sondern in einem Vorort Ankuhn, aufzuschlagen sowie die Rückkehr der Gesandten abzuwarten. Auf halbem Weg zwischen Zerbst und Ziesar begegneten sich die Vertreter der Stadt und die Reiterregimenter Reichwaldt und Douglas, die Torstenson nach dem Eintreffen von Derfflingers Meldung in Marsch setzte, um „dasjenige mit Gewalt zu holen, was man in Güte nicht geben wollte“. Torstenson richtete ein persönliches Schreiben an den Rat, in dem er drohte, daß für den Fall der nicht ordnungsgemäßen Lieferung seine Obristen „mit der Stadt derogestalt … verfahren, daß sie keiner Stadt mehr ähnlich sei“. Außerdem schickte er die Kommissare für Proviantwesen und Artillerie nach Zerbst, um Geld und Zugpferde aufzutreiben. Hofrat Köppen erhielt beim Feldmarschall keine Audienz. Bei den nachfolgenden Verhandlungen mit Generalleutnant Lilliehök wurde der Stadt eine Lieferung von 4 000 Talern, 160 Wispel Roggen und 100 Faß Bier samt den zur Beförderung notwendigen Gespannen auferlegt. Als Strafe für den Fall, daß diese immer noch hohe Forderung nicht realisiert werde, drohte die Verhaftung des Bürgermeisters und zweier Ratsmitglieder sowie die Brandschatzung der Stadt durch fünf Regimenter.

In der Zwischenzeit bezog das Douglas'sche Regiment ebenfalls in Ankuhn Quartier. Die Offiziere dagegen machten Zerbst „zu einer großen Gastwirtschaft“. Kurze Zeit später zogen das Douglas'sche und das Derfflingerregiment in die Stadt ein. Drei Tage lang plünderten die Schweden das leidgeprüfte Zerbst, indem sie alles Brauchbare auf Wagen luden und ca. 300 Pferde raubten. Die fürstliche Regierung wandte sich wegen des Raubzuges schriftlich an den schwedischen Oberst Derfflinger. Dieser antwortete am 1. April sehr höflich, das „... an Mich haltenden gnediges erinnerungsschreiben habe Ich Zurecht mit reverenz empfangen“, und er bedauerte, daß Zerbst so hart mit Strafe belegt wurde. Da die Stadt aber den Forderungen nicht nachkam, hatte der Feldmarschall „Herrn Obr. Duglaß mit etlichen Regimentern dahin abgeordnet“, um die „ordre“ mit Gewalt durchzusetzen. Am Ende seines Schreibens beklagte sich Derfflinger, daß er „schimpfliche nachdenckliche reden, durch meinen Abgeordneten Obr. Leutenant, die Stadt Zerbst Mir Zuentbieten lassen“ mußte. Ob die Stadt wirklich den stolzen Oberst beschimpfte, ist nicht nachzuweisen. Bereits Anfang des 18. Jahrhunderts zweifelte der Kanzler Milagius diese Behauptung an. Sie sei „von den Schweden erdichtet, um gegen die unschuldige Stadt mit Härte verfahren zu können“. Sei es wie es sei! Der finanzielle Schaden der Stadt soll, ohne die Aufwendungen der Bürger zur „Bewirtung“ der Söldner, stolze 30 000 Taler betragen haben. Als am 3. April die Schweden endlich „mit voller Ladung“ abzogen, plünderten sie noch 50 Häuser vollständig, so daß vielen Zerbstern nichts Eßbares mehr blieb.

In diesen Tagen erlitt Derfflingers Regiment personelle Verluste. Der kursächsische Rittmeister Topfer überquerte bei Dessau mit deutschen und kroatischen Reitern unbemerkt die Elbe. Am 31. März überfiel er einen Trupp, der unter Führung des Oberstleutnants aus Derfflingers Regiment stand. Über 40 Reiter starben bei diesem Scharmützel, und der Oberstleutnant sowie ein Rittmeister gerieten in Gefangenschaft. Beide brachten die Kaiserlichen ins Hauptquartier nach Zeitz. Selbst aus der Gefangenschaft versuchte der Oberstleutnant, Zerbst Schaden zuzuführen. Er erzählte, daß die Stadt angeblich die Schweden dreimal schriftlich benachrichtigt habe, als eine kaiserliche Streitmacht unter Führung eines Oberstleutnants „mit einer Partie abkommandirt gewesen“ war.

Im April marschierte Torstenson mit seinem Heer in Schlesien ein und eroberte Glogau sowie Schweidnitz. Damit war fast das ganze diesseits der Oder gelegene Schlesien in schwedischem Besitz. Das nächste Ziel bestand in der Einnahme von Olmütz. Am 5. Juni verließ die kaiserliche Besatzung diese Festung. Damit stand den Schweden ein wichtiger Ausgangspunkt für die Belagerung von Wien und Brünn zur Verfügung. Gegen 12 Uhr erschienen der schwedische Generalmajor Wittenberg sowie Oberst Derfflinger vor dem Rat und forderten 150 000 Taler. Wie immer konnten die Bürger diese Summe nicht auftreiben, deshalb bat der Rat um Verhandlungen. Schließlich einigte man sich auf die Zahlung von 30 000 Talern. Die Aufzeichnungen des Stadtschreibers deuten allerdings darauf hin, daß der General und der Oberst sich die „Nachgiebigkeit" etwas kosten ließen, denn der Rat mußte ihnen „heimlich 4 000 Taler zusagen".

Im diplomatischen Dienst und die letzten Jahre des Krieges

Diese schwedischen Erfolge weckten das Interesse des Siebenbürgischen Fürsten Steffan Rákóczy, dem Nachfolger des legendären Heerführers Bethlen Gabor. Er stellte den Schweden in Aussicht, noch im Herbst des Jahres gegen die Kaiserlichen ins Feld zu ziehen. Als Vorbedingung erbat der Fürst die Zuwendung von Geldern und weiteren Hilfen. Die Aussicht, daß der Fürst mit einer Armee auf Wien marschieren und für eine Entlastung sorgen würde, war für die schwedische militärische Führung allzu verlockend. Da der künftige Verbündete noch zögerte, entschloß sich Torstenson am 29. Juli 1642, ein Memorial zu erlassen und zwei vertraute Offiziere seiner Umgebung in geheimer Mission zwecks Verhandlungen nach Siebenbürgen zu entsenden. Es zeugt vom hohen Vertrauen, das Derfflinger bei seinem Feldmarschall genoß, denn er und Oberst v. Plettenberg erhielten den genannten Auftrag. Dieses Mandat erforderte von den „Obersten zu Pferd und zu Fuß" größte Umsicht, Kühnheit und Gewandtheit.

Die beschwerliche Reise führte damals durch Polen. Beide reisten unter falschem Namen, als angeblich abgedankte Offiziere „so ihr Glück anderswo suchen wollten". Beide verfügten über eine große Summe, um bei Mißerfolg in Siebenbürgen „etwas Volk an sich zu henken und damit in die kaiserlichen Erbländer einzufallen". Das war nicht nötig, denn der Fürst empfing beide am 14. September wohlgesinnt. Das in lateinischer Sprache abgefaßte Schreiben Torstensons empfahl ihm die beiden Obersten: „Da der Entwurf eines Vertrages nicht ohne Bedenken dem Papier anvertraut werden könnte, seien diese wackern Obersten von ihm abgeordnet, deren Umsicht und Treue erprobt sei. Sie würden über die Lage und die Absichten der nordischen Macht eingehend berichten und Vorschläge zum Abschlusse eines Waffenbündnisses entgegennehmen." So geschah es. Dem Feldmarschall erstatteten Derfflinger und Plettenberg am 27. September einen ausführlichen Bericht über den Verlauf ihrer Mission. Torstenson informierte unverzüglich den Reichsrat in Stockholm.

Das schwedische Heer wandte sich zu diesem Zeitpunkt entschlossen der Stadt Leipzig zu. So kam es, daß sich die feindlichen Armeen dort trafen, wo elf Jahre zuvor Gustav II. Adolf siegreich war. Der Ort Breitenfeld erlebte innerhalb des Dreißigjährigen Krieges am 23. 10. 1642 die zweite Schlacht. Über Derfflingers persönlichen Anteil an dieser Auseinandersetzung ist leider nichts überliefert. Einige ältere Biographen gehen zwar von seiner Teilnahme aus und begründen damit seine spätere Reise nach Stockholm. Diese Behauptung ist allerdings bisher nicht nachgewiesen und äußerst zweifelhaft. Wahrscheinlich übernahm Derfflinger sein Regiment erst kurz nach dieser Schlacht. Seine Soldaten dagegen, das beweisen alte Aufzeichnungen, kämpften in drei Schwadronen auf dem äußersten rechten Flügel, den der bereits erwähnte Generalmajor Wittenberg befehligte. Erzherzog Ferdinand, Führer des kaiserlichen Korps, verlor bei Breitenfeld ca. ein Viertel seines Heeres und 46 Geschütze. Die schwedischen Verluste betrugen ca. 5 000 Mann.

Auf den Sieg bei Breitenfeld folgte die Belagerung Leipzigs. Bei den häufigen Verhandlungen mit dem Rat zwecks Übergabe der Stadt bewährte sich Derfflinger wiederholt als Unterhändler. Am 2. November führten er sowie die Obristen Oesterling und Birkenfeld Gespräche mit den Ratsvertretern. Die schwedischen Offiziere pochten auf den Abschluß eines schriftlichen Vertrages. Gegen zwei Uhr überreichte der Leipziger Rat endlich die Kapitulationsbedingungen. Da diese nicht ausreichten, befahl Torstenson den erneuten Beschuß der Stadt. Am 24. November nahmen die oben erwähnten Obristen nochmals Verhandlungen auf, die schließlich drei Tage später zur endgültigen Kapitulation führten.

Drei Tage vor dem Weihnachtsfest des Jahres 1642 erhielt Derfflinger von seinem Feldmarschall seine zweite diplomatische Mission. Er trat die Reise nach Stockholm an mit einem am 21. Dezember vom Feldmarschall unterzeichneten Schreiben an den schwedischen Reichskanzler Oxenstierna. In diesem Brief empfahl Torstenson, seinen Oberst freundlich zu empfangen und ihn wegen seiner Treue zu belohnen; er „bat, dessen Wünsche, welche seinem Vernehmen nach auf eine jährliche Pension und ein Gut in Pommern hinausliefen, vor anderen zu berücksichtigen. Nach Erfüllung seines Anliegens würde Derfflinger auch zu bewegen sein, wieder eine Sendung nach Siebenbürgen auf sich zu nehmen, ein tauglicherer Offizier sei augenblicklich für diesen Zweck nicht zu finden“.

Derfflinger informierte am 9. März 1643 den schwedischen Kanzler über die militärische Lage und die Ergebnisse seiner Siebenbürgischen Mission. Noch am gleichen Tag gab Oxenstierna dem Reichsrat einen ausführlichen Bericht. Er sprach: „erstens über den Zustand des feindlichen Heeres, daß nämlich der linke Flügel auf 11 Regimenter beschränkt, der rechte hingegen beibehalten und ziemlich stark an Reiterei sei; zweitens über den Hergang der Leipziger Schlacht; drittens, daß der Kurfürst (vermutlich der sächsische, d. A.) verschiedene Obersten an den Feldmarschall geschickt und sich zu freundlicher Verhandlung erboten habe, um die Drangsale des Krieges etwas zu mildern; viertens werde Freiberg sich hoffentlich bald ergeben, es befänden sich in der

Stadt viele Bergleute und kaiserliche Soldaten; endlich fünftens über seine Reise nach Siebenbürgen. Rákóczy sei von Ansehen ein schöner Herr und sehr geneigt, sich in ein Bündniß mit Schweden einzulassen und den Kaiser anzugreifen. Er habe geschworen, Ferdinand zu bekämpfen, solange er lebe, bis der allgemeine Friede hergestellt sei, wenn er nicht etwa selbst aus dem Lande vertrieben werde. Seine Kinder und seine Gemahlin sollten sich ebendazu verpflichten. Mit den unzufriedenen Ständen Ungarns unterhalte er ein heimliches Einverständniß. Er habe den Brief eines Magnaten gezeigt, welcher ihn zum Losbrechen aufforderte und darauf hinwies, wie der Kaiser das Land mit Neuerungen und Steuern beschwere." Nach eingehender Besprechung kamen die „hohen Herren" überein, durch weitere Gespräche mit dem Siebenbürgischen Fürsten die Lage detaillierter zu sondieren.

Am 27. März stand deshalb ein mögliches Bündnis mit dem Fürsten erneut auf der Tagesordnung des Reichsrates. Derfflinger hielt während der Sitzung einen Lagevortrag. Er berichtete über die Macht des Fürsten, die Beschaffenheit seines Landes, seine Achtung, die er bei den ungarischen Grundbesitzern genoß, sowie seine enge religiöse Bindung zu Schweden. Danach wurde Derfflinger „der Abschied ertheilt und eine Kette überreicht, er wurde zur Treue ermahnt und aufgefordert, auch Andere dazu anzufeuern". Außerdem beschlossen die Räte, dem Oberst wegen seiner „geleisteten Dienste, wie auch um Andere zu animiren und in gutem Humor zu halten, eine ‚Rekompense' von 5 000" Talern zu bewilligen. Eine stattliche Entschädigung, wenn auch der persönliche Wunsch nach einem pommerischen Gut nicht in Erfüllung ging. Königin Christina unterschrieb in der „Residenz Stockholm am 24. März im Jahr 1643" ein für Derfflinger wichtiges Dokument. In dem Schreiben würdigte das schwedische Oberhaupt seine Verdienste und daß er im

„Deutschen Krieg Uns und Unser Reich, ebenso wie die Gemeinschaft der Protestanten" treu diene. Wobei „er nicht nur die Pflicht eines tatkräftigen Soldaten und Offiziers erfüllt hat und dafür das verdiente Lob von Unserem Kriegsführer erhielt, sondern weil er auch einen unerschrockenen und tapferen Sinn gegen die Feinde … zeigte". Deshalb bekam der „Colonell Georgius Dörfflinger" für die „Dauer und Lebenszeit das jetzige Haus" eine Summe von 1 000 Reichstalern zugesprochen, die „er jährlich in Hamburg, in der dort von Uns errichteten Gesandtschaft oder Niederlassung erhalten". Obwohl alles von der Königin angewiesen und „zur größeren Glaubwürdigkeit" mit einem Siegel bekräftigt wurde, gab es bei der Auszahlung erhebliche Schwierigkeiten.

Von der Rolle Derfflingers erhielt sogar der brandenburgische Kurfürst, Friedrich Wilhelm, durch seine Diplomaten einen ausführlichen Bericht. Anfang des Jahres 1643 schrieben sie an die Geheimen Räte: Es „wären (in Siebenbürgen, d. A.) 14 000 Mann in Bereitschaft, mangelt nur an hohen Offizieren, deswegen vermeint würde, es sollte Plettenberg oder Derfflinger, auch wohl beide … dahingehen". Dies waren allerdings wohl nur Vermutungen. Der Kurfürst hörte spätestens zu diesem Zeitpunkt den Namen Derfflinger, ohne wohl zu ahnen, daß dieser einmal sein engster militärischer Berater sein werde.

Torstenson führte in der Zwischenzeit einen regen Briefwechsel mit dem Fürsten Rákóczy. Wiederum sollten zwei erfahrene Offiziere nach Siebenbürgen reisen, um mit einer gesiegelten Vollmacht Schwedens und Frankreichs weitere Verhandlungen zu führen. Derfflinger war erneut zu dieser Mission ausersehen, aber der Oberst entzog sich dieser Aufgabe. Die Gründe dafür sind heute nicht mehr genau zu bestimmen. Vielleicht war es einfach die Gewißheit, daß die Verhandlungen langwierig sein und ihm für sein Fortkommen keinen Vorteil bringen würden.

Über Derfflingers militärische Aktivitäten nach Rückkehr ins schwedische Heer existieren leider kaum Hinweise. Die Quellen geben nur sehr dürftige und sich widersprechende Auskünfte. Am 19. Mai bedankte sich der Feldmarschall schriftlich beim Kanzler für die gute Aufnahme seines Obersten. Einen Monat später zählte Derfflingers Regiment, obwohl acht Kompanien stark, nur ganze 161 dienstfähige Reiter. Trotzdem wurde es beim Entsatz von Olmütz im ersten Treffen auf dem linken Flügel eingesetzt. Am 21. Juni schrieb Derfflinger aus dem Lager bei Kremsier an einen alten Kriegskameraden, daß ihm der Ort Weißkirchen zur Unterbringung angewiesen sei. Kurz darauf, am 29. Juni 1643, mußte er sich als Verhandlungsführer zwecks Geldbeschaffung erneut bewähren, denn die Stadt Olmütz schuldete den Schweden noch 7 050 Taler an Kontribution. Derfflinger war offensichtlich erfolgreich, denn der Oberst verließ den Ort noch am gleichen Abend.

Ende des Jahres 1643 zog das gesamte schwedische Heer erneut quer durch Deutschland. Da sich Schweden auch mit dem Dänenkönig Christian IV. im Krieg befand, galt es, Winterquartier in den „Elbherzogthümern und Jütland" zu beziehen. Derfflingers acht Kompanien erhielten zunächst Stadt und Kloster Itzehoe mit den Nachbarorten zur Belegung angewiesen. Einige dänische Besatzungen, wie die von Glückstadt und Krempe, hielten sich jedoch trotz der schwedischen Überlegenheit hartnäckig. Bei Streifzügen fügten sie den Eindringlingen empfindliche Verluste zu. Trotzdem versäumten Derfflingers 500 Reiter die ständige Aufklärung der näheren Umgebung. Als dieser sich Ende Januar 1644 dienstlich in Rendsburg aufhielt, griffen die Dänen Itzehoe an. Die Art und Weise des Überfalls erinnert an das Drehbuch eines Abenteuerfilms. Kaum waren die Stadttore frühmorgens geöffnet, passierten diese mit Holz schwerbeladene Fuhrwerke, die von Männern in Zivil begleitet wurden. Plötzlich warfen sich die „Zivilisten", es sollen dänische Offiziere gewesen sein, auf die Wachen und machten sie nieder. Somit konnten die etwa 800 Mann, die seit der Nacht vor der Stadt im Hinterhalt lagen, ungehindert eindringen. Derfflingers Oberstleutnant, zwei Rittmeister und ca. 300 Soldaten gerieten dadurch in Gefangenschaft. Die siegreichen Dänen erbeuteten fünf Geschütze, acht Fahnen, den gesamten Troß, einen großen Getreidevorrat und Geld sowie etwa 1 000 Pferde. Am 2. Februar 1644 berichtete Plettenberg irrtümlich aus Hamburg, daß auch der Regimentsinhaber gefangengenommen worden sei. Derfflinger konnte froh sein, daß 200 seiner Reiter die Flucht gelang, denn damit bestand die Möglichkeit, das Regiment erneut aufzufüllen. Durch den Sieg von Helmuth Wrangel bei Elmshorn konnte eine große Anzahl der Kriegsgefangenen befreit werden.

Das angeschlagene Derfflingerregiment kam nach Lauenburg. Als der regierende Herzog August von der Einquartierung erfuhr, protestierte er sofort und machte auf das Leid der Bürger aufmerksam. Der Kammermeister des Herzogs bat Derfflinger, falls er eine „nützliche Ordre" bekomme, die Verteilung der Soldaten auf ihre Quartiere im Zusammenwirken mit einem herzoglichen Beamten vorzunehmen. Das lehnte der Oberst strikt ab. Die an Torstenson gerichteten Bittbriefe hatten ebenfalls keinen Erfolg. Nur die Stadt Ratzeburg wurde verschont, damit mußte Derfflinger in Lauenburg Quartier nehmen. Am 14. April meldete der Amtsschreiber seinem Herzog, daß „Herr Obristen" zehn der besten Pferde aus dem herzoglichen Stall abholen ließe. Zum Entsetzen der Lauenburger blieben Derfflinger und sein Regiment bis zum Sommeranfang in der Stadt. Am 4. Juni 1645 suchte ihn der Großvogt auf, weil es „den Unterthanen eine wahre Unmöglichkeit wäre, die Kontributionen ferner abzutragen". Im Amt Schwarzenbeck werde „den armen Leuten ihr Vieh, und was sie sonst hätten, hinweggenommen". Er bat Derfflinger, dagegen etwas zu unternehmen und im „Falle es in des Obersten Vermögen nicht stände, darin zu remediren, so müsse der Fürst beim Feldmarschall nothdringlich darum anhalten“. Dieser brauchte nicht mehr tätig zu werden, denn Torstenson ließ seine Truppen zu einem erneuten Kriegszug rüsten. Das Heer zog zunächst bis Sachsen.

Wieder stand Olmütz als militärisches Ziel. Es galt diese Stadt zu entsetzen und sich mit Rákóczy weiter zu verständigen. Am 9. Januar 1645 setzte der Feldmarschall sein Heer in Richtung Böhmen in Marsch. Im Februar erfuhr der Kaiser durch Verrat vom schwedischen Plan, sich mit den oberösterreichischen Bauern zu vereinen und „daß bei der Armee viel Armatur und Gewehr auf etliche tausend Mann mitgeführet würde, auch einige Abgeordnete aus dem Ländlein beim Obristen Derfflinger, so dannenhero gebürtig, neulicher Zeit zu Marienberg gewesen und von demselben ein Schreiben an den Feldmarschall gewiesen sein sollten“. Sicher ist es kein Zufall, daß in diesem Zusammenhang Derfflinger genannt wurde. Schließlich stammte er aus dieser Region, kannte die dortigen Verhältnisse und genoß bei den aufstandswilligen Bauern Vertrauen. Aus deren Bewaffnung wurde allerdings nichts, da der Kaiser Gegenmaßnahmen treffen konnte.

Derfflingers Regiment gliederte sich immer noch in acht Kompanien und zählte Anfang 1645 ohne Offiziere nur 330 Reiter. Während der Schlacht bei Jankau am 24. Februar erfolgte sein Einsatz wie vor einem Jahr bei Leipzig. In zwei Schwadronen gegliedert, stand es am äußersten rechten Flügel des zweiten Treffens. Linker Nachbar war das Regiment Goldstein, und davor kämpfte, im ersten Treffen, Wittenberg mit seinen Reitern.

Gegen Ende des Jahres 1645 kam es, aufgrund der Erkrankung Torstensons, zu einem Führungswechsel in der schwedischen Armee. Seine Befehlsgewalt übergab er an den

Karl X. Gustav (1622-1660),
Schwedischer König seit 1654

Karl XI. (1655-1697),
Schwedischer König
seit 1660 unter der Vormundtschaftsregierung
seiner Mutter,
1672 selbständig

Reichszeugmeister General Karl Gustav Wrangel. In dieser Zeit reiste der künftige schwedische König, Pfalzgraf Karl Gustav, über Berlin nach Stockholm. In seinem Gefolge befand sich, aus welchem Grunde auch immer, Oberst Derfflinger. Zu diesem Zeitpunkt ahnte er wohl noch nicht, daß Berlin, wo die „Reisegesellschaft" eine längere Rast einlegte, in seinem späteren Leben eine wichtige Rolle spielen sollte. Zwar zählte Brandenburg seit kurzer Zeit zu den befreundeten Ländern, aber das Verhalten der „Schweden" ließ doch sehr zu wünschen übrig. Im November führten die Berliner Klage über das ungebührliche Verhalten eines Oberst Derfflinger. Am 11. des Monats fanden sich einige schwedische Offiziere zum Umtrunk in Cölln an der Spree zusammen, darunter die Obersten Derfflinger und Kettler und der Oberstleutnant v. Pfuel. Zur Unterhaltung der Männerrunde gesellte sich ein Harfenspieler, namens Wolfgang Teubner. Gegen neun Uhr begab sich Pfuel, sichtlich angeschlagen, in das Haus des Bürgermeisters Philipp Trumbach, um sich dort zur Ruhe zu legen. Die anderen Männer zechten weiter. Derfflinger wollte den schlafenden Pfuel nach einigen Stunden wecken, damit er sich wieder am Gelage beteiligte. Bewaffnet und mit einer Kerze in der Hand durcheilten die stark Angetrunkenen lärmend die Straßen Berlins. Teubner „entlockte" dabei seinem Instrument einige Töne. Nachdem sie die Tür zum Bürgermeisterhaus geräuschvoll geöffnet hatten, stürmten die Offiziere die Treppe hoch, um durch Klopfen den „Saufkumpan" zum Aufstehen zu bewegen. Als die Bemühungen der Eindringlinge ergebnislos blieben, drangen sie in das Schlafzimmer des Bürgermeisters Trumbach ein. Er und seine Frau wurden aus den Betten getrieben und mit dem Tode bedroht. Auch der im Haus weilende Kammergerichtsadvokat Sebastian Rhewendus wurde beschimpft und auf die Straße geschleppt. Der herbeigerufenen Nachtwache gelang es, „das vor Augen stehende Blutbad" abzuwenden.

Am darauffolgenden Tag verließen Derfflinger und Kettler lärmend die Stadt. Von diesen nächtlichen Ruhestörungen erfuhr der in Königsberg weilende Kurfürst Friedrich Wilhelm. Sofort beauftragte er den Rat in Cölln, die ganze Sache zu klären. Sogar das zuständige Kammergericht griff schlichtend ein. Das berührte Derfflinger überhaupt nicht, denn er wurde mit dieser sicherlich peinlichen Sache nie wieder behelligt.

Diese Episode ist gleichzeitig die letzte erwähnte „Tätigkeit" Derfflingers in diesem langen Krieg. Sein Regiment wurde zum letzten Mal in den thüringischen Quartierlisten von Kahla und Königsee im April 1646 genannt. Am 21. Mai 1646 weilte Derfflinger, wie es ein Brief aus Corbach bestätigt, noch in der Armee Wrangels. Danach sind keine Hinweise über des Obersten Tätigkeit in der schwedischen Armee überliefert. Offensichtlich fand er eine andere militärische Verwendung, denn im November 1648 wurde noch ein Privatschreiben in Sachen einer Prozeßangelegenheit an „den Wohledlen Herrn George Dörfflingern dero Königl. May. und Reichs Schweden wohlbestallten Obristen zu Roß" adressiert. Dieses Dokument befand sich noch zur Jahrhundertwende im Gusower Familienarchiv. In der Leichenpredigt am 24. Februar 1695 erwähnte Pfarrer Sannovius, daß Derfflinger bis zum Friedensschluß an allen „Kriegsverrichtungen" teilgenommen habe.

Der Westfälische Frieden, Derfflingers Entlassung aus dem schwedischen Dienst und der Pensionsstreit

Der Dreißigjährige Krieg wurde am 24. Oktober 1648 durch den Westfälischen Frieden zu Münster und Osnabrück beendet. Dieser in Böhmen ausgebrochene und dann weite Teile Europas erfassende Krieg war der untaugliche Versuch, unter dem Vorwand religiöser Streitigkeiten politische Machtansprüche durchzusetzen. Der kaiserlichen Partei gelang es weder durch kriegerische Mittel noch durch diplomatische Verhandlungen, ein katholisches Deutschland zu bilden. Vielmehr schrieb der Friedensvertrag die Gleichberechtigung der Konfessionen in Deutschland fest. Selbstverständlich lag es weiterhin im Ermessen des jeweiligen Fürsten, welche Religion in seinem Land die dominierende wurde. Am Verhandlungstisch entstand auch eine neue Reichsverfassung. Dadurch verlor die kaiserliche Zentralgewalt an Bedeutung, die Fürsten errangen die Landeshoheit über ihre nun souveränen Staaten. Die wirtschaftlichen und sozialen Auswirkungen dieses langen Krieges waren katastrophal. Brandenburg, das mußte auch Derfflinger als märkischer Gutsherr später erkennen, gehörte zu den am meisten betroffenen Gebieten. Die Bilanz war entmutigend: Über 50 % Bevölkerungsverluste, weite Flächen des „flachen Landes“ wüst, eine ruinierte Landwirtschaft, die Städte verarmt, Moral und Sitten verroht. Die Landesherren in allen Teilen Deutschlands standen damals vor der Aufgabe, ihre Länder wiederaufzubauen und ihre Stellung im neuen politischen Gefüge zu ordnen. In diesem Prozeß fand Derfflinger in seiner neuen brandenburgischen Heimat seinen festen Platz.

Der Kampf um die Vormachtstellung in Europa aber ging weiter und erlebte eine neue Dimension. Neben großen Geldbeträgen verlor das Reich auch umfangreiche Gebiete an die Siegermächte. Schweden stieg hinter Frankreich zur zweiten europäischen Macht auf, denn es erhielt neben dem Erzstift Bremen, dem Stift Verden auch Wismar und Stettin sowie Vorpommern mit der Insel Rügen zugesprochen. Durch diese Besitzungen erwarb die schwedische Königin ein Mitspracherecht im deutschen Reichstag. Durch die zwangsweise Abtretung wichtiger Ländereien war zugleich der Grundstein für spätere kriegerische Auseinandersetzungen gelegt, in denen auch Derfflinger äußerst aktiv tätig wurde.

An wie vielen Waffengängen, Scharmützeln, Überfällen, Belagerungen und Schlachten Derfflinger teilgenommen hat, bleibt wohl für immer ein Geheimnis. Die bereits erwähnte Leichenpredigt gibt den Hinweis, daß er mehrfach verwundet, aber nie „krumm und lahm“ geschossen wurde. Einige Biographen behaupten zwar, daß der „alte Haudegen“ großen Anteil an vielen schwedischen Siegen hatte. Diese Aussagen sind reine Vermutungen und wahrscheinlich reichlich übertrieben. In den Schlachtendarstellungen fand er kaum besondere Erwähnung.

Auch das in den früheren Jahrhunderten gezeichnete Bild vom tapferen, edlen und untadligen Derfflinger, der während des schonungslosen Krieges nicht verwilderte, stimmt so nicht. Im mit äußerster Brutalität geführten Dreißigjährigen Krieg gingen die Kommandeure und deren Soldaten erbarmungslos gegen die leidende Zivilbevölkerung vor. Es galt der Spruch: „Der Krieg ernährt den Krieg.“ Sie brandschatzten und preßten das Lebensnotwendige – und wenn möglich mehr – aus den Städten und Dörfern. Derfflinger bildete dabei keine Ausnahme. Aus den gesamten zur Verfügung stehenden Aufzeichnungen jener Zeit ist kein Beispiel seiner Achtung gegenüber der Zivilbevölkerung bekannt. Im Gegenteil, wie die angeführten Beispiele beweisen, trieb er ohne Skrupel Lebensmittel, Futter, Geld sowie andere Werte ein.

In den fast zwei Jahrzehnten seiner Dienstzeit in der wohl modernsten Armee der damaligen Zeit konnte Derfflinger sich eine Vielzahl militärischer Kenntnisse und Erfahrungen aneignen. Durch die ständige Nähe zu den schwedischen Feldherren Banér und Torstenson sah er nicht nur, wie Operationen geplant und durchgeführt, wie Soldaten auf den Kampf vorbereitet und auch plötzliche Lageänderungen gemeistert wurden, er fand genügend Gelegenheit, seine neu gewonnenen Kenntnisse anzuwenden. Das summierte sich zu einem unersetzbaren Fundus für seine weitere berufliche Entwicklung. Das Schlachtfeld, so makaber es auch klingen mag, war damals die einzige wirksame Schule eines Offiziers. Viele Brandenburger gewannen durch ihren Dienst wertvolle Kriegserfahrungen, die der brandenburgische Kurfürst wenige Jahre später zur Verwirklichung seiner weitreichenden außenpolitischen Ziele zu nutzen wußte.

Der Frieden machte Zehntausende arbeitslos. Keine europäische Macht wollte und konnte so viel Kriegsvolk weiter unterhalten. Die meisten der angeworbenen Soldaten mußten das Heer verlassen. Nach v. Ense setzte allein die schwedische Krone zur Abdankung ihrer Krieger fünf Millionen Taler fest. Untere Dienstgradgruppen erhielten einen dreimonatigen Sold. Die „Anführer, meist … beträchtliche Rückstände und Auslagen in Rechnung … bringen(d), empfingen nach Verschiedenheit der Umstände ansehnliche Geldsummen“.

Eine Verfügung der Königin Christine vom 17. Juni 1648 gewährte Derfflinger eine weitere Pension von 1 200 Talern, dabei nannte sie den Oberst „tribunus noster … nobis sincere fidelis“. Die Realität sah anders aus. Noch Jahre später versuchte Derfflinger seine Ansprüche geltend zu machen. In einer Eingabe, geschrieben am 28. Juni 1652 in Wriezen a. d. Oder (heute Alten Oder), informierte Derfflinger den Grafen Magnus de la Gardie, daß er bereits im Sommer 1650 den Pfalzgraf Karl Gustav auf die offenstehenden Pensionsansprüche aufmerksam gemacht habe. Jedoch gab dieser zur Antwort, solche Ansprüche müßten direkt an die schwedische Regierung gerichtet werden. Aus diesem Grund entschloß sich Derfflinger, einen Bevollmächtigten, Matthias Friedrich von Beeren, zum schwedischen König zu entsenden. Im weiteren bat er den Grafen, der übrigens ein Schwager von Karl Gustav war, „sein ganz billiges Ansuchen seiner hohen Autorität und Wohlvermögenheit nach zu unterstützen". Derfflinger beteuerte in diesem Schreiben, von der 1643 gewährten Pension bisher erst 700 Taler und von der 1648 bewilligten keinen Groschen erhalten zu haben. „Er bittet, daß er nicht allein den Nachstand der Pension, als auch wegen des Künftigen an einem gewissen Ort assignirt, sondern auch seine Satisfaktion (Genugtuung, d. A.) gleich anderen Obersten bekommen mögen." Dieses Schreiben bewirkte ebenfalls nicht die Auszahlung der offenstehenden Summe.

Erst während des gemeinsamen brandenburg-schwedischen Feldzuges in Ostpreußen gelang es Derfflinger mit Unterstützung seines alten Waffengefährten, des Feldmarschalls Douglas, einen Vergleich betreffs seiner Forderungen zu erzielen. Am 18. Januar 1657 stellte ihm Karl Gustav „zu Preußisch-Holland (wo der König mit Friedrich Wilhelm zusammentraf) eine Schuldverschreibung aus". In dieser hieß es unter anderem: „Wir erinnern Uns gnädigst … welcher gestalt itzo bestallter Generalmajor zu Pferd … ernst- und mannhafter Dörffling, in der Zeit seiner vorigen Unserer Kron … geleisteten guten und rühmlichen Kriegsdienst in Deutschland von Ihrer Majestät der Königin Christina … mit einigen jährlichen Pensionen schon vorlängst beneficirt, wegen anderer Verhinderung aber solche nicht genossen…" hatte. Weiterhin beurkundete der schwedische König, daß darüber hinaus weitere Summen noch nicht bezahlt seien. Einerseits handelte es sich dabei um einen „auf sein Regiment zu zweien unterschiedlichen Malen gethanen Vorschuß" und andererseits um „nicht bezahlte Satisfaktionsgelder". Alles in allem eine für die damalige Zeit beachtliche Summe von 26 000 Talern, „die er wegen … Verhinderung aber nicht genossen" hatte. Abschließend verwies der König darauf, daß Derfflinger die ausstehenden Summen „als ein liquide und richtig Schuld zu fordern habe, Wir und Unserer Krone auch in Kraft dieser gehalten sein sollen, benannte Summe ohne einzige Ausnahme und Widerrede, so bald es nur die Zeit und Gelegenheit immer wird verstatten können, … abzutragen". Einerseits herrschte damals in Schweden Geldknappheit, andererseits standen durch den Westfälischen Frieden viele Ländereien und Güter zur Verfügung. So versprach Karl Gustav „ihm mit ehisten wegen dieser Summa … eine wirkliche Versicherung an Landgütern zu geben und einzuräumen, welche er … bis zu erlangter völliger Bezahlung … eine wirkliche Hypothek habe". Dieses für Derfflinger wichtige Dokument versah die schwedische Reichsregistratur mit einer Anlage, die interessante Aufschlüsse zuläßt: „Der Generalmajor Dörffling hat schon bei des sel. Feldmarschall Baniers Zeiten (gemeint ist hier sicherlich der Pensionsbrief aus dem Jahre 1643, da war allerdings der Feldmarschall bereits tot, d. A.) jährliche Pension gehabt auf 1 000 Rthlr. als Obrister, weiß aber nicht quo anno der Brief datiret. Anno 1648 hat er von der Königin Christina als Generalmajor einen Pensionsbrief bekommen jährlich auf 1 200 Rthlr, auf acht Jahre … 9 800, welche ihm nebst dem Obrigen noch restiren. Sonsten hat er auf sein Regiment in Böhmen zu recruitiren vorgeschossen … 4 000, noch wie ihm in Holstein eingefallen … 4 000 Taler, Seine Satisfaktion … 3 000, (zusammen) 20 800."

Wieder einmal mußte Derfflinger erfahren, daß Papier geduldig ist: Durch die politischen Wirren stand Schweden nun auf der Seite der brandenburgischen Gegner und kam daher der versprochenen Zahlung bzw. der Übergabe eines Landgutes nicht nach. Als mit Schweden wieder Frieden geschlossen, wandte sich Derfflinger mit der Bitte um Unterstützung an seinen Kurfürsten. Daraufhin gab Friedrich Wilhelm am 20. März seinem Gesandten in Danzig den schriftlichen Auftrag, sich für Derfflinger einzusetzen. Aber auch dieser Versuch vermochte nichts auszurichten. Einige Jahre später, am 13. Februar 1667, wandte sich der Kurfürst erneut an den schwedischen König und erinnerte an die erbrachten Leistungen Derfflingers für die nordische Macht. Über die Ursachen der Schuld könne sich Karl XI. „ex incluso hisce litteris libello“ unterrichten. Alle Bemühungen blieben ohne Erfolg. So erinnerte Derfflinger am 1. Dezember 1673 König Karl XI. nochmals an die zugesicherte Summe, und am 10. Juli 1682 beauftragte Friedrich Wilhelm seinen Kanzler v. Brand, sich nochmals für seinen Generalfeldmarschall Derfflinger zu verwenden. Sehr wahrscheinlich hat die schwedische Krone die von ihrem König beglaubigte Summe nie ausgezahlt.

Es scheint, daß Derfflinger die schwedische Armee 1648 nicht ohne Groll verlassen hat. Eine besondere Ehrung während seiner fast zwei Jahrzehnte währenden Dienstzeit für die Krone erfuhr er nie. Die Pension von 1 000 Talern war eine obligatorische Summe, die noch 23 weitere Obristen erhielten. Nicht sicher ist sein letzter Dienstgrad im schwedischen Heer. Zwei seiner Biographen bestreiten sogar, daß Derfflinger schwedischer General gewesen sei. Ein schwedisches Nachschlagwerk nennt dagegen 1643 als das Jahr seiner Beförderung zum Generalmajor. Auch die Leichenpredigt gibt an, „daß er endlich der ältiste Obriste bey der ganzen Siegreichen Schwedischen Armee worden / und letztlich als

General-Major zu Pferd / in blutigen Treffen commandieret… biß nach dem allgemeinen Frieden-Schluß". Selbst die bereits erwähnte Anlage der schwedischen Reichsregistratur erwähnt den „Generalmajor Dörffling". Allerdings steht wenige Zeilen darunter die Summe seines Abdankungsgeldes von nur 3 000 Talern. Einem General standen aber 8 000 Taler zu. In einem Beschwerdebrief vom 28. Juni 1652 schreibt er selbst, daß er „seine Satisfaktion gleich anderen Obersten" fordere. Das Beförderungsjahr 1643 scheint auf jeden Fall als zu früh angesetzt, denn 1645 wurde bekanntlich ein Oberst Derfflinger als „Störenfried" in Cölln a. d. Spree genannt.

Nur eine Bestallungsurkunde könnte über seinen letzten Dienstgrad und seine abschließende militärische Verwendung Klarheit bringen. Die sich widersprechenden Aussagen könnten bedeuten, daß Derfflinger als Oberst die Aufgaben eines Generalmajors der Kavallerie im Stab des Feldmarschalls Wrangel erfüllte. Deshalb erhielt er keine Bestallung und hatte keine Ansprüche auf die Privilegien eines Generals. Offen bleibt ebenso die Frage, warum Derfflinger sein Regiment abgab. Selbst eine eventuelle Beförderung zum Generalmajor und eine höhere Stabsverwendung wären dafür keine hinreichenden Gründe, denn er hätte sein Regiment einem Oberstleutnant anvertrauen können.

Gusow, eine neue Heimat

Es war noch inmitten des Dreißigjährigen Krieges, als Derfflinger Oberstleutnant Joachim Hasso v. Schapelow in die Mark Brandenburg begleitete. Diesmal nicht in kriegerischer Absicht, sondern um einer alten märkischen Adelsfamilie einen Besuch abzustatten. Die Schapelows wohnten seit 1448 in einem kleinen Ort am Rande des Oderbruchs. „Dieses Dorf", so Theodor Fontane, „ist Gusow, eines der größten und vornehmsten jener alten Wendendörfer, die, lange vor der Urbarmachung, die sumpfige Niederung des Bruches in weitem Zirkel umspannten."

Hier begegnete dem Kriegsmann das Schicksal in Gestalt eines jungen Fräuleins. Daß dieser Besuch für Brandenburg eine glückliche Fügung bedeuten sollte, konnte zum damaligen Zeitpunkt niemand ahnen. Der 40jährige lernte Margaretha Tugendreich, die Kusine seines Kameraden sowie die Tochter von Friedrich Wolf v. Schapelow, der bereits am 23. April 1630 verstorben war, und Elisabeth Tugendreich geborene v. Bardeleben, kennen. Er warb um deren Hand. Im Trauregister der Berliner Nikolaikirche finden wir über die Hochzeit beider folgende Eintragung: „Anno 1646 January Domi Septua Jesumay – Der hoch Edele Gestrenger Vester Undt manhaffter H. Gurgen Dörfflinger, der Königlichen Krone Schweden bestalter Obrister Zu Roße … Die hoch Edle Ehren Undt Viell Tugendt reiche Junffer Margreta Tugendtreich gebohrn v Schaplowen des hoch Edelen gestrengen Friderich Wulff v Schaplo auff Guso S hinterlaßne tochter den 26. January." Das Taufregister meldet am

13. Oktober 1647 die Geburt seiner ersten Tochter, Beate Luise. Mit Sicherheit befand sich Derfflinger zu diesem Zeitpunkt in Berlin, denn er taucht im Taufregister der St. Nikolaigemeinde mehrfach als Pate auf. Im November 1648 gebar Derfflingers Frau einen Sohn, der allerdings kurz darauf verstarb. Obwohl alle zur Verfügung stehenden Quellen vom frühen Tod von Margaretha berichten, konnte ein genaues Datum bisher nicht ermittelt werden. Das Sterbejahr der ersten Frau liegt wahrscheinlich um 1655.

Die Schapelows, die in der brandenburgischen Geschichte kaum in Erscheinung getreten sind, haben mindestens in der Wahl ihrer Schwiegersöhne oftmals eine glückliche Hand gehabt. Der wohl berühmteste war zweifellos Derfflinger. Aber auch andere sind in die Geschichte eingegangen, so der „königlich schwedische Capitänleutnant" Berndt Joachim v. Mörner, der am 19. Januar 1645 Anna Catharina v. Schapelow, ebenfalls in der Berliner Nikolaikirche, heiratete. 1640 ehelichte der im schwedischen Dienst stehende Rittmeister Hans Adam v. Schöning Marianne v. Schönebeck, geb. v. Schapelow. Aus dieser Ehe ging ein einziger Sohn, geboren am 1. Oktober 1641 in Tamsel unweit von Küstrin, hervor. Er trug den gleichen Namen wie sein Vater und diente im brandenburgischen Heer. Von diesem engen Verwandten und Kampfgefährten Derfflingers, es war sein Neffe, wird in den nächsten Kapiteln noch öfter die Rede sein.

Nachdem Derfflinger aufgrund des Westfälischen Friedens den schwedischen Dienst quittierte, stand für ihn die Frage: Wohin? In seine alte oberösterreichische Heimat konnte er aus Glaubensgründen nicht wieder zurück. Außerdem dürften jegliche Verbindungen zu seiner Familie abgerissen gewesen sein. Von seinen Angehörigen lebte zu diesem Zeitpunkt nur noch seine Schwester Regine, die 1649 verstarb. Die erwähnte Heirat eröffnete Derfflinger dagegen eine neue Heimat und gute Perspektiven. Die Vermutung, daß die Wahl der neuen Heimat vor allem auf den jungen, tatenreichen Kurfürst Friedrich Wilhelm zurückzuführen sei, ist eine nicht haltbare Vermutung. Die Situation im damaligen Brandenburg sah bei weitem nicht so strahlend aus, und die Bemühungen seines Herrschers um den Aufbau einer eigenen Armee waren noch lange nicht entschieden.

In den ersten Jahren nach dem Krieg wohnte Derfflinger vorrangig in Berlin und nicht in Gusow, denn die Schapelows waren „... so verarmt, daß sie bzw. ihre Gläubiger nach und nach Gusow und Platkow (u. a. Gutsanteile) an den späteren Generalfeldmarschall Frh. v. Derfflinger verkauften". Andere Lehen, mit Ausnahme von Tucheband und Stremmen, veräußerten die Gläubiger an den Kurfürsten und seine Frau Dorothea. Die Eichendorffsche Mühle geriet an Quilitz, heute Neuhardenberg. Allerdings unterlief beim Verkauf der Mühle ein Fehler, denn dieser Besitz tauchte noch im Lehnsbrief seines Sohnes auf. Daher beanspruchte Friedrich Freiherr von Derfflinger 1696 das Mühlenrecht für Hermersdorf, ca. 6 km von Gusow gelegen, denn er plante dort den Bau einer neuen Wassermühle.

Einige Biographen schreiben, das Gusower Gut habe seine Angetraute als „Frauenerbe" mit in die Ehe gebracht. Ein solcher Umstand widerspräche den „Märkischen Lehnsverhältnissen", denn erben durften nur männliche Nachkommen. Derfflingers Weg vom Kriegsmann zum Gutsherrn war kompliziert und langwierig, denn er kaufte die Gusower und Platkower Anteile, wie es zwei Urkunden aus den Jahren 1652 und 1661 belegen, nicht mit einem Mal. Das Beispiel aus dem nahegelegenen Gut Hermersdorf verdeutlicht die Kompliziertheit der Schapelower Besitzverhältnisse, denn es gehörte diesen nur zu einem Drittel, die Derfflinger ebenfalls käuflich erwarb, den Pfuelschen Anteil kaufte dagegen die Kurfürstin. Der Verkauf des umfangreichen Besitzes der

Schapelows verlief nicht ohne gerichtlichen Streit, in den auch der Neu-Gusower hineingezogen wurde.

Hauptstreitobjekt war damals Gut Trebnitz, das Balthasar v. Pfuel für nur 6 000 Taler in Besitz nahm. Das löste 1647 in der Familie derer von Schapelow einen Sturm der Entrüstung aus. Derfflingers energische Schwiegermutter, Elisabeth Tugendreich, versuchte Ansprüche für ihren ermordeten Sohn Maximilian Wilhelm rechtens zu machen, und legte Beschwerde ein. Eine amtliche Kommission prüfte diese. Das zweite Schreiben von Elisabeth Tugendreich in dieser Sache unterzeichnete auch ihr Schwiegersohn. Einige Briefe aus jener Zeit zeugen noch heute von den Aktivitäten des Gusowers.

Nach längeren Verhandlungen mit der Lehnskanzlei, den Verwandten und Gläubigern erhielt Derfflinger am 16. April 1649 endlich Gusow zugesprochen. Er erwarb das Gut damit nicht als Frauenerbe, sondern durch Kauf. „Gusow wurde öffentlich taxirt (auf 12 033 Thlr.) und subhastirt, mit einem Antheile an Platkow theils in dem Subhastationsverfahren, theils aus freier Hand von dem damaligen Oberst v. Dörfflinger für die Interessenten gezahlten Abfindung …“ Einen ersten Teil von Platkow und Gusow kaufte Derfflinger 1651 für 11 000 Taler. Die stolze Summe für den Kauf von allen Anteilen der Güter Gusows und Platkows betrug insgesamt 21 136 Taler und 20 Groschen. Später kamen Wulkow, Klessin und Hermersdorf hinzu. Für Wulkow zahlte der neue Brandenburger stolze 8 000 Taler. Der gesamte Streit um die Erbschaftsangelegenheiten der Familie Schapelow war tatsächlich erst 1684 beendet, so daß die offizielle Belehnung der Güter Gusow und Platkow erst am 9. 10. 1686 erfolgte. In einem Schreiben des brandenburgischen Kurfürsten vom 19. Februar 1684 stand der wichtige Hinweis, „daß p.v. Dörfflinger diese mit seinen durch die Waffen erworbenen Geldern erkauften Güter Gusow, Platkow, Wulkow, Hermersdorf und Clessin in Lehn nehmen und solche auf seine männlichen und weiblichen Geschlechterskinder und ihre Descendenten kommen, er aber, in welcher Ordnung sie succediren sollen oder nach seinem Ableben mit landesherrlichen Consens auf Andere fallen mögen, frei zu disponiren berechtigt sein möge". Als der Kurfürst vier Jahre später starb, erließ Friedrich III. ein „Rescript gleichen Inhalts dd. Köln an der Spree den 20. August 1688 wegen der Lehnseinreichung und Succession in alle diese dem General-Feldmarschall, Statthalter von Pommern und Gouverneur aller Festungen, Georg Freiherrn v. Dörfflinger gehörigen Güter".

Derfflinger nutzte die Zeit, in der der Adel an politischem und wirtschaftlichem Einfluß gewann, um dem Dorf Gusow sein Gepräge zu geben, dabei war sein dortiger Besitz „in Verderb gerathen". Einen erbärmlichen Zustand wies das Wohngebäude aus, denn Balken, Schwellen und Fenster waren durch ständiges Hineinregnen verfault. Kaum eine Tür konnte verschlossen werden, und in den runden Fenstern fehlte das Glas. Genauso schlimm sahen die Stallungen und die Scheune aus. Sie ließ Derfflinger ebenfalls neu errichten. Auch die Ländereien machten einen beklagenswerten Eindruck. Die Schäferei existierte nicht mehr, die versandeten Seen ließen keinen Fischfang zu, über die zahlreichen Gräben führten kaum noch Brücken bzw. Stege, der Viehbestand war nicht viel wert: 5 alte, „so nichts werth(e) Ochsen", 150 Schafe, 20 Schweine, 20 alte Hühner und 7 Enten. Gleiches galt für das gesamte Dorf. Von den acht Kossäten und acht „Kleinhäuslern" kehrten viele Gusow für immer den Rücken. Einige Häuser hatten kein Dach mehr oder standen gar leer. Im benachbarten Platkow sah es nicht viel besser aus.

Was er tat, um seine in Konkurs geratenen Besitzungen wieder gewinnbringend zu gestalten, bleibt sein Geheimnis. Sicher ist, daß er beachtliche finanzielle Mittel „investiert" und für den Neubau der verwahrlosten Gebäude gesorgt hat. „Bewegung, das ist das Element des Cavalleristen, wir können uns überzeugt halten von der hochgradigen Rührigkeit Derfflingers in Gusow. Mit demselben Eifer, wie er den Pallasch geführt, amtierte er jetzt bei der Pflugschar," so steht es in einer älteren Abhandlung. Sie ist typisch für die Heldenverehrung des 19. Jahrhunderts und sicherlich maßlos übertrieben.

Derfflinger widmete sich auf jeden Fall mit ganzer Kraft der neuen Aufgabe, denn es stellten sich Erfolge ein. Fontane zufolge war Derfflinger: „... beflissen, hier nicht nur die Schäden vieljähriger Verwahrlosung auszugleichen, sondern auch durch Bauten und Anlagen – in allem dem Beispiel seines kurfürstlichen Herrn folgend – eine Musterwirtschaft herzustellen. Abzuggräben wurden gezogen, Dämme und Wege durch den Sumpf gelegt, das Schloß entstand ... Das eigentliche Augenmerk des Alten war aber der Park, der ihn bald glücklicher machte als der Ruhm seiner Taten. Ein guter Wirt und Hausherr, wie fast alle diejenigen, die das Schwert mit der Pflugschar vertauschten, war er doch freigebig, wenn es der Beschaffung schöner Bäume galt."

Dem nun zum General Ernannten ist so manches zuzutrauen, aber daß er mit seinen geringen landwirtschaftlichen Erfahrungen allein eine, wie es in alten Büchern steht, blühende Wirtschaft aufbaute, darf bezweifelt werden. Ohne erfahrene Helfer wäre dies nicht möglich gewesen.

Sein Hauptaugenmerk soll er auf seinen später berühmten Park gelegt haben. Seine Vorliebe galt südländischen Bäumen, für deren Beschaffung er angeblich große Summen ausgab. Vielleicht ließ er die große, eindrucksvolle Platane, die heute in voller Schönheit den Eingang des Parks ziert, pflanzen. Sogar vom Kurfürsten soll Derfflinger Sämereien und junge Pflanzen erhalten haben, die Gesandte aus England, Frankreich, Holland und Italien mitbrachten. Derfflinger ein

Denkmal Derfflingers in der Gusower Kirche
(Aufnahme um 1910)

Pückler seiner Zeit? Keiner weiß heute, wie der Park aussah. Sicher ist aber, daß der entstandene Park, der nicht in unmittelbarer Nähe des Herrenhauses lag, künstlerisch sicher dem Geschmack der Zeit entsprach. Der einzige Hinweis ist dazu dem „General Plan von der gantze feldmark Gusow", aus der ersten Hälfte des 18. Jahrhunderts, zu entnehmen. Demnach lag der „lust garten im Torff".

Derfflinger übte als Gutsherr zugleich das Patronatsrecht aus. Als er das Gut übernahm, gab es in Gusow selbstverständlich eine Kirche. Auf seine Kosten ließ er diese in den Jahren 1666 bis 1670 erweitern und prachtvoll ausgestalten. Der besonders kunstvolle Altar enthielt auf der Rückseite folgende Inschrift: „Dero Fürst. Durchl. zu Brandenb. Bestalter Geheimbter Kriegs Rath. Statthalter in Pommern General Feld Marschall, Ober Gouverneur über alle dero Vestungen und Obrister zu Roß und Fuß p.p. Ich Georg Frey Herr von Dörfflinger Herr auf Gusow, Platkow, Wulkow, Clessin und Hermßdorff ect. Als Patronus dieser Kirche habe dem lieben Gott zu Ehren Anno 1666 angefangen nach dem Tode meiner seeligen Hochadligen Eheliebsten Barbara Rosina von Behren diese Kirche, welche vor diesem sehr klein unsauber und unordentlich war, auß meinen eigenen Mitteln 20 Schue inß Licht zu verlängern und ein Begräbnißgewölbe, neuen Altar, Cantzel, Chöre, Fenster, Thüren, Leichenhalle und Stühle alles neu verfertigen lassen, und ist solcher Kirchenbau mit der Mahlerey vollendß Anno 1670 geendiget worden, Pfarrer ist zu dieser Zeit Salomon Sanovius auß Müncheberg bürtig … Gott erhalte diese Kirche und behüte sie vor Krieg und Feuerßbrunst und gebe, daß sein heyliges Wort darin lauter und unverfälscht geprediget und die Heyl-Sacramenta nach Christi einsetzung administriret werden bis zum Jüngsten Tag."

Ziemlich in der Mitte der Kirche befand sich die Familienbegräbnisstätte, in die man durch eine kleine hölzerne

Falltür gelangte. Die älteren Särge, so berichten noch heute alte Gusower, waren prunkvoll gestaltet und mit reichvergoldeten Beschlägen sowie kunstvollen Buchstaben versehen. Das Grabmonument, ein trophäenartiges Epitaph, ließ sein Sohn Friedrich zum Andenken an den berühmten und bereits verstorbenen Vater errichten. Es entstand in der Werkstatt Schlüters. Den Mittelpunkt bildete ein Steinsarkophag, in dessen flacher Vertiefung Derfflingers Feldmarschallstab lag. Die Büste, die sich darüber erhob, zeigte den „alten Haudegen" mit einem „ausdrucksvollen Gesicht; ziemlich mager … eher klein als groß". Dieses Epitaph rahmten zwei Fahnen ein. Der Feldherrenstab sowie andere Erinnerungsstücke an diesen berühmten Generalfeldmarschall gingen anläßlich seines 200. Todestages in den Bestand des Berliner Zeughauses über. Als im letzten Drittel des vergangenen Jahrhundert die alte Platkower Kirche abgetragen wurde, fand man auf der Rückseite des Altarbildes folgende Inschrift: „Anno Christi 1686 ist diese Kirche ausgemahlen worden. Patronus ist Sr. Exell. der Herr General Feldmarschall George Freiherr von Dörfflinger …". Somit kam er auch in diesem Dorf seiner Patronatspflicht nach.

Leider konnte bisher noch keine Beschreibung oder Abbildung seines Schlosses, das er errichten ließ, gefunden werden. Mit hoher Wahrscheinlichkeit handelte es sich dabei eher um ein Guts- oder Herrenhaus, wie sie nach Ende des Dreißigjährigen Krieges in der Mark zahlreich entstanden sind. Angesichts der neuerworbenen Stellung und seines beachtlichen Vermögens wird dieses mit Sicherheit im Vergleich zu den anderen im Oderbruch prächtiger ausgesehen haben. Da seine Frau, wie bereits erwähnt, früh starb, heiratete der 49jährige Witwer 1655 die mittellose Waise, Barbara Rosina von Beeren, aus dem durch den Krieg verarmten Hause Klein-Beeren.

Generalwachtmeister im brandenburgischen Dienst, Werbungen und der erste Feldzug

Im Jahr 1649 kam es zwischen Brandenburg und Schweden zu Gesprächen, um noch offene Fragen des pommerischen Grenzverlaufes zu klären. Aus einem Schreiben vom 3. Januar 1649 geht hervor, daß an diesen Verhandlungen auch Derfflinger teilnahm, denn er wurde von den Kurfürstlichen Geheimen Räten ermahnt, „morgen früh nebst den anderen Herrn Abgesandten zu dem Herrn Generallissimus der Krone Schweden, des Frstl. Durchlaucht, zu verreisen".

1654 verzichtete die schwedische Königin Christina zugunsten ihres Vetters Karl Gustav, aus dem Hause Pfalz-Zweibrücken, auf den Thron. Einer seiner Verwandten, der König von Polen Johann II. Kasimir, konnte diese Entscheidung nicht respektieren, da er selbst mit der schwedischen Königskrone „liebäugelte". Wieder einmal ging es um Macht und die Vorherrschaft im Ostseeraum. Schwedens Streben nach Einfluß auf den Ostseehandel „konkartierte" nicht nur mit den wirtschaftlichen Interessen der einflußreichen Holländer und der Engländer, sondern auch mit denen der Dänen und Polen. Gleichzeitig galt es, das weitere Vordringen Rußlands zu stoppen. Brandenburg, das seit 1618 das Herzogtum Preußen als polnisches Lehen besaß, hatte bisher aus politischen, wirtschaftlichen und militärischen Gründen an diesem Machtgerangel nicht teilgenommen. Nun drohte aufgrund des bevorstehenden schwedischen Angriffs auf Polen auch für Preußen Gefahr. Friedrich Wilhelms aus Schwäche resultierende Neutralität schien in diesem Fall nicht angemessen. Doch mit wem sollte er ein Bündnis schließen? Mit Polen war der Kurfürst durch die Lehnspflicht verbunden. Aber im Falle eines schwedischen Sieges bestand die Chance, den eigenen und uneingeschränkten Einfluß in dieser Region zu festigen. Allerdings bestand auch die Gefahr, durch ein „falsches Bündnis" die preußischen Ansprüche zu verlieren. Deshalb schloß er im Juli 1655 einen Vertrag mit den Niederlanden, um seine „Lande, Plätze und Häfen" an der Ostsee zu sichern. Die niederländische Regierung sah ihrerseits im Zusammengehen mit Brandenburg eine Möglichkeit, den schwedischen Einfluß in dieser Region zu mäßigen und damit die eigene bestimmende wirtschaftliche Präsenz zu erhalten. Aber die versprochene Hilfe in Form von Mannschaften und Subsidien traf in Brandenburg, trotz Drängens seitens des Kurfürsten, nicht ein. Friedrich Wilhelm und seine Berater schwankten immer noch, ob sie den Polen oder den Schweden geneigt sein sollten. Letztlich setzte sich Georg Friedrich Graf von Waldeck, der ein Bündnis mit Schweden anstrebte, durch. Die schwedische Armee marschierte indes in Richtung des preußischen Herzogtums. Weil an einen erfolgversprechenden brandenburgischen Widerstand nicht zu denken war, konzentrierte der Kurfürst seine Truppen bei Königsberg und schloß mit den Schweden am 7. Januar 1656 ein Bündnis ab. Mit dem Vertrag löste er zugleich sein Lehnsverhältnis mit dem polnischen König und nahm das Herzogtum von Schweden an. Dafür mußte der Kurfürst 1 000 Soldaten stellen, den schwedischen Durchzug gestatten und die preußischen Häfen für die schwedischen Schiffe freigeben. Gleichzeitig durfte Brandenburg keine eigene Kriegsflotte in der Ostsee unterhalten und mußte die Zölle mit dem Bündnispartner teilen.

Zeitgleich begann Friedrich Wilhelm mit dem Aufbau einer eigenen starken Streitmacht, mit der er seine außenpolitischen Ziele verwirklichen wollte. Die Schweden verließen vertragsgemäß das Territorium Preußens. Der Kurfürst verringerte trotzdem seine Truppen nicht. Vielmehr ließ er in der Mark und in den westlichen Teilen seines Fürstentums neue Regimenter aufstellen, denn die wenigen Festungstruppen sowie die wenigen Reiter und Knechte, die im Verteidigungsfall die Stände stellen mußten, reichten bei weitem nicht aus, um die weitgesteckten außenpolitischen Ziele zu verwirklichen. Abhilfe erwartete Friedrich Wilhelm von einem hochmotivierten, gut ausgebildeten und zweckmäßig ausgerüsteten Heer. Das dafür notwendige Geld mußten jedoch nach wie vor die Stände bewilligen. Die nach Überwindung vieler Widerstände bewilligten finanziellen Mittel zum Ausbau eines Heeres reichten trotzdem nicht aus. Deshalb mußten sich die Obristen häufig mit Naturalien als Zahlungsmittel für ihre Dienste begnügen.

Die Bauern-, Handwerks- und Bürgerburschen ließen sich jedoch nur durch Werbegelder zum Militärdienst „überreden“. Deshalb brauchte der Kurfürst dringend geeignete, kriegserfahrene und vor allem finanzkräftige Offiziere, die nicht nur die kostspielige Werbung übernahmen, sondern die notwendigen Geldmittel vorschossen. Friedrich Wilhelm kannte den klangvollen Namen und die militärischen Taten Derfflingers. Auf einen solch kriegserfahrenen Reiterführer, der vielfältige Erfahrungen und den notwendigen Reichtum besaß, konnte und wollte er nicht verzichten. Wahrscheinlich stand der Name des Gusower Gutsherrn schon 1651 auf der „kurfürstlichen Wunschliste“ ganz oben, als dieser, anläßlich des Klevischen Streits, die Aufstellung eines Obristenkorps plante, jedoch die rasch veränderte Situation den Aufbau einer Streitmacht unnötig machte. Endlich, vier Jahre später, kamen die kurfürstlichen Beauftragten, die mit Derfflinger die Bestallungsbedingungen aushandeln sollten. Bereits damals war er „ein Mann, der seinen Werth fühlte, und die Umstände klug“ nutzte.

Dementsprechend übertrafen dessen Forderungen das Normale. Er beanspruchte: Die Anerkennung als ältester Generalwachtmeister, die Versicherung, bei einer nächsten Beförderung nicht übergangen zu werden, das Recht, bei Abdankung den Rang und die Ehre beibehalten zu dürfen, die Inhaberschaft über ein Regiment zu Pferd oder das Geld, um ein solches anzuwerben, einen Zuschuß für seine „Montirung" und einen entsprechenden Sold. Die Höhe seines jährlichen Gehaltes überließ er freundlicherweise seinem künftigen „obersten Kriegsherrn".

Um die Vorstellungen Derfflingers etwas herunterzudrücken, schickte der Landesherr seinen engen Vertrauten, den Geheimen Rat Otto Freiherr von Schwerin, zu ihm. Doch der Gusower blieb hart, Schwerin schrieb an den Grafen Waldeck, Derfflinger lasse von seinen Bedingungen nicht ab und berufe sich auf die bereits erteilten finanziellen Zuwendungen an den Chef des Leibregiments, hinter denen er schließlich nicht zurückbleiben wolle. Daraufhin erwiderte Graf Waldeck: Man solle endlich die Reinschrift ausstellen und sich beeilen, denn die Zeit dränge.

Derfflingers Kapitulationsurkunde unterzeichnete der Kurfürst am 16. August 1655 in Cölln an der Spree. In diesem Vertrag wurden, wie üblich, die gegenseitigen Verpflichtungen zwischen Landesherrn und seinem General festgelegt. Derfflinger, damit ältester brandenburgischer Generalwachtmeister, hatte seinen Willen durchgesetzt. Als Gegenleistung verpflichtete er sich, „dem Kurfürsten unterthänigst treu, hold und gewärtig" zu sein und „dessen Nutzen und Bestes, so viel ihm nach Maßgabe dieser wichtigen Charge obliegt, in allen und jeden Vorfällen und Kriegsbegebenheiten befördern, Schaden und Nachtheil mit ungescheuter freiwilliger Aussetzung Leibes, Gutes und Bluts verhüten und abkehren und sich in allen Stücken so verhalten und erweisen solle, wie das von einem verständigen, tapferen, sorgfältigen und erfahrenen Generalwachtmeister erfordert wird, sich eignet und gebührt". Monatlich erhielt Derfflinger 300 Taler, natürlich zuzüglich einiger Zuschüsse für seine kostspielige Erstausstattung. Diese Summe, bei dem Geldwert der damaligen Zeit gewaltig, stand Derfflinger offensichtlich auch im Falle seiner Abdankung zu. Durch dieses Schriftstück war er in militärischen Fragen Generalleutnant Graf Waldeck direkt nachgeordnet.

Die Rechte eines Regimentsinhabers, u. a. die eigenständige Ernennung der Offiziere, erhielt auch Derfflinger. Aus dem Schreiben vom 11. Dezember 1655 geht hervor, daß der neu geworbene Obrist weitere Bedingungen an seinen Landesherrn stellte. So forderte Derfflinger, daß er und seine Unterstellten bei Abdankung eine Abfindung in Höhe des dreimonatigen Soldes erhielten, der freie Übertritt in ein anderes Heer gestattet und das Regiment mit der Hälfte des „Lösegeldes" bei Verkauf von Gefangenen beteiligt werde. Dagegen verpflichtete sich der Kurfürst, alle Angehörigen dieses Regiments auf eigene Kosten aus einer möglichen Gefangenschaft auszulösen und durch kriegerische Handlungen verlorenes Vermögen zu ersetzen. Derfflinger, der in seinem Leben bereits unzählige Male „den Tod vor den Augen hatte", sicherte sich auch für diesen Fall ab, denn er betonte: „Ich … behalte mir auch vor, wenn ich in einer oder anderen Occasion, in Zeit währender dieser meiner Bestallung bleiben oder sonst mit Tode abgehen sollte, daß weder ein anderer, … befugt sein soll, an die Meinigen oder meine Güter und Verlassenschaft etwas dieser Dienst halber zu prätendiren, sondern das Meinige meinen nächsten Erben ohne einigen Aufenthalt ausgefolget werden möge, daß Seine Kurfürstliche Durchlauchtigkeit mir obgedachtermaßen gnädigst versichern wolle." Das waren wiederum Forderungen, die zuvor in dieser Höhe nie zur kurfürstlichen Entscheidung gestanden hatten. Auch in diesem Fall setzte sich der Angeworbene durch.

Mit Eintritt in das Heer des Kurfürsten erhielt Derfflinger sofort den Auftrag zur Anwerbung eines Reiterregiments von zunächst vier Kompanien. Ein durchaus typischer Vorgang für dieses Jahrhundert. Der Landesherr beauftragte von ihm ausgewählte Obristen mit der Aufstellung von Regimentern. „Kapitalkräftige Söldnerführer vorfinanzierten die Anwerbung, Einkleidung und Bewaffnung der Truppen. Ware-Geld-Beziehungen dominierten zwischen höheren Söldnerführern und den für Sold dienenden Angeworbenen", heißt es bei H. Müller. Aus seinem Regiment wollte Derfflinger vor allem Gewinn machen. Bereits bei der Aufstellung versuchte er, das Höchstmögliche herauszuschlagen. Betrug im allgemeinen das Werbegeld für Reiter 30, für Dragoner 12 bis 16 und für einen Fußknecht 6 bis 7 Taler, so erhielt Derfflinger pro Reiter 40 Taler bewilligt.

Als Rekrutierungsgebiete für sein Regiment standen ihm zur Verfügung: Die Altmark, Prignitz, Grafschaft Mark sowie Halberstadt. Rekrutierungsort zu sein brachte enorme Belastungen mit sich, denn die Truppe brauchte für einen längeren Zeitraum Verpflegung, Quartier und Geld. Da das Anwerben für einen konkreten militärischen Zweck erfolgte, befand sich der beauftragte Oberst unter permanentem Zeitdruck. Im Regelfall standen ihm vier Monate zur Werbung, ein Monat zur Musterung und ein weiterer zur Ausbildung zur Verfügung. Danach mußte das Regiment einsatzbereit sein. Die Stärke der damaligen Kompanien mit 60 Reitern und einigen Offizieren war äußerst bescheiden, sicherlich eine Folge der eng bemessenen finanziellen Möglichkeiten Friedrich Wilhelms. Zu dieser Zeit bestand wohl noch kein Regimentsstab. Es scheint, daß Derfflinger nicht während der ganzen Zeit bei der sich formierenden Truppe bleiben konnte, denn er beauftragte Major von Görtzke, mit der weiteren Regimentsaufstellung.

Offensichtlich stand der neue brandenburgische General bei seinem Landesherrn hoch im Kurs, denn am 17. September 1655 teilte Friedrich Wilhelm seinem preußischen Statthalter in Königsberg, Graf von Wittgenstein, mit: „Dannenhero Wir das Mittel ergriffen, den Besten Unsern General-Wachtmeister u. lieben getreuen Georg Dörflingen hinauszuschicken, um ein gute armatur aufzubringen."

Der Kurfürst wollte in Brandenburg ein ansehnliches Heer bereitstellen und dieses durch weitere Neuanwerbungen ergänzen. Schließlich kamen 13 000 Mann zusammen. Derfflinger erhielt den Befehl, die Truppen schnellstens zu konzentrieren und nach Driesen zu führen. Die militärische Lage gestaltete sich für Brandenburg immer dramatischer, denn der schwedische König hatte die ersten Erfolge gegen das polnische Heer des Königs Kasimir bereits errungen und drang bis Krakau und zur Weichselmündung vor. Am Ende des ereignisreichen Jahres 1655 drohte Karl Gustav sogar damit, das preußische Herzogtum zu besetzen.

Derfflinger erhielt von Friedrich Wilhelm die Weisung, in der Mark möglichst viele neue Fuß- und Reitertruppen anzuwerben. Eine kurfürstliche Anweisung von 4 000 Talern, datiert auf den 4. Januar 1656, stattete ihn mit den notwendigen finanziellen Mitteln aus. Den fehlenden Betrag sollte der General vorerst aus seiner eigenen Tasche auslegen. Gleichzeitig galt es, die Garnisonen der Festungen auf ein Minimum zu reduzieren, um dadurch Kräfte fürs „Feldheer" zu gewinnen. Mit kurfürstlicher Vollmacht ausgerüstet, gelang es dem General, kriegserfahrene Brandenburger zum Eintritt in die brandenburgische Armee zu bewegen und mit den Offizieren sogenannte „Kapitulationen" auszuhandeln. Zweifelsfrei hatte Derfflinger, besonders in dieser Phase, einen hohen Beitrag zum raschen personellen Aufbau des jungen brandenburgischen Heeres und dessen Ausbildung geleistet.

Der Kurfürst setzte bereits zu dieser Zeit eine Vielzahl von Beamten für militärische Belange ein. Diese standen allerdings aufgrund der ständischen Widerstände auf verlorenem Posten oder waren zur Erfüllung der schwierigen Aufgabe noch nicht befähigt. So drohte Derfflinger einem Landeshauptmann harte Strafe an, falls dieser nicht umgehend für das Eintreiben der Kriegssteuer sorge. Trotzdem gab es erhebliche Schwierigkeiten. In der Prignitz traten, sicherlich durch die Undiszipliniertheit der eigenen Soldaten, ernstzunehmende Unruhen auf. Die Ausschreitungen veranlaßten Derfflinger, die unverzügliche Auslieferung und Bestrafung der Rädelsführer zu fordern.

An den brandenburgischen Grenzen sorgten in dieser Zeit ausländische Soldaten bzw. polnische Bauern für weitere Unruhen. Eine hohe militärische Präsenz seitens der märkischen und preußischen Truppen sollte weiteren Übergriffen Einhalt gebieten. Deshalb erhielt der Generalwachtmeister den Auftrag, mit einem starken Truppenkontingent unmittelbar an der Grenze Quartier zu nehmen, was sofort den Widerstand der durch die Schweden gebeutelten neumärkischen Stände hervorrief. Die Verhandlungen mit den Abgesandten der Regierungen führte Derfflinger persönlich. Er bescheinigte diesen eine patriotische Haltung und einigte sich mit ihnen über die Stationierungsformalitäten. Der Ausmarsch der Truppe verzögerte sich jedoch aus verschiedenen Gründen. Graf Waldeck schrieb deshalb aus Königsberg an den Kurfürsten mißgelaunt: „Wenn ein Generalmajor Dissikultäten machen will, zu marschiren … solches giebt kein gut Exempel."

Der alte Haudegen hatte zweifellos eine äußerst schwierige und bis dahin noch nicht praktizierte Aufgabe erhalten. Brandenburg schuf sich eine ernstzunehmende Streitmacht, die im Vergleich zum Jahre 1653 um das zwölffache gewachsen war. Daran hatte Generalwachtmeister Derfflinger hohen

Anteil. Sicherlich hatte er nicht ohne Grund am 14. März 1654 in Spandau dem Grafen und sächsischen Feldmarschall Baudissin in sein Stammbuch geschrieben: „Wind und Regen sind mir oft entgegen, ducke mich, laß vorübergahn: das Wetter will sein Willen han".

Sein eigenes Reiterregiment wuchs auf etwa 500 Mann an. Im Dezember 1655 führte er Verhandlungen, um weitere vier Kompanien aufstellen zu können. Ein undatierter Bericht bestätigte den Erfolg: „Des Generalwachtmeister Dörfflingers Regiment, dazu anfangs auch vier Companien geworben werden sollen, erhält sein Quartier so, daß es eine Companie im Fürstentum Cleve und der Grafschaft Mark, eine im Fürstentum Halberstadt, zwei in der Altmark und Prignitz haben soll. Jede Companie soll, wie das Leibregiment, 60 Einspännige haben."

Der Biograph v. Unger, der vor ca. 100 Jahren die Regiments-Musterrollen auswertete, kam zu wichtigen Erkenntnissen über deren Zusammensetzung. Die Kompanie des Oberstleutnants Haber war in Perleberg, Wittenberg sowie Lenzen aufgestellt und in der Prignitz stationiert. In ihrem Bestand befanden sich 45 Brandenburger, 52 Norddeutsche, 5 Schweden, 4 Dänen, 2 Litauer und 1 Pole. Major v. Görtzke hatte Tangermünde als Standort und warb 38 Märker, 54 Norddeutsche, einige Schweden, 1 Dänen, 2 Süddeutsche sowie einen Schweizer. Rittmeister Sachs stammte aus der Altmark und bekam für seine Kompanie die Städte Stendal und Osterburg als Quartier zugewiesen. Er warb 44 Reiter in der Altmark und weitere 51 Reiter sowie Offiziere und Unteroffiziere in Brandenburg und Norddeutschland. Neun kamen aus anderen Ländern. Eine weitere Kompanie stellte Rittmeister v. d. Osten in Havelberg auf. Darunter befand sich ein Cornett namens Hennigs, ein Sohn des späteren Generals Joachim Hennigs von Treffenfeld. Aus seiner neumärkischen Heimat brachte v. Osten zwanzig Männer mit, darunter Leutnant von der Marwitz, aus einem Geschlecht, mit dem Derfflinger später in verwandtschaftliche Beziehungen trat. Die Hälfte dieser Kompanie rekrutierte sich aus Brandenburgern.

Rittmeister Krebs brachte dagegen als Grundstock seiner künftigen Kompanie 62 Thüringer, Anhaltiner und Sachsen zum Musterungsplatz Wittstock mit. Der Rittmeister Schörner aus Nordhausen holte die Masse seiner Soldaten aus dem Süd- und Westharz. Es bleibt noch die Kompanie des Rittmeisters von Selchow. Er kam aus dem Kreis Sternberg, warb seine Soldaten aus dieser Gegend und stellte seine Einheit in Drossen auf. Von den 300 Reitern besaßen 108 Kriegserfahrungen. 66 dienten bei den Schweden, 11 bei den Sachsen, 7 bei den Brandenburgern, 2 bei den Franzosen sowie 13 bei der Union und 8 bei der Liga. Eine gute Basis für den Aufbau einer schlagkräftigen Truppe.

Als eines der größten Probleme entpuppte sich die Versorgung der neugeworbenen Soldaten. Deshalb erließ der Kurfürst am 8. April 1655 eine „Verpflegungs-Ordonnanz“. Trotzdem reichte Derfflinger seinem „Chef“ eine eigene Berechnung seines Verpflegungsbedarfes ein und forderte: Im ersten Monat das Verpflegungsgeld für 60 % und ab dem zweiten für 100 % der Sollstärke seines Regimentes. Somit stand ihm eine weitere mögliche Einnahmequelle zur Verfügung, denn wer konnte die exakte Stärke der Truppe ständig überprüfen? Natürlich wußte der Kurfürst von diesen Möglichkeiten. Sogenannte Musterungen sollten die Regimentsinhaber periodisch kontrollieren. Auch Derfflinger mußte fünf Monate nach Beginn der Aufstellung sein eigenes Regiment den beauftragten Kriegskommissaren vorstellen.

Zum besseren Verständnis des Soldatenlebens jener Zeit seien einige Ausführungen über Struktur, militärische Rangfolge, Besoldung sowie Bewaffnung und Ausrüstung der brandenburgischen Regimenter erlaubt.

Der Regimentsinhaber Derfflinger nutzte sein Recht, seine Offiziere selbst auszuwählen. Kriegserfahrenheit spielte dabei eine dominierende Rolle, denn eine kontinuierliche Vorbereitung auf diesen Berufsstand mittels Schulung gab es noch nicht. Die meisten Offiziere durchliefen die militärische Laufbahn von der Pike an. Dieser Weg war langwierig und beschwerlich. Aber der Kurfürst brauchte junge Offiziere, die aus seinem Lande stammten und in seiner Armee blieben, deshalb unternahm er bereits im Oktober 1654 erste Schritte zum Aufbau einer „Ritterakademie". Die Stände in Kolberg ließ er wissen: „zur besseren Unterrichtung ... der Jugend in guten adlichen Tugenden und ritterlichen Übungen eine Akademie oder Ritterschule" einzurichten. Im Februar 1655 wurde die erste brandenburgische Offizierausbildungsstätte gegründet.

Die Verpflichtung der Offiziere und Mannschaften erfolgte durch den Eid auf den sogenannten „Artikulsbrief", er war auf wenige Monate befristet, sollte sich stillschweigend solange verlängern, wie der Kurfürst den Dienst der Soldaten brauchte. Mit der Unterschrift verpflichtete sich der Geworbene auch zum militärischen Einsatz außerhalb des brandenburgischen Territoriums und zu einem strengen Gehorsam gegenüber den Vorgesetzten in allem „was sie mit euch schaffen oder gebieten werden, das Kriegsleuten zustehet". Die Reiter, einzeln oder geschlossen, sollten „gebrauchen lassen, es sei zu oder vom Feinde, in Besatzung oder im Felde, auf den Zügen oder Wachten, zu Wasser oder Land, wie es sich begiebt und die Nothdurft solches jederzeit erfordern wird". Die Entfernung vom Cornet, ohne Abmeldung beim Rittmeister, Plündern, Zerstörung von Mühlen, Pflügen und anderen Produktionsmitteln, das Verlassen der Reiterformation waren Disziplinverstöße. „...die Offiziere haben gut Fug und Macht, den Uebertreter mit allem Ernst in die Ordnung zu treiben, wogegen Sich Keiner zur Wehre stellen darf." Unter

Strafe standen ferner: Schlafen und Trunkenheit auf der Schildwache, Vergessen der Losung, falscher Alarm, Gotteslästerung, Meuterei, Lügen, übermäßiges Trinken, Berauben der Marketender und böse Streiche. Sold gab es alle 30 Tage. Allerdings stand das nur auf dem Papier, denn jeder Reiter verpflichtete sich, falls die Löhnung nach 20 Tagen immer noch nicht eingetroffen war, zur Ruhe. Bei Verstößen gegen diese Artikel drohte das Kriegsgericht. Die Gerichtsbarkeit oblag wiederum dem Regimentschef. Zu den Pflichten eines Rittmeisters gehörte es, sich um die Vollzähligkeit der Kompanien zu kümmern. Falls einer seiner Reiter starb, fiel oder sich von der Truppe entfernte, mußte er für Ersatz sorgen.

Die Einteilung in Dienstgradgruppen erfolgte im allgemeinen in Regimentschef, „hohe und niedere Offiziere" und einfache Soldaten oder Gemeine. Eine krasse Teilung zwischen Offizier und Unteroffizier, wie heute üblich, existierte damals noch nicht. Die „hohen und niederen Offiziere" verfügten, bis auf einen kleinen Teil, alle bereits über militärische Kenntnisse und Erfahrungen aus vergangenen Kriegen. Sie und die Angehörigen des Kompaniestabes standen auf der ersten Seite der Musterrolle und unter dem Namen „Erstes Blatt oder prima plana". Von den „hohen Offizieren" des Regiments Derfflinger kamen immerhin zwei Drittel aus bürgerlichen bzw. bäuerlichen Verhältnissen.

Die höheren Offiziere begannen bei den Reitern mit dem Cornet und bei den Fußtruppen mit dem Fähnrich, dann folgte der Leutnant, Rittmeister, Major und der Oberstleutnant. Dem Cornet standen ein Knecht und drei Pferde, dem Leutnant zwei Knechte und vier Pferde und dem Rittmeister drei Knechte und sechs Pferde zu. Diese Grundlage galt auch bei der Berechnung von Verpflegung und Futter. Dem Wachtmeister, Fourier und den drei Korporälen je Kompanie, also den niederen Offizieren, standen ein Knecht und zwei Pferde zu. In diesem Dienstverhältnis standen häufig junge Edelleute, die diesen niederen Dienst als Sprungbrett nutzen wollten. Die Gemeinen erhielten nur das Futter für ein Pferd bewilligt, deshalb besaßen sie auch die Bezeichnung „Einspännige“. Je zwei Reiter durften sich jedoch ein Packpferd und zur Führung dessen einen Troßbuben halten. Monatlich erhielt ein Gemeiner sechs Taler, davon mußte er allerdings die Aufwendungen für Verpflegung und Futter selbst bestreiten. Quartier und Stallung waren dagegen kostenlos. Nach dem Eintritt in das Regiment bekam er ein Werbegeld, von dem er Pferd und Kleidung erwerben mußte.

Die Kompanien waren nicht durchnumeriert, sondern einfach nach ihren Chefs bezeichnet. Als erste stand die Leibkompanie in der Regimentsrolle, die gleichzeitig den Namen des Regimentsinhabers trug. Damit stand auch Derfflinger der Sold eines „Kompaniechefs“ zu. Zu den Aufgaben dieser Einheit gehörte es unter anderem, für die Sicherheit des Oberst zu sorgen. Die zweite Kompanie führte der Oberstleutnant, die dritte der Major und die weiteren je ein Rittmeister. Jede Kompanie verfügte über eine eigene Standarte. Derfflingers war von weißer Grundfarbe, die der anderen Kompanien gleichfarbig. Sie unterschieden sich in der Regel nur durch unterschiedliche Sprüche und Sinnbilder. Die Standarte des Derfflinger-Regiments scheint rot gewesen zu sein. In Feldlagern und Ortschaften gliederte sich die Kompanie in drei Korporalschaften. Bei Ausbildung und Gefechtseinsatz bildeten zwei Kompanien eine Eskadron, die dann ein erfahrener Rittmeister führte. Der Regimentschef, Oberstleutnant und Major bildeten den späteren Stab. In ihrer Arbeit unterstützten sie: der Adjutant, Feldprediger, Sekretär, Wundarzt, Wagenmeister, Gewaltiger für Gerichtsangelegenheiten sowie zwei Trompeter und ein Pauker.

Zurück zur Aufstellung des Derfflinger-Reiterregiments: Sie verlief nicht ohne Probleme, denn er bat den Kurfürsten im Mai 1656 um einen dreiwöchigen Aufschub, was ihm prompt eine Rüge des Landesherren einbrachte. Die Gründe dafür lagen in der schleppenden Söldnerwerbung und den personellen Verlusten in den Kompanien.

Die Zeit drängte, die zugespitzte Lage in Preußen verlangte die rasche Zuführung der neuaufgestellten Regimenter. Im Juni 1656 marschierten ein von Derfflinger geführtes Korps mit insgesamt 4 000 Reitern in 36 Kompanien gegliedert, ein schwaches Infanterieregiment, 300 Festungssoldaten und fünf Kompanien aus Lippstadt sowie einige Geschütze in Richtung des Hauptheeres. Die aus dem Clevischen und Halberstädtischen herangeführten Kompanien standen schon seit dem 8. Mai unter Derfflingers Befehl. Dieser Truppenverband, dem ein guter Zustand bescheinigt wurde, vereinigte sich am 15. August 1656 bei Schwerin und Meseritz mit den Hauptkräften zu einer gewaltigen Streitmacht.

Die erste Bewährungsprobe des brandenburgischen Heeres stand unmittelbar bevor, deshalb erhielt Derfflinger den Befehl, schnell sein Regiment in die Neumark zu verlegen, um sich mit den Truppen des schwedischen Generalleutnants Müller und brandenburgischen Regimentern zu vereinen. Dieser eindeutige Befehl entsprach nicht den Vorstellungen des Gusowers, deshalb gab er seinem Kurfürsten zu verstehen, daß er eine Unterordnung unter den in schwedischem Dienst Stehenden nicht akzeptieren werde. Derfflinger nannte auch die Gründe: Müller sei im Dreißigjährigen Krieg einmal ihm unterstellt gewesen, seine Truppen machten derzeit einen schlechten Eindruck, und die Region, in der sich dessen Streitmacht befand, vermochte nicht weitere Regimenter zu ernähren. Der Kurfürst ließ diese offene Disziplinlosigkeit nicht zu und er schrieb an den Statthalter Graf Wittgenstein, General Derfflinger, wenn er nicht pariren würde, festzusetzen. Den in Bedrängnis Geratenen beschwichtigte Friedrich Wilhelm mit der Bemerkung, Müller führe nur das Direktorium. Er warnte allerdings gleichzeitig, bei Verweigerung, sein Regiment einem anderen Oberst zu übertragen. Einlenkend gab der Kurfürst allerdings zu verstehen, daß er nicht gern auf Derfflingers Dienst verzichten würde.

Vom 28. bis 30. Juli 1656 wurde vor Warschau die Armee des polnischen Königs Kasimir, ca. 40 000 Mann stark, von den Schweden geschlagen. An dieser Schlacht nahmen auch ca. 8 500 Brandenburger unter Führung des noch unerfahrenen Kurfürsten teil. Derfflinger und sein Regiment lagen zu diesem Zeitpunkt dagegen von Warschau noch weit entfernt. Der erbittert geführte Kampf galt als „Feuertaufe" der jungen brandenburgischen Armee. Nach dem Sieg von Warschau wandte sich der schwedische König in Richtung Krakau. Ein kleines brandenburgisches Kontingent unter Führung des Generals v. Waldeck zog in die zugeteilten polnischen Regionen, um diese zu besetzen. Zum gleichen Zeitpunkt marschierte Derfflinger mit seiner Streitmacht ebenfalls in Polen ein. An welchen Gefechten er teilnahm, kann nicht mehr mit Bestimmtheit gesagt werden.

Anfang 1657 verlor das schwedische Korps, sicher aufgrund der Länge der Kampfhandlungen, des kräftezehrenden Kleinkrieges und fehlender Auffüllung, seine frühere Schlagkraft. Gleichzeitig wuchs der Widerstand der Polen und ihrer Verbündeten. Die zahlenmäßige Überlegenheit nutzend, fielen sie auch in Ostpreußen ein. Daraufhin führte Derfflinger die Truppen auf kurfürstlichen Befehl aus Richtung Memel nach Preußisch Holland. Hier hatte er seine erste Bewährungsprobe unter dem brandenburgischen Adler zu bestehen. In der Nacht zum 16. August zog der General an der Spitze einer ansehnlichen Reiterstreitmacht nach Bomst. Deren Besatzung, bestehend aus ca. 500 –600 Polen bzw. geworbenen Truppen, hielt standhaft aus. Bevor Derfflinger angriff, stellte er dem Gegner ein Ultimatum, das ohne Reaktion verstrich. Die Reiter stürmten zu Fuß die befestigte Stadt. Der Gegner leistete nur kurze Gegenwehr, dabei fand der größte Teil der Besatzung den Tod. Das „Theatrum Europaeum – Band 7" nennt 600 Gefallene und hebt gleichzeitig die Abwehrkraft der Verteidiger hervor: „Alldieweil aber die meisten veste gewesen, haben sie mit Axten und Knütteln zu todt geschlagen werden müssen." Ein Teil der geschlagenen und entwichenen Polen zog danach marodierend durch die Region. Es kam zu kleinen Scharmützeln, bis deren Widerstand endgültig gebrochen war. Derfflinger rückte danach mit einer Streitmacht über die Obra in Richtung Priment ab, denn im dortigen festen Kloster hatte sich eine größere Zahl von „Aufständischen" verschanzt. Sie zogen sich beim Herannahen Derfflingers und seiner 300 Reiter in den nahegelegenen Sumpf zurück und kapitulierten schließlich mit „gar wenig Schießen". Nunmehr erhielt der Generalwachtmeister den Befehl, in Posen bzw. Kosten in Quartier zu gehen und gleichzeitig feste Punkte zu beziehen. In dieser Zeit konnte keine der beiden Seiten Entscheidungen für sich verzeichnen. Als Teile des polnischen Heeres sich in Richtung Kalisch und der Weichsel bewegten, bedrohten sie Derfflingers Truppen unmittelbar, weshalb der Kurfürst seinen General zur Wachsamkeit ermahnte und riet, jedes Aufeinandertreffen mit dem Gegner zu vermeiden. Er sollte ferner die bedrohte brandenburgische Garnison nach deren Einschluß durch den Gegner entsetzen. Die 3 000 Reiter, die er damals kommandierte, bezogen einen Monat später in Ostpreußen Quartier. Die brandenburgischen Fußtruppen blieben dagegen im Gebiet um Posen als Sicherung zurück.

Dort waren ihnen nur wenige Tage Ruhe beschieden, denn Derfflingers kleine Streitmacht mußte v. Waldeck nach dessen mißglücktem Gefecht bei Prostken zu Hilfe zu eilen. Derfflingers Auftrag bestand darin, sich mit den Truppen des Grafen zu vereinen und unverzüglich das Kommando zu übernehmen. Aber dazu kam es nicht mehr, denn Waldeck konnte mit Hilfe der Schweden den Gegner am 22. Oktober

1656 bei Filipowo (Philippowo) besiegen. Trotz dieses brandenburg-schwedischen Erfolges gelang es dem polnischen Heer am 15. November, Danzig und große Teile Westpreußens einzunehmen.

Der Sieg vor Warschau und die weiteren militärischen Handlungen der Alliierten brachten keine Entscheidung. Polen war nicht geschlagen. Im Gegenteil, als Kaiser Ferdinand III. im Dezember mit König Johann II. Kasimir einen Vertrag schloß sowie Rußland und Dänemark sich gegen Schweden wandten, war Karl X. Gustav politisch isoliert und durch das energische Vordringen der Polen vor allem militärisch bedroht. Vielleicht lag auch darin die Begründung, daß er mit dem brandenburgischen Kurfürsten am 20. November 1656 den Vertrag von Labiau schloß. Für den aufstrebenden Friedrich Wilhelm bedeutete dieses Abkommen eine besondere Genugtuung, denn die bis dahin verweigerte Souveränität über das weit entfernt liegende Herzogtum Preußen und das Ermeland war nun vertraglich zugesichert sowie das Waffenbündnis von Marienburg erneuert. Gleichzeitig brauchte Brandenburg die erheblichen Einkünfte aus den preußischen Zöllen nicht mehr mit den Schweden zu teilen. Graf Waldeck begleitete den Kurfürsten als Berater zu diesen wichtigen Verhandlungen. Aus diesem Grund ernannte Friedrich Wilhelm seinen Generalwachtmeister am 3. November zum zeitweiligen Befehlshaber über Waldecks Truppen, allerdings nur solange, bis ein anderer „hoher General“ gefunden sei. Weil ein solcher nicht zur Verfügung stand, blieb der Generalwachtmeister längere Zeit in diesem verantwortungsvollen Amt.

Generalleutnant der Kavallerie und Generalfeldzeugmeister des kurfürstlichen Heeres

Offensichtlich genoß Derfflinger bei seinem Landesherrn eine hohe Wertschätzung, denn er stieg die militärische Sprossenleiter stetig und schnell nach oben. Am 11. Juni 1657 erfolgte in Königsberg seine Beförderung zum Generalleutnant der Reiterei, „weil er sich in seinen Diensten treu und aufrichtig bewiesen, dasselbe auch hinfüro allem seinem Vermögen nach zu leisten erbötig und bereit" sei. Erneut wurde ihm in dieser Urkunde seine herausgehobene Rangstellung innerhalb der brandenburgischen Generalität bescheinigt, denn höher standen nur noch der Kurfürst, Feldmarschall v. Sparr und General v. Waldeck. Für den Fall des Abschieds des Letztgenannten und des Einsetzens eines anderen Generals als Derfflinger war dieser „befugt, seinen Abschied frei und ohne Furcht einiger Ungnade zu fordern, so ihm auch keineswegs abgeschlagen werden" durfte. Wie schon bei seiner Einstellung in den brandenburgischen Dienst billigte ihm der Kurfürst eine Reihe weiterer Privilegien zu: Für den Fall seiner persönlichen Gefangennahme die Verpflichtung des Freikaufs und bei Verlust seines Vermögens, durch kriegerische Handlungen, die Wiedergutmachung durch seinen Landesherrn. Vom Lösegeld des Verkaufes von eigenen Gefangenen, die er „auf Partei'e (Streifzügen), im Felde oder Platz (bei Belagerungen), da er das Kommando hat, bekommen wird", sollte ihm ein hoher Prozentsatz zustehen. Somit verfügte Derfflinger über die gleichen Zugeständnisse wie Sparr. Mit der Beförderung war die Anwartschaft auf die Kommandantenstelle von Spandau sowie eine beträchtliche Gehaltserhöhung verbunden. Kurze Zeit später erhielt der neue Generalleutnant auch das Patent als Mitglied des Geheimen Kriegsrates. Der Kurfürst forderte Feldmarschall Sparr schriftlich auf, den Gusower in der Truppe „gebührendermaßen vorzustellen" und ihm Hilfestellung zu gewähren. Somit gehörte Derfflinger zu den einflußreichsten brandenburgischen Militärs.

Als am 2. April 1657 der deutsche Kaiser Ferdinand III. starb und der Kampf um die Kaiserkrone entbrannte, wurde der brandenburgische Kurfürst zu einer „umworbenen Person". Verschiedene Lager wollten sich seine Stimme „erkaufen". „Ein Mittel, sich des Brandenburgers zu versichern," so schrieb Ingrid Mittenzwei, „stellten die Bemühungen des Wiener Diplomaten Franz Paul von Lisola dar, Polen und Brandenburg unter Zusicherung der Souveränität Preußens miteinander auszusöhnen." Der schwedische König mußte seine polnischen Pläne, angesichts der politischen und militärischen Lage, schweren Herzens aufgeben. Dadurch änderte sich für Friedrich Wilhelm das Kräfteverhältnis, und er mußte nach neuen politischen Wegen bzw. Bündnissen suchen. So schloß der Kurfürst am 19. September in Wehlau einen Waffenstillstand mit Polen, dem am 6. November der Friedensvertrag von Bromberg folgte. Der polnische König bescheinigte Friedrich Wilhelm die volle Souveränität über Preußen. Ein wichtiges außenpolitisches Ziel war damit erreicht. Das Ermeland mußte der Kurfürst dagegen wieder abtreten, als Entschädigung erhielt er immerhin 400 000 Taler für seine leere Staatskasse. Damit wechselte Brandenburg erneut das Bündnis.

Auf der einen Seite standen Österreicher, Dänen, Brandenburger und Polen und auf der anderen Schweden, das von Frankreich unterstützt wurde. Viele Verbündete – viele Interessen! Zahlreiche Gespräche sollten die bestehenden Gegensätze abbauen. An diesen nahm auch Derfflinger teil, der

Johann Georg II., Fürst von Anhalt (1627–1693), Feldmarschall und Statthalter in der Mark Brandenburg

den Winter auf seinem Gut verbracht hatte. Ein dänischer Gesandter lobte in einem Schreiben die Entschlossenheit des Brandenburgers und sein persönliches Einwirken auf die anderen Verhandlungspartner. In dieser Zeit soll der so Gelobte auch mit dem habsburgischen General Montecuccoli in „nähere Beziehung" getreten sein.

Die Zeit forderte politische Entscheidungen, denn der Schwedenkönig durchzog siegreich Jütland und überquerte im Februar 1658 das Eis der zugefrorenen Meeresarme. Bis auf Kopenhagen kontrollierte er das dänische Gebiet fast vollständig und brachte das Land damit an den Rand einer Katastrophe. Mit diesem Kriegszug beabsichtigte Karl X. Gustav, in die Neuordnung Europas tatkräftig einzugreifen. Durch den Friedensvertrag mit den Dänen zu Roskilde gelangte er auf den Gipfel der Macht. Kurzzeitig verfügte Schweden über die uneingeschränkte Vorherrschaft in der Ostsee. Diese Situation erwies sich für die Wirtschaft vieler europäischer Staaten als äußerst bedenklich, denn es drohte unmittelbar die schwedische Blockade der Ostseehäfen und der handelswichtigen Elbe.

Ein längst geplanter Feldzug gegen das schwedische Korps sollte diese Gefahr bannen. Der brandenburgische Kurfürst, als Oberbefehlshaber der alliierten Armee, gab den Befehl zum Abmarsch seines Heeres. Bei Parchim erfolgte der Zusammenschluß der Verbündeten. Es waren insgesamt 15 000 Brandenburger sowie 13 000 Kaiserliche, die unter dem Kommando des Feldmarschalls Graf Montecuccoli standen. Später stießen noch 6 000 Polen, unter dem Befehl des Generals Czarniecki, zur Allianz. Der Gusower befand sich selbstverständlich bei der Truppe.

Derfflingers Reiter, acht Kompanien zu je etwa 100 „Einspännigen", nahmen an diesem Feldzug teil. Aus den Aufzeichnungen geht hervor, daß er zu diesem Zeitpunkt bereits eine Dragonereskadron besaß. Denn im Juni 1658 mußte die pommerische Regierung der „Dörfflingerschen Squardron Dragoner" 300 Paar Stiefel oder wenigstens anständige Schuhe liefern. Wenige Wochen später fand sie mit vier Kompanien Erwähnung. In diese Eskadron wurden auch die Dragoner des ehemaligen Generals der Kavallerie, Graf Georg Friedrich v. Waldeck, der im Mai 1658 in schwedische Dienste trat, integriert. Ein Jahr später wuchs durch zielgerichtete Werbung die Eskadron zum vollständigen Dragonerregiment mit acht Kompanien auf. Jede Kompanie verfügte aber nur über 72 Gemeine und Gefreite sowie ein „Dragonerfähndel". Die Regimentsfahne befindet sich seit Jahrzehnten im Deutschen Historischen Museum. Aus blauer Seide und mit Metallfadenstickerei gearbeitet, zeigt sie ein erhobenes Schwert und eine lodernde Flamme. Die Aufschrift, „AGERE AUT PATI FORTIORA", zu deutsch „Handeln oder Stärkeres erdulden", entsprach ganz der damaligen politischen Auffassung Friedrich Wilhelms und Derfflingers.

Am 18. August 1658 löste Derfflinger Sparr als Chef der gesamten brandenburgischen Artillerie, also als Feldzeugmeister, ab. Ein Schreiben, vom Kurfürst in Cölln an der Spree unterzeichnet, gab allen „Soldatesque zu Roß und Fuß" sowie „den Obersten, hohen und niederen Offizieren und Bedienten bei der Artillerie" den Kommandowechsel bekannt und ermahnte diese mit „ernstliche Weisung, allen seinen (Derfflingers) Anordnungen ohne einzige Widerrede schuldigen Gehorsam zu leisten". Für die Erfüllung der umfangreichen Aufgaben standen dem Generalfeldzeugmeister zwei Generalwachtmeister zur Seite. Zu seinem unmittelbaren Verantwortungsbereich gehörte die Kommandogewalt über die Festungen und ihre Besatzungen, die Aufsicht über sämtliche Zeughäuser, Geschützgießereien und das gesamte Artilleriewesen. Um 1659 begann die Formierung des dritten Derfflinger-Regiments, ein Infanterieregiment, das wahrscheinlich nicht vollständig aufgestellt und gemustert wurde.

Der Kurfürst übertrug seinem Generalfeldzeugmeister noch eine weitere, ganz anders geartete Aufgabe. Die Feldgeistlichen, so scheint es, hatten zur damaligen Zeit kein leichtes Amt, deshalb führten sie beim Landesherrn häufig Beschwerde. Daraufhin beauftragte dieser zwei höhere Seelsorger mit einer gründlichen Inspektion. Diese Seelsorger unterstanden Derfflinger unmittelbar. Somit hatte er sich als Feldzeugmeister und Generalleutnant nicht nur um die Ausbildung, sondern auch um den geistig-moralischen Zustand der brandenburgischen Armee zu kümmern. In diesem Zusammenhang ist eine Eingabe Derfflingers aus dem Jahre 1659 an seinen Kurfürst interessant. Er schrieb, daß „ernstlich zu beklagen sey, die Unordnung und das Ungöttliche Wehsen, so nicht alleine unter den Zuhörern insgemein insonderheit – welches zu beseufzen – unter teils Predigern eingerissen sey“. In diesem Dokument schlägt der gottesfürchtige General seinem Landesherrn vor, einen „Inspektor bey der Armee“ einzusetzen, damit dieser die Prediger nicht nur kontrolliere, sondern auch „zur Besserung anraten könne, wo es vonnöten“ sei. Aufgrund des konkreten Vorschlages ordnete Friedrich Wilhelm am 15. August „im Feldlag. bey Beuthoff“ die „Inspektion über die Feldprediger“ an und ernannte Johann Cunschius zum ersten Inspekteur der Seelsorger des brandenburgischen Heeres. Gleichzeitig teilte er seinem treuen Untergebenen die Einsetzung eines Inspekteurs und „prediger bey dem Gen. Stab“ mit. Derfflinger solle nicht nur Mängel „notificiren, sondern demselben auch hirmit gut anbefehlen wollen sich hienach gehorsamblich Zu achten ob benannten beyden Predigern in Verrichtung dieser hochnötigen Und nützlichen function alle Hülff Und beförderung Zu erweisen...“. Nach Beschwerden vieler Feldprediger, daß sie „große noth leiden Und aus mangel behöriger Verpflegung Vielfaltiges Ungemach außstehen müßten ...“, erhielt, „der G. Felt-Zeugmeister“ die Anweisung „einem ieden, welcher

S. C. D. Prediger gut thun, Dahin erstlich anzuweisen haben, daß Sie dieselbe dergestalt halten sollen, damit sie ihres schweren ambtes der gebühr abwarten können, Und solches nicht mit noth mangel, schimpf, wieder Willen oder sonst Zu Verrichten dürfen".

Spätestens seit dem „dänischen Feldzug" stand Derfflinger dem Kurfürsten häufig beratend zur Seite. Er führte selbständig Verhandlungen mit dem dänischen Kriegskommissar und erstattete häufig Lageberichte über Marsch und Zustand des Heeres. Deshalb verwundert es, daß bei Erkrankung Sparrs nicht er mit dem Kommando über das brandenburgische Heer betraut wurde, sondern der Erbprinz von Anhalt. Warum Derfflinger diese Entscheidung ohne Widerspruch hinnahm, bleibt angesichts späterer Verhaltensweisen ein Geheimnis, denn laut der kurfürstlichen Zusage hätte der Gusower die Vertretung übernehmen müssen.

Vielleicht ahnte Friedrich Wilhelm, daß mit den jütländischen Kämpfen seine politischen, sprich pommerischen, Ziele schwerlich verwirklicht werden konnten. Es galt vielmehr, in Pommern die Schweden entscheidend zu schlagen und zum Abzug zu zwingen. Der Marsch seiner Truppen dorthin gestaltete sich jedoch äußerst kompliziert, denn an der westlichen Grenze Vorpommerns mußten einige schwer passierbare Flüsse mit befestigten Übergängen, die die schwedischen Regimenter besetzt hielten, überwunden werden.

Derfflinger, dem „dieser Oerter Gelegenheit von früher ziemlichermaßen bekannt" waren, riet dem Kurfürsten in einem Brief, diese Übergänge weiträumig zu umgehen. Über die Mühen berichtete Derfflinger anschaulich: „Bei … Quitzenow nun, da wir die Ueberkommung gesucht, ist ein überaus schlimmer Morast gewesen, darin fast kein Mensch fortkommen können. Jedennoch haben wir sowohl durch die Reiter als Fußvolk die ganze Nacht fleißig arbeiten und durch Faschinen, Heu, Holz und anderen Präparatorien den Morast dergestalt verdämmen und verbauen lassen, also daß gegen Morgen schon unser Fußvolk bis ans Wasser (den Trebel) kommen und sich daselbst stellen können. Da ich dann auch alsofort ein 3 Regimentsstücke hinnschlepen und mit selbigen auf den Generallieutenant Müller (welcher mit etlichen starken Truppen Reiter, so auf 2 000 Mann ungefähr geschätzt worden, sammt einigen Dragonern sich gegen uns auf jener Seite gesetzt und durch kontinuirliches Schießen und Salven uns die Ueberkommung verwehren wollen) spielen lassen, maßen dann unser Fußvolk durch faveur dieser drei Stücken auf zwei kleinen Schiffchen, so wir bei der Artillerie mitführen, über den Strom übergesetzt und alldort sich vergraben, auch die gefaßte Posto maintenirt."

Dieses geschickte Heranführen und die Entschlossenheit der alliierten Truppen zwangen die Schweden zum raschen Abzug in Richtung Stralsund und Greifswald. Die Brandenburger setzten daraufhin über den Trebel und griffen die Schanze bei Triebsees an, um den „schlimmen und sehr morastigen Paß" zu nehmen. Der Kommandeur dieser Schanze, ein alter schwedischer Major, gab den Widerstand nach einer 90 Minuten dauernden Beschießung auf. Einen großen Vorrat von allerhand Brauchbarem sowie vier Kanonen konnten die Brandenburger somit erobern. Nach diesem Sieg wandte sich der Kurfürst Dammgarten zu, welches der Gegner ohne nennenswerten Widerstand räumte und viele Vorräte sowie zwei Geschütze zurückließ. Die dazugehörige Munition allerdings warfen die Schweden zuvor ins Wasser. Derfflinger zog folgendes Fazit über die militärischen Handlungen: „Also daß wir nunmehr durch göttliche Hülfe außer Demmin alle die Pässe in diesem Lande, so von Consideration sind, inne haben; Gott helfe weiter." Zum Schluß bat er den Kurfürsten, sein Regiment, das noch in Jütland und Holstein stand, nicht zu vergessen. Aufgrund des nahen Winters ging die Armee ins Winterquartier. Derfflinger aber stritt in seiner

Funktion als Generalfeldzeugmeister mit den Dänen um die Herausgabe der eroberten schwedischen Geschütze.

Anfang des Jahres 1660 gelang es dem verbündeten Heer, mit holländischer Unterstützung die Schweden auf Fünen zu schlagen. Daraufhin schloß Schweden unweit von Danzig am 3. Mai den Friedensvertrag von Oliva. Dieser erste Waffengang, an dem der größte Teil der brandenburgischen Streitkräfte teilnahm, brachte nicht den erhofften außenpolitischen Erfolg. Erneut bescheinigten die Vertragspartner dem Kurfürsten zwar die volle Souveränität über das Herzogtum Preußen, aber das langersehnte Vorpommern und damit die Herrschaft über die mittlere Ostsee sowie den Unterlauf der Oder konnte er nicht erlangen. Erstmals mußten die Brandenburger ungeheure Kriegslasten erdulden. Berechnungen des Kriegskommissariats besagten, daß alleine Preußen und das Ermeland im Zeitraum vom 1. Februar 1657 bis zum 30. September 1658 für das Heer 1,18 Millionen Taler, 329 054 Scheffel Hafer und andere Versorgungsgüter bereitstellten. Dabei sind nicht die Kosten und Sachleistungen für die Aufstellung der Wibranzen (Landmilizen) berücksichtigt.

Die langen Friedensjahre, die Ernennung zum Generalfeldmarschall und die Erhebung in den Freiherrenstand

Im Herbst 1660 erfolgte eine drastische Reduzierung des kurfürstlichen Heeres. Auch Derfflingers Regimenter zu Fuß und zu Pferd wurden bis zum Jahresende aufgelöst. Nur die Festungstruppen sowie einige stark reduzierte Regimenter verblieben im Bestand des kurfürstlichen Heeres. Die Stärke betrug, ohne Stäbe und Artillerie gerechnet, immerhin noch 7 450 Mann. Somit verfügte Brandenburg über einen wichtigen Grundstock für den raschen Aufbau einer schlagkräftigen Streitmacht. Dafür brauchte der Kurfürst allerdings sehr viel Geld, das, wie bereits betont, erst die Stände bewilligen mußten. An diese richtete Friedrich Wilhelm am 20. Januar 1662 die dringenden Worte, „daß die Konservation seines Staats und Landes nächst Gott in Waffen gesetzt" werden müsse.

Derfflingers Dragonerregiment, nur noch eine Eskadron mit 250 Gemeinen stark, führte damals Oberstleutnant Sigismund Christoph v. d. Marwitz ins Ravensbergische Quartier. 1663 standen „300 Mann Derfflinger Dragoner" im 2 000 Mann starken Korps des Generalmajors Herzog von Holstein-Plön, das im Bestand des kaiserlichen Heeres, während des Erbstreites zwischen Habsburg und der Türkei, zum Einsatz kam. Bewaffnete Zusammenstöße erfolgten jedoch erst im Jahr 1664. Die Brandenburger nahmen an der Eroberung der Festung Neutra, im nördlichen Ungarn gelegen, am Gefecht beim Heiligen Kreuz und an der Schlacht bei Lewenz teil. Nach diesen Siegen vermerkte v. Holstein: „Euer

Kurfürstlichen Durchlaucht Dragoner und Reiter haben sich überaus wohl gehalten, absonderlich der Oberstleutnant Marwitz." Als die Derfflingerdragoner Ende des Jahres in die Heimat zurückkamen, fehlten ca. 30 % an Roß und Reitern.

Derfflingers Einfluß auf alle Bereiche des militärischen Lebens und die Wertschätzung, die er beim Kurfürsten genoß, wuchsen in dieser Zeit merklich. Friedrich Wilhelm ernannte ihn zum Gouverneur von Elbing. Die Vergabe von Gouverneurs- oder Kommandantenstellen an kriegserfahrene Generale und Oberste ermöglichte es dem Landesherrn, diese, trotz der verringerten Friedensstärke, im militärischen Dienst zu belassen. Im nächsten Feldzug standen von den 16 Generalen 14 bereits im Nordischen Krieg an der Seite des Kurfürsten. Sie verfügten nicht nur über Kriegserfahrungen, sondern kannten auch den Führungsstil des obersten Feldherrn. Auch die entlassenen Mannschaften und Offiziere erhielten meist ein sogenanntes „Wartegeld". Darüber hinaus nutzte der Landesherr einen von Pfuel bereits 1644 entworfenen Plan, in den er schwedische Erfahrungen einfließen ließ. Demnach teilte der Kurfürst abgedankten Soldaten landwirtschaftliche Flächen zu, die ohnehin seit dem Dreißigjährigen Krieg brach lagen. Nicht nur der neue Besitz, sondern auch die Aussicht auf eine sechsjährige Befreiung von Abgaben lockte ehemaliges Kriegsvolk in die Mark oder ließ es nach Abdankung im Lande verbleiben. Den Reitern wurden zweckmäßigerweise die Pferde belassen, damit verfügte der Kurfürst im Ernstfall nicht nur über ausgebildete Reiter, sondern es stand eine größere Anzahl von militärisch nutzbaren Pferden zur Verfügung. Die Kreiskommissare hatten in regelmäßigen Abständen die Anzahl der Gedienten, die in ihrem Verantwortungsbereich lebten, zu melden.

In dieser Zeit ereilte Derfflinger ein schweres persönliches Schicksal. Im Herbst 1665 erkrankte seine zweite Frau schwer und verstarb im Januar 1666 in Frankfurt a. d. Oder.

Angesichts des schweren Verlustes schrieb der Sechzigjährige seinem Kurfürsten: Es „hat der Allerhöchste nach seinem göttlichen Willen mich also heimgesucht und meine nunmehr in Gott ruhende Ehegeliebte von (meiner) Seite hinweggerissen". Mit der geborenen Barbara Rosina von Beeren hatte Derfflinger sechs Kinder: Luise, Emilie, Dorothea, Charlotte, Friedrich und Karl. Sie waren zu diesem Zeitpunkt zwischen 9 und 2 Jahren alt. Emilie wurde von Paul Gerhardt, dem berühmten Diakon der Berliner St. Nikolaigemeinde und Kirchenliederschreiber, getauft. Das Gusower Kirchenbuch gibt Auskunft, daß am „3. Apr. in Guso Sr. Exc. des Herrn Gen. Feldzeugmeisters H. Georg v. Derfflingers Söhnlein Friederich ... getauffet" wurde. Sein Geburtsdatum war der 1. April 1663. Nur der ehrenwerte „H. Mag. Hindenberg von Selo" übertrieb mit der Eintragung, denn er hat Derfflinger „geadelt"; dies geschah aber erst neun Jahre später. Die Tochter aus erster Ehe, Beate Luise, heiratete wenige Jahre später den Oberstwachtmeister v. Röbell, der ein Gut in der Nachbarschaft hatte. Die Ehe war nur von kurzer Dauer.

Lange konnte sich der alte Haudegen nicht der Trauer hingeben, denn bereits im Jahre 1665 beauftragte der Kurfürst einige erfahrene Offiziere, Truppen zu werben. Auch mit Derfflinger verhandelte Friedrich Wilhelm wegen der Aufstellung einer Reiterkompanie. Mitte Oktober erhielt der Generalleutnant ein Werbepatent mit dem Auftrag, im Februar des nächsten Jahres eine Kompanie mit 200 Pferden und der doppelten Anzahl von Offizieren der Musterung vorzustellen. Aus dem Letztgenannten wird bereits die geplante Aufteilung in zwei Kompanien zu je 100 Pferden ersichtlich.

Im Oktober 1665 begab sich der Kurfürst angesichts der Gefahr, die aus dem Krieg zwischen England und den Niederlanden für seine westfälischen und niederrheinischen Gebiete entstand, nach Cleve. Am 16. Februar 1666 schloß er dort ein Bündnis mit den Niederlanden, das sich zur Zahlung von 160 000 Talern für Werbung und 46 000 Talern für den Unterhalt des 12 000 Mann starken brandenburgischen Hilfskorps verpflichtete. Sparr und Platen waren mit der Aufstellung des Hilfskorps beauftragt, deshalb übernahm Derfflinger den Verantwortungsbereich Sparrs, der dem eines Statthalters der Kurmark entsprach. Die „Direktion über das Militärwesen und was davon abhängt" erforderte die persönliche Anwesenheit in Berlin, so daß sein Wunsch, auch ins Feld zu rücken, unerfüllt blieb.

Zu seinen Aufgaben gehörte die organisatorische Vorbereitung und Sicherstellung der Werbung von zwei Regimentern zu Fuß, einem Dragonerregiment und 1 000 Reitern. Für die Kavallerie forderte der Kurfürst von seiner Ritterschaft erneut 1 000 Lehnspferde, um fünf weitere Kompanien aufstellen zu können. Am 3. Februar teilte Friedrich Wilhelm seinem Feldmarschall v. Sparr mit, daß „Unserem Feldzeugmeister Derfflinger" ein Reiterregiment anvertraut wird, welches in „die von ihm selbsten und dem Obristenlieutenant Osten geworbenen Reuter" zu gliedern sei. Weitere 100 Mann sollten dazu kommen. Damit verfügte das Regiment über sechs Kompanien.

Das erforderliche Geld für die erneute Rüstung mußten wieder die Stände bewilligen. Aber das war gar nicht so einfach, denn die kurfürstlichen Weisungen erforderten das harte Durchgreifen der neu geschaffenen Provinzialverwaltungen. Derfflinger oblag es, einerseits Stände und Verwaltung mehrfach an ihre Pflichten, wie die Bereitstellung von Werbegeld, Verpflegung und Einquartierungen, mit Nachdruck zu erinnern und andererseits Ruhe und Ordnung auf dem Lande und in den Städten zu gewährleisten.

Die Verbindung zu seinem militärischen Vorgesetzten stellte Derfflinger mittels der 1646 eingerichteten Postverbindung Berlin-Cleve, die zweimal wöchentlich verkehrte, sicher. In seinen Berichten gab er genaue Auskunft über die Lage in Brandenburg, über den Fortgang der Werbung, über die Unruhen in Polen und über die militärischen Aktivitäten der Schweden. Der Gusower erfüllte seine Aufgaben als märkischer Statthalter zur vollen Zufriedenheit, denn schon im April stand die neue Streitmacht in der rheinisch-westfälischen Region bereit. Zum Einsatz kam sie jedoch aufgrund der veränderten Lage nicht mehr. Die akuten Konflikte lösten alle beteiligten Seiten durch intensive Verhandlungen. Derfflinger gratulierte seinem Kurfürsten zum Verhandlungserfolg und versicherte ihm seine Freude über den Frieden. Gleichzeitig gab er zu bedenken, daß eine Einstellung der Werbung für seine Offiziere finanzielle Verluste bedeuteten, da sie bereits auf eigene Kosten Soldaten angeworben hatten.

Ehe das Feldheer wieder auf Friedensstärke reduziert wurde, setzte es Friedrich Wilhelm als politisches Druckmittel ein. Der Westfälische Frieden bestimmte, daß das Erzbistum Magdeburg nach dem Tode des Prinzen August von Sachsen in brandenburgischen Besitz kam. Aber die Magdeburger weigerten sich, dem Kurfürsten zu „huldigen". Militärische Präsenz sollte den Stolz der Stadt brechen. Sparr führte einen Teil seines Kommandos an die Elbe. Derfflinger, in seiner Funktion als märkischer Statthalter, gab den sofortigen Verlegungsbefehl an die Berliner und Spandauer Artillerie und sorgte für den raschen Schiffstransport von Belagerungs- und Brückengerät. Angesichts des gewaltigen Aufmarsches nahm Magdeburg eine Garnison auf und empfing den Kurfürsten und seinen Generalfeldmarschall Sparr mit dem verlangten Respekt.

Bereits am 12. Juni 1666 befahl Friedrich Wilhelm, daß von jedem Reiterregiment eine starke Kompanie von 180 Gemeinen zu einer Eskadron im Dienst bleiben sollte. Somit sicherte sich der Kurfürst auch für die mobilste Waffengattung die Möglichkeit eines schnellen Aufwuchses. Das

Kurfürst Friedrich Wilhelm (1620–1688) und Derfflinger.
Nach einer Zeichnung von W. Camphausen

dürfte ganz im Sinne des alten Derfflinger gewesen sein. Von seinen Reitern fanden 70 in Brandenburg, 26 in Rathenow, 20 in Nauen, 34 in Neuruppin und je 15 in Gransee bzw. Wusterhausen Quartier. Seine Dragoner, obwohl sie weiterhin im Ravensberger Etat blieben, kamen nach Pommern.

Eine kurfürstliche Order sicherte allen entlassenen Soldaten, die in Brandenburg blieben, den Besitz von Waffen und Kleidung sowie den Vorrang bei künftigen Werbungen zu. Durch diese und weitere Festlegungen konnte das 8 000 Mann zählende Heer bei Bedarf schnell auf gut 20 000 Mann gebracht werden. Zwar gab es zur damaligen Zeit noch keine „Mobilmachungspläne“, aber Anfänge einer schnellen Heeresaufstellung waren damit gelegt. Gemessen am Mannschaftsbestand verblieben relativ viele Offiziere mit verkürztem Sold im Dienst. Derfflingers monatliches Einkommen schmolz von 600 auf 366 Taler.

Im Juli 1666 trat Derfflinger die Funktion des Statthalters wieder an Sparr ab. In einem Schreiben stellte der Kurfürst seinem General frei, ob er sich in Berlin oder auf seinen Gütern aufhalten wolle, und dankte ihm: Es „gereicht Uns im Uebringen zu gnädigstem Gefallen, daß Ihr bisher mit so unterthäniger Treue und Sorgfalt Unsere Interessen und Militärwesen daselbst wahrgenommen, werden es auch in Kurfürstlicher Gnade (womit Wir Euch auch sonst beständig gewogen) zu erkennen unvergessen sein“. Aus diesen Worten ist zu schließen, daß der alte Kriegsmann auch in Verwaltungsfragen gute Dienste geleistet hatte.

Über die Tätigkeit des Generals in den folgenden Friedensjahren existieren nur wenige Angaben. Friedensjahre, im 17. Jahrhundert fast ein „Fremdwort“, brachten dem Land und den Menschen Ruhe, Erholung sowie Prosperität. Ein alter Stich von Gottfried Bartsch zeigt Derfflinger im Sommer 1667 inmitten des Leichenzuges für die verstorbene Kurfürstin Luise Henriette. Über den mit einem Tuch bespannten und mit Wappen gekrönten Sarg ragte ein Himmel, der „Von Generalspersonen als Obersten Zusammen VIII“ getragen wurde. Hinten links ging „Dörfling GeneralFeldzeugMr.“, gekleidet mit einem Umhang und das Gesicht von einem Trauerschleier verhüllt.

Als es angesichts der bevorstehenden Königswahl zu Unruhen in Polen kam, beauftragte der Kurfürst seinen neuen Statthalter, den Fürsten Johann Georg von Anhalt, sich mit Derfflinger und anderen Generalen zu beraten. Die Zeit drängte. Mit Sicherheit nahm der Gusower, in seiner Funktion als Generalfeldzeugmeister und Geheimer Kriegsrat, an einigen Besprechungen in Berlin und Potsdam teil, wobei es um – nach heutigem Sprachgebrauch – Mobilmachungsplanung ging.

Die Aufstellung von Truppen erfordert umfangreiche Vorkehrungen, deshalb wandte sich der Kurfürst zwecks finanzieller Absicherung auch an Derfflinger. Der sicherlich nicht gerade mittellose Gutsherr gab allerdings zu verstehen, daß er im Moment nicht gerade flüssig sei, da ein großer Teil seines Vermögens in einigen längerfristigen Privatanlagen stecke. Er hatte 16 000 Taler in bar bei privaten Kaufleuten in Hamburg angelegt, und 11 000 Taler seien für die Aussteuer seiner älteren Tochter und für den Ausbau der Dorfkirche ausgegeben worden. Aber 5 000 Taler, so versprach er, seien sofort verfügbar. Diese Summe und die 2 000 Taler Darlehen, die ihm der Fürst von Anhalt schuldete, stellte der Generalleutnant seinem Landesherrn zur Verfügung. Offensichtlich akzeptierte Friedrich Wilhelm die Argumentation des alten Fuchses. Seinem anhaltinischen Verwandten teilte er kurzerhand mit, die Darlehenssumme von seinem fürstlichen Gehalt einzubehalten. „Wir haben“, so der Kurfürst an seinen Schwager, „wegen eines benöthigten Anlehns unsern General-Feldzeugmeister Derfflinger gnädigst ansprechen lassen und hat sich derselbe unter andern auf 2 000 Thaler, so er von Ew. Liebden zu empfangen, erboten." Eine Forderung des Angesprochenen nach einem Vorwerk ganz in der Nähe seines Gutes erfüllte der Kurfürst gern. So kam es zu einer schnellen Einigung. Aus dem Briefwechsel geht hervor, daß Friedrich Wilhelm die üblichen 6% Zinsen für die Auslagen des Gusowers und das Eintreiben offenstehender Summen bei den Gläubigern zusicherte. Das versprochene Geld sollte aus den Einnahmen von Zöllen und kurfürstlichen Domänen „fließen".

Am 9. Mai 1668 starb der erste brandenburgische Feldmarschall, Otto Christoph Freiherr v. Sparr. Seine Stelle blieb zunächst unbesetzt. Erst als sich die europäische Lage Anfang der siebziger Jahre erneut zuspitzte, berief der brandenburgische Kurfürst am 24. Januar 1670 den Fürsten von Anhalt zum Generalfeldmarschall. Damit war der Grundstein für eine ernsthafte Meinungsverschiedenheit zwischen dem Kurfürsten und Derfflinger, der erst am 18. Februar 1670 in diese Funktion gehoben wurde, gelegt. Aber dazu später.

Der brandenburgische Landesherr versuchte, mit einem neuen Bündnis seine außenpolitischen Ziele endgültig zu verwirklichen. Er, der anhaltinische Fürst und Otto Freiherr v. Schwerin wollten ein Zusammengehen mit Frankreich. Derfflinger und ein Teil der Generalität sowie der größte Teil der Offiziere hielten dagegen weiterhin zu den Niederlanden. Als Ludwig XIV. dem alten Verbündeten mit Krieg drohte, unterzeichnete der Kurfürst am 26. April 1672 schließlich den „Vertrag zu Cölln an der Spree". Die Niederlande wurden erneut zum Bündnispartner und stellten eine größere Summe für das brandenburgische Heer zur Verfügung. Somit konnte die beschleunigte Aufstellung neuer Regimenter erfolgen. Aber Rüstung kostete schon damals viel Geld. Das der Verbündeten reichte bei Weitem nicht aus. Der Oberpräsident von Schwerin äußerte angesichts der benötigten Mittel: „Die Haare stehen mir zu Berge." Derfflingers Reiterregi-

Fahne des Dragonerregimentes
von Derfflinger 1680-1695.
Devise: Agere aut pati fortiora
(Handeln oder Stärkeres
dulden)

Derfflinger mit Stab

ment zählte zu diesem Zeitpunkt bereits über 600 Soldaten und seine Dragonertruppe 448 Mann.

Als die Arbeit am Verhandlungstisch vollbracht war, zog Friedrich Wilhelm mit 20 000 Mann und 50 Feldstücken an den Niederrhein, wo er sich später mit 16 000 Österreichern unter Führung von Montecuccoli vereinigte. Der Kurfürst beabsichtigte, mit seinen beiden Generalfeldmarschällen den Feldzug durchzuführen. Wer als erster dem kurfürstlichen „Wunsch" widersprach, ist heute nicht mehr eindeutig zu klären. Derfflingers Reaktion ist auf jeden Fall erhalten geblieben. Er schrieb tiefbeleidigt an seinen obersten Feldherrn: „Wenn er gehen mit der Armee sollte, so müßte der Fürst von Anhalt davon bleiben." In seinem Brief berief sich der Gusower Feldmarschall auf die kurfürstliche Zusage, daß ihm kein Jüngerer vorgezogen werde. Fürst Johann Georg diente nicht nur zwei Jahre weniger im brandenburgischen Heer, sondern war auch noch ca. 20 Jahre jünger als der Beschwerdeführende. Alle Beschwichtigungsversuche Friedrich Wilhelms scheiterten. Gleichzeitig ging ein Gerücht um, wonach Derfflinger in ein ausländisches Heer übertreten wolle. Da mußte der Landesherr ein Machtwort sprechen. Es fiel angesichts der Disziplinlosigkeit glimpflich aus: „Weil Se. Kurfürstliche Durchlaucht gesehen, daß wie gut und gnädig Sie es auch gemeint, doch Nichts auszurichten gewesen mit ihm, so haben Sie ihm endlich andeuten lassen: daß Sie zwar die größte Ursache hätten, diesen seinen Ungehorsam anders zu ahnden, indem er sich Ihrer Dienste, in welchen er ... sehr viel Gnade genossen, nun zu allerungelegenster Zeit, und da er eben die beste Gelegenheit hätte, seine Kriegserfahrenheit zu erweisen, unter unbegründetem Vorwand zu entziehen suche. Für jetzo aber wolle Se. Kurfürstl. Durchlaucht es dabei bewenden lassen: daß er sich auf seine Güter begeben und dabei bis zu anderweiter Verordnung nicht weichen solle." Am 9. Juli schickten die Geheimräte v. Schwerin und

Rock, Degen und Feldherrnstab Derfflingers (Foto 1914). Heute ist nur noch der Stab ohne schwarzen Samt und goldene Hülsen vorhanden.

Somnitz den Gusower auf kurfürstliche Weisung in den „Zwangsurlaub“. Einen Tag später antwortete er aus Cölln: „Nachdem ich Euer Kurfürstlichen Durchlauchtigkeit nunmehro eine geraume und lange Zeit mit unterthänigster Treue und Fleiß gedienet, so kann ich wohl mit Gott und meinem Gewissen bezeugen, daß ich niemalen einen andern Vorsatz gehabt, als darin beständig zu kontinuiren, oder ... mit Freuden zu sterben.“ Alle Anschuldigungen eines angeblichen Wechsels zu einer anderen Armee wies Derfflinger von sich und wünschte seinem Herrn und dessen Familie ein „gesegnetes Kur- und Fürstliches Wohlergehen“ und weitere Siege für die kurfürstlichen Waffen „zum Schrecken aller Feinde“. Gleichzeitig unterstrich Derfflinger seine starrköpfige Haltung, denn er nahm seinen „unterthänigsten Abschied“.

Am 12. Juli 1672 ließ der Kurfürst verlauten, daß seine Beschwichtigungsversuche nichts „gewirkt, da derselbe mit höchster Hartnäckigkeit darauf bestanden, daß, wenn er mit ins Feld ziehen sollte, der Fürst v. Anhalt zurückbleiben müsse“. Am 18. Juli versicherte Friedrich Wilhelm „das gnädigste Vertrauen zu Dero Geheimen Kriegsrath und General-Feldmarschallen Georg Derfflinger“ und gab seiner Enttäuschung Ausdruck, denn er hätte doch wenigstens erwarten können, daß dieser „bei dem bevorstehenden Feldzug seine Funktion und Charge als Feldmarschall“ erfüllt. Am 27. Juli schrieb der Uneinsichtige aus seinem geliebten Gusow erneut an seinen Landesherrn. Er beklagte sich, daß das letzte kurfürstliche Schreiben die unglücklichste Stunde in seinem bis dahin „geführten Lebenslauf“ bedeutete. „Sehr tief gehet es mir zu Herzen, daß Eure Kurfürstliche Durchlauchtigkeit die wahre Ursache meines genommenen Abschiedes für einen Praetext achten, und in Höchsten Ungnaden annehmen, daß ich Dero Dienste quitire, da ich zu Beförderung derselben meine Kriegsexperience zu erweisen Gelegenheit nehmen können … Durchlaucht meine, … daß ich bei Verlust meiner Güter und anderer Arbitrar-Strafe darauf verbleiben, oder sonsten im Lande mich aufhalten solle … Nun nehme ich mein deßhalb freudiges Gewissen zum Zeugen, daß ich den geringsten Prätext bei meiner Abdankung im Herzen nicht gehabt, sondern derselbe seine wahrhafte Ursach daher genommen, daß, wie mit Eurer Kurfürstlichen Durchlauchtigkeit ich bei Annehmung des Feldmarschallamtes kapituliret, mir, wie zuvor,…, von keinem Andern, denn Euer Kurfürstliche Durchlauchtigkeit selbsten, zu dependiren, und außer Derselben ein absolut Kommando bei Dero Armee zu führen: auf welches ich, von Anfang meiner Kapitulation bis auf die letzte Stunde meines genommenen und erhaltenen Abschieds, bestand…" Außerdem, so beteuerte der Feldmarschall, seien am Hofe angeblich die Worte gefallen: „Wir beide dienten nicht zusammen, es müßte einer von beiden weg." Daraufhin nahm er seinen Abschied, damit die „ganze Armee nicht leiden" brauche.

Allzu gerne jedoch wollte der 66jährige seinen Dienst wieder antreten. Als einzige Voraussetzung dafür nannte er die Anerkennung der zugesagten Bestallungsbedingungen. In diesem Fall wolle er „selbiges noch diese Stunde antreten und mit … Gut und Blut, wie einem ehrlichen Diener anstehet, … freudigst aufzusetzen und zu vergießen". Falls der Kurfürst seine Bedingungen nicht respektiere, bat er um die Erlaubnis, bei einem „hohen alliirten Herrn" dienen zu dürfen. Diesen Brief, von einem seiner Schreiber niedergeschrieben, unterschrieb der Feldmarschall eigenhändig mit „unterthänigst gehorsamster Diener und Knecht Georg Derfflinger"..

Ungeachtet dieser Meinungsverschiedenheiten liefen die Vorbereitung auf den bevorstehenden Feldzug weiter. Derfflingers Reiter und Dragoner gehörten zum Bestand der kurfürstlichen Feldarmee und nahmen am Westfälischen Feldzug teil. Sie standen unter der Führung des Oberst v. der

Osten und Oberstleutnant Siegmund Christoph v. d. Marwitz. Diese Offiziere handelten nur als „Commandeur en chef“, also im Auftrage des eigentlichen Regimentsinhabers.

Trotz der zahlenmäßigen Stärke der alliierten kaiserlichen Truppen kam es zu keiner Entscheidung. Oberst v. Osten fiel am 5. Februar 1673 während eines Angriffes auf das Feste Haus Heringen, das die Franzosen hartnäckig verteidigten. Durch die militärische Untätigkeit und die mangelnde Versorgung gestaltete sich die Lage des Heeres äußerst kompliziert. Der Kurfürst mußte gar seine Soldaten zur „Harmonie“ mit den Kaiserlichen aufrufen und unter Androhung von schärfsten Strafen Duelle verbieten. Es zeigte sich sehr deutlich, daß Feldmarschall Fürst v. Anhalt den Aufgaben nicht gewachsen war. Daher forderte Friedrich Wilhelm im Februar 1673 seinen zweiten Feldmarschall auf, so schnell wie möglich zur Armee zu eilen und sich für ein klärendes Gespräch bereitzuhalten. Allzu gerne wäre der Gusower diesem Befehl sofort gefolgt, aber eine starke Erkältung hinderte ihn. So konnten erst im April Verhandlungen zwecks seiner Wiedereinstellung stattfinden. Die Geheimen Räte Friedrich v. Jena und Franz Meinders standen bei diesen Gesprächen vor so manchem Problem. Derfflinger verlangte nicht nur alle Vorzüge und Rechte, die früher Sparr zustanden, sondern einen weitaus höheren Geldbetrag. Dadurch sah sich der Kurfürst gezwungen, persönlich einlenkend einzugreifen. Mit der Kapitulation vom April 1673 stand Derfflinger ein jährliches Gehalt von 4 000 Talern zu. Mit Wirkung vom 15. Mai 1673 erhielt er seinen neuen Bestallungsbrief. Dem Rehabilitierten wurde darin zugestanden, daß er wegen „Unpäßlichkeit, Leibesschwäche oder Unvermögenheit und anderen wichtigen Ursachen“ seine Entlassung einreichen darf und diese dann in Gnaden erteilt würde. Diese Formulierung barg Zündstoff für einen späteren Streit zwischen den Beiden, aber das ahnte zu diesem Zeitpunkt wohl niemand.

Der Cöllnische Fischmarkt 1785 mit Derfflingerhaus, dem letzten Hause links.
Kupferstich von J. G. Rosenberg

Besonders in Kriegszeiten verfügte damit Derfflinger über größere Befehlsbefugnisse als bisher. Seine monatlichen Gesamtbezüge betrugen im Krieg 800 und im Frieden 300 Taler, zuzüglich „40 tägliche Pferderationen exclusive". Erneut sicherte der Kurfürst seinem Generalfeldmarschall zu, daß er nur von ihm Befehle erhalten und künftig über alles informiert werden solle. Deshalb mußten die gesamte Generalität, das Stabspersonal sowie alle Offiziere, die „gemeine Soldateska zu Roß und Fuß", das Generalkommissariat, die Kriegsjustiz und das Proviantamt dem Generalfeldmarschall Respekt bezeugen. Bei militärischen Niederlagen, „welches der Höchste in Gnaden abwenden wolle", sollten Derfflinger keine persönlichen Nachteile entstehen. Nach der geleisteten Unterschrift stand dieser endgültig an der Spitze des brandenburgischen Heeres. Offensichtlich wirkte sich der Kommandowechsel positiv auf die Truppe aus, denn Friedrich Wilhelm schrieb wenig später: „Ich habe jetzt eine sehr schöne Armee, welche auch jetzt in guter Disziplin ist und darüber keine Klage kommt." Derfflinger versicherte dem Kurfürsten trotzdem, daß bei Bereitstellung der benötigten Finanzen er eine noch bessere Armee aufstellen könnte. Es scheint, daß der Alte nicht nur Freunde hatte, denn der Kammerherr v. Bruch schildert am 1. Oktober 1674 eine „Verunreinigung" des Feldmarschalls mit dem Oberst der Trabantengarde Graf Beauveau.

Als zweithöchster Militär nahm der Generalfeldmarschall auch auf außenpolitische Pläne des Kurfürsten zunehmend Einfluß. Wieder einmal stellte sich die Frage des Bündnisses. Frankreich oder Niederlande? Derfflinger, ein entschiedener Gegner eines Zusammengehens mit Frankreich, versuchte alles, um seinen Landesherrn von seinen Plänen abzubringen, und gab zu bedenken, „daß solcher gestalt die Holländer übern Haufen geworfen werden". Diese Haltung muß bis nach Paris gedrungen sein, denn ein französischer

Gesandter versuchte, den Feldmarschall, wenn auch vergeblich, umzustimmen. Auch die niederländische Regierung erfuhr im Februar 1674 von Derfflingers Aktivitäten und urteilte, „zwar gebe es Solche, welche das Werk zu vereiteln suchten, aber der Credit Derfflingers nehme immer mehr zu". Ob sein Einfluß den Kurfürsten letztendlich zur Besinnung bewog, ist leider nicht bekannt. Der klevische Vizekanzler und brandenburgische Abgeordnete in Den Haag, Dr. Romswinkel, sowie der holländische Gesandte in Berlin, van Achtienhoven, versuchten vergebens, die vielschichtigen Streitigkeiten zwischen den beiden Staaten gütlich auszutragen. Weil die Zeit drängte, entschloß sich der Kurfürst, Derfflinger, der offensichtlich im Hause Oranien ein hohes Ansehen genoß, zu seinem Neffen, dem Prinzen und Statthalter von Holland, zu senden. Dazu stattete er Derfflinger mit entsprechenden Vollmachten aus. Mit dem Mandat konnte dieser im Auftrage seines Landesherrn sogar Bündnisse abschließen, wenn die holländische Regierung die Zahlung von Hilfsgeldern für den Unterhalt von 20 000 brandenburgischen Soldaten zusicherte. Die kurfürstliche Weisung besagte weiterhin, daß der Feldmarschall bei Aussichtslosigkeit der Verhandlungen sofort abreisen durfte.

Müde kam Derfflinger, nach zehn Tagen seiner geheimgehaltenen Reise, in Den Haag an und nahm Quartier beim brandenburgischen Gesandten Dr. Romswinkel. Im Hause des Leiters der auswärtigen Politik der Generalstaaten, Ratspensionär Fagel, kam es zum gewünschten Gespräch mit dem Prinzen, aber dieser wollte oder konnte nicht allein entscheiden. Der brandenburgische Marschall, dem ein solches Zögern fremd war, beklagte sich in zwei Depeschen an seinen Kurfürsten bitter und befürchtete nur „schlechte Hoffnung von seiner Verrichtung" geben zu können. Er schrieb,„ … daß ich am vergangenen Dienstag bei seiner Hoheit dem Prinzen gar insgeheim habe Audienz gehabt, da ich denn alles, was mir anbefohlen, auf das beste habe vorgetragen, da denn gedachter Prinz mir zur Antwort gabe, er wünsche von Herzen … einige Dienste zu erweisen, ich möchte mich ein wenig gedulden…" Aus diesen schriftlichen Mitteilungen geht hervor, daß der Feldmarschall mit einem guten „Verstande bündig und klar das notwendige zu sagen" vermochte. Geduld war aber nie eine Stärke des Militärs, denn er ließ über Dr. Romswinkel täglich nachfragen, ob eine Entscheidung vorliege. Nach fünf Tagen kam der Prinz und „versprach ganz höflich, er wolle die Sache auf das Beste befördern". Zugleich informierte er Derfflinger, „daß er eilig mit der Armee müßte". Der Marschall erfuhr schließlich von Fagel, daß Hilfsgeld nur für 12 000 Mann bewilligt sei. Daraufhin trat er tief enttäuscht die Heimreise an. Trotzdem bedankte sich der Prinz von Oranien bei seinem brandenburgischen Verwandten in einem Brief für die Mission Derfflingers und versicherte, durch Nachverhandlungen das Ergebnis noch aufzubessern. Der Feldmarschall allerdings brachte mit scharfen Worten sein „reichliches Mißvergnügen" zum Ausdruck.

Am Horizont zogen indes erneut dunkle Kriegswolken auf. Der ehrgeizige Kurfürst entschloß sich daher, seine Armee auch den Winter über in Bereitschaft zu halten. Dieser Entschluß stellte die militärische Truppenführung und die zivile Verwaltung vor schier unlösbare Probleme. Aus den Akten der Derfflingerdragoner werden einige dieser Schwierigkeiten deutlich. Infolge einer Umgruppierung ging an die hinterpommerische Regierung die Order, die Vorkehrungen zur Aufnahme der Eskadron und eines weiteren Regiments zu treffen. Oberstwachtmeister v. Uckermann führte das Vorauskommando und mußte viele Probleme bei der Einquartierung und der Verpflegungsbeschaffung bewältigen. Derfflinger ermahnte, als er von den Schwierigkeiten erfuhr, seine Unterstellten mit Nachdruck, alles Notwendige einzutreiben und nicht das Geringste zu versäumen, damit die Dragoner eine gute „Montirung“ und die Eskadron wieder den guten früheren Stand erreichte. Schriftlich führte Derfflinger deswegen mehrfach beim Kurfürst Beschwerde. Besonders der Zustand der Pferde, die nur auf Grasung angewiesen waren, erwies sich als besorgniserregend. Der genannte Oberstwachtmeister bat um die Bereitstellung von Korn und warnte gleichzeitig, sonst gehe „zu Grunde ..., was schon so viel gekostet“ hat.

An Sold standen damals den Männern pro Monat 1fi Taler und für die Verpflegung ein Taler zu. Die Mittel für Quartier und Service mußten die Stände zur Verfügung stellen. Da die Soldaten ihr Geld in der Regel erst am Ende des Monats erhielten und die Bürger ohne Vorschuß die Beköstigung verweigerten, litten die Dragoner Hunger. Oberstwachtmeister v. Uckermann wurde verständlicherweise aktiv und bezweifelte in einem Bericht an seinen Chef, daß seine Soldaten mit einem Taler auskommen könnten. In einem Schreiben beteuerte er jedoch gegenüber dem Kurfürsten: An „guter Ordnung sei nicht zu zweifeln, da seine Leute so diszipliniert seien, daß sie sich in ihren Quartieren mit demjenigen genügen ließen, was Seine Kurfürstlich Durchlaucht verordne“. Mit Sicherheit entsprechen diese Worte nicht ganz der Realität, aber die Zusicherung, trotz bestehender Mängel den Auftrag auszuführen, ist eine neue Qualität gegenüber den Söldnerhaufen des Dreißigjährigen Krieges, wo es aufgrund des ausbleibenden Soldes und der schlechten Verpflegung zu massenhaftem Aufruhr kam.

Die drastische Beschneidung der Rechte der Regimentschefs, besonders in den Jahren 1673/74, festigte den kurfürstlichen Einfluß im Heer. Das bedeutete, daß auch Derfflinger als Regimentsinhaber seinem obersten Feldherrn, im Falle der Rechtsprechung über einen seiner Soldaten, nach der Urteilsverkündung sofort alle Akten vorzulegen hatte. Auch bei Beförderungen vom Cornet bis zum höchsten Offizier mußten die Regimentschefs der brandenburgischen

Armee die „Personalunterlagen" zur kurfürstlichen Begutachtung einreichen.

Die politische Lageentwicklung in Europa hatte zur Folge, daß ein Kriegszug gegen Frankreich unmittelbar bevorstand. Die französische Armee unter Marschall Turenne verließ daraufhin ihr Winterquartier und marschierte in die kurfürstlichen westfälischen Länder ein. Deshalb wies Derfflinger im Mai 1674 den Statthalter von Preußen und den kommandierenden General von Görtzke an, sich für einen Abmarsch Richtung Westen bereitzuhalten und den Ständen die Weisung zu erteilen, den ausstehenden Sold und den für einen weiteren Monat unverzüglich auszuzahlen. Görtzke mußte sofort die genaue Stärke melden und alle Vorkehrungen für eine schnelle Verlegung der Truppen treffen. An den Marschstraßen sollten größere Mengen an Bier und Brot bereitgehalten werden. Jedes Regiment verpflichtete Derfflinger, die notwendige Anzahl der Proviantwagen bereitzustellen. Erfahrungsgemäß litt während eines Marsches, durch Strapazen und lockere Führung, die Disziplin. Deshalb wies Derfflinger alle Regimentschefs an, keinen Soldaten als Führer der Troßwagen einzusetzen, sondern alle bei ihrem Fähnlein zu belassen. Ein marschierendes Regiment in der damaligen Zeit war alles andere als eine streng gegliederte Formation. Soldatenfrauen mit ihren Kindern hielten sich bei der Truppe auf; das hinderte nicht nur am gewünschten hohen Marschtempo, sondern bedeutete manche Disziplinprobleme. Der Feldmarschall befahl deshalb, daß „Weiber, so etwa viele Kinder haben", in den Städten verbleiben mußten.

Als die Derfflingerdragoner ins Feld marschierten, zählten sie immerhin 700 Mann. Derfflinger war stolzer Besitzer von je einem Reiter-, Dragoner- und Fußregiment. Das letztere entstand durch das Abziehen von Festungssoldaten. Zuerst zählte es 1 200 Mann, aber bis zum Friedensschluß standen 1 374 Mann in der Regimentsliste.

Derfflinger mahnte die weit entfernt liegenden Regimenter zur größten Eile. Die aus Preußen abziehenden Truppen ruhten auf seinen Befehl nicht in den Städten, sondern unter freiem Himmel. Auch diese Weisung diente der Sicherung der Disziplin, denn dadurch konnten die Regimenter besser zusammen- und unter Kontrolle gehalten werden. Für die notwendige Verpflegung sorgten die Regierungen von Preußen und Pommern. Die pommerische Staatsmacht realisierte die Anweisungen des Feldmarschalls unverzüglich. Nur die geforderten preußischen Geldlieferungen blieben aus. Die dadurch entstandene finanzielle Misere meldete Görtzke dem Kurfürsten und betonte, daß kein Soldat mehr einen Groschen hatte, um sich nur einen einzigen Hufnagel zu kaufen. Unger beschreibt anhand einer damals angefertigten Skizze den komplizierten Marschweg. Die insgesamt drei Kolonnen, in die sich das brandenburgische Heer gliederte, überquerten die Oder bei Freienwalde bzw. Schwedt, Küstrin und Frankfurt/O.

Am 1. Juli wurde das Bündnis des Kaisers mit Spanien und den Niederlanden gegen Frankreich geschlossen. Damit war auch die Front für Brandenburg geklärt. Mit der Zahlung von 258 328 Talern verpflichteten sich der Habsburger und seine Verbündeten, die Hälfte der Werbe- und Unterhaltsgelder des 16 000 Mann zählenden brandenburgischen Heeres zu tragen. Damit erhielt der Kurfürst die Möglichkeit, eine starke Feldarmee bei Magdeburg zusammenzuziehen. Zu diesem Zeitpunkt wurde dem Feldmarschall eine weitere hohe Ehre zuteil. In Würdigung seiner Verdienste und zur Hebung seines Ansehens bei der Generalität des Reichsheeres bat Friedrich Wilhelm Kaiser Leopold I., seinen alten und kriegserprobten Feldherrn in den Freiherrenstand zu erheben. In „Erwägung, daß derselbe von Jugend auf Profession von einem Soldaten gemacht und von der geringeren bis zur höchsten Staffel der Ehre durch eigene Meriten und rühmliches Verhalten gestiege“. Pünktlich zu seinem 68. Geburtstag unterschrieb Leopold I. das kaiserliche Diplom, das Derfflinger erst im Juli des gleichen Jahres erhalten haben dürfte. Im Reichsfreiherrndiplom bescheinigt Kaiser Leopold I. dem „Oberster Veldt Marschalch, bestallter Obrister und Unser u. des Reichs lieber getreuer Georg Dörfflinger“ einen „jederzeit geführten rühmlichen Ritterliche(n) Wandel u. erwiesene heroische Thaten“ in den „sehr nutz- und erspießlichen Kriegs- u. andere Dienste(n), So Unseren löblichen Vorfahren, Uns und dem heil. Reiche, auch dem Durchlauchtigen Hochgebohrenen Fridereich Wilhelm Markgraf zu Brandenburg“. Hier muß dem deutschen Kaiser ein Irrtum unterlaufen sein, denn „Unseren löblichen Vorfahren“ kann nur für Ferdinand II. stehen, aber diesem diente der protestantisch gesinnte Derfflinger bekanntlich nie. Diese Aussage entspricht eher dem damals üblichen, schwülstigen, weitschweifigen und langatmigen höfischen Stil. Schon Friedrich der Große schrieb darüber „vaguer österreichischer stylus, das Nichts bedeutet“. In der Urkunde werden wichtige Eigenschaften und Verdienste Derfflingers erwähnt. So sein Draufgängertum, die „erlangte hohe Kriegserfahrenheit“, sein „Verdienst u. rühmliches Verhalten ... bei dem vorgewesten 30jährigen teutschen Krieg“ und beim Aufbau des brandenburgischen Heeres. Nicht nur er erhielt den Titel eines Reichsfreiherrn, auch alle „seinen ehelichen Leibeserben u. derselben Erbeserben, Manns- und Frauenspersonen absteigender Line, für u. für zu ewigen Zeiten“ standen im Range eines Freiherrn bzw. einer Freifrau.

Seite 13 des Diploms zeigte eine Abbildung und Beschreibung seines Wappens, das er sich zuvor von der bereits ausgestorbenen schlesischen Familie Dorfinger „entliehen“ hatte. Derfflinger veränderte es allerdings. Seines weist eine gevierte Form und ein silbernes Herzschild auf, das den goldbewehrten roten brandenburgischen Adler enthält. Das erste und vierte Feld zeigen zwei silberne Marschallstäbe mit goldenen Beschlägen auf schwarzem Untergrund. Diesen deutlichen Hinweis auf seine Position als Feldmarschall unterstreicht ebenfalls ein geharnischter Arm, der einen solchen Stab emporstreckt. Auch das zweite und dritte Feld mit den goldenen Löwenköpfen und den Adlerklauen deutet auf ein wehrhaftes Geschlecht hin. Eine wichtige Aufgabe, nach kaiserlicher Unterzeichnung, bestand darin, im gesamten Kaiserreich kundzutun, daß aus dem „geringer Leute Kind" ein „Wohlgeborener" geworden war. Welch ein Geschäft für die Tinten- und Papiermanufaktur, denn die Kunde davon wurde in das gesamte Reich verschickt. Wer die kaiserlichen Anweisungen und die Person des Freiherren von nun an nicht respektierte, erwartete ein gehöriges Strafmaß von 100 Mark in Gold. Wovon der Familie Derfflinger die Hälfte zustand. Leider ist nicht überliefert, ob je eine solche drastische Strafe auferlegt wurde.

Kurz bevor der Feldmarschall sich zum Heer begab, feierte er im Kreise seiner Familie die Vermählung seiner Tochter aus erster Ehe, Beate Luise. Sie hatte frühzeitig ihren ersten Mann verloren. Die 26jährige heiratete in zweiter Ehe Kurt Hildebrand v. d. Marwitz auf Sellin, der ebenfalls Witwer war und zwei Kinder in die Ehe mitbrachte. Da die Zeit drängte, fand die kirchliche Einsegnung erst im Jahre 1677 statt. Beate Luise wurde in dieser Ehe Mutter von vier Söhnen und zwei Töchtern. Sie starb im Jahre 1715. Mit diesem Schwiegersohn verband Derfflinger nicht nur Familiäres, schließlich vertraute er ihm seine Infanterieregimenter an.

Der Feldzug an den Rhein

Anfang August 1674 setzte sich endlich die kurfürstliche Armee in Richtung Rhein in Marsch, um sich dort mit dem kaiserlichen Heer zu vereinen. Die kurfürstliche Streitmacht bestand aus acht Regimentern und drei Eskadronen zu Pferd, zwei Regimentern und einer Eskadron Dragoner, neun Regimentern zu Fuß sowie ca. 50 Feldstücken. Aus dem „Verzeichnuß der Jenigen Völker, So jetzo mit zu Feldte gehen Sollen" des Jahres 1674 geht hervor, daß sich darunter auch 700 Reiter, 700 Dragoner sowie 1 200 Infanteristen aus Derfflingers Regimentern befanden.

Bereits seit Sparrs Zeiten existierte ein „Generalstab", zu dem alle Generale und die außerhalb der Regimenter und der Artillerie im Dienst stehenden Offiziere und das Verwaltungspersonal gehörten. Sie waren aber nur wenig an der Befehlsvorbereitung und -ausarbeitung beteiligt, denn den Entschluß für eine militärische Handlung faßte der Kurfürst, maximal unter Hinzuziehung seines Feldmarschalls und anderer Generale, selbständig. Eine „Operationsplanung", an der heute ein Vielzahl von Experten teilnimmt, gab es damals noch nicht. Zum „Generalstab des Feldmarschalls" gehörte eine Vielzahl von Offizieren und Beamten, die ihn bei der Aufgabenerfüllung unterstützten. Ihm unterstanden zwei bzw. drei Generaladjutanten. Sie gaben die Befehle des Kurfürsten sowie der „ältesten Generäle zu Fuß bzw. Kavallerie" weiter. Seit 1674 konnte Derfflinger außerdem auf zwei sogenannte „Flügel-Adjutanten" zurückgreifen, die die Befehle an die beiden Kavallerieflügel übermittelten. Der Generalquartiermeister wählte das jeweilige Lager, erkundete die Straßen und Kolonnenwege, legte Marschrouten fest und organisierte den Feldbefestigungsbau. Für das umfängliche Gerichtswesen stand dem Feldmarschall ein Generalauditeur zur Seite. Bei den Soldaten und dem umfangreichen Troß war der Generalgewaltige, der im Prinzip Polizeiaufgaben erfüllte, gefürchtet. Er setzte Soldaten als Lager- und Straßenpolizei ein, beaufsichtigte die Marketender und nahm gegnerische Gefangene in Gewahrsam. Zu seinem „gefürchteten Gefolge" gehörten außerdem der Armeeprofoß und zwei Scharfrichter mit ihren Knechten.

Eine wichtige Stellung bekleideten der Generalkommissar und sein Generalproviantmeister. Der Erstgenannte als Leiter des Quartier- und des Kontributionswesens sorgte für Unterkunft und Verpflegung. Wenn sich die Truppe im eigenen Land aufhielt, arbeitete er mit den provinzialen Dienststellen der Heeresverwaltung eng zusammen. Da es eine reine Verwaltungsbehörde war, durfte der Generalkommissar nicht in das Truppenleben eingreifen. Obwohl er dem Generalfeldmarschall direkt unterstellt war, hatte er eine gewisse Selbständigkeit, denn er hatte unter anderem das Recht, durch Musterungen die tatsächliche Stärke der Regimenter zu kontrollieren. Weiterhin unterstanden Derfflinger: je ein Feldprediger, Feldmedikus, Feldapotheker, Wagenmeister und der Verantwortliche für das Bauwesen.

Neben der „kämpfenden Truppe" zog auch stets ein großer Troß mit ins Feld. Den zahlreichen Munitions- und Proviantwagen folgten die Pack- und Handpferde sowie die Troßbuben und Diener der niederen und höheren Offiziere. Im bunten Zug befanden sich darüber hinaus hunderte Soldatenfrauen mit ihren Kindern. Als zwei Jahre zuvor 1351 Soldaten Richtung Polen marschierten, folgten ihnen 190 Frauen und 294 Kinder. Ihr Treiben vervollständigte das Gefolge des Kurfürsten und seiner Familie. Sie alle schlossen sich in der Regel der mittleren Kolonne an, die der Feldmarschall meist persönlich führte.

Das Ausrücken des brandenburgischen Heeres beeinflußte auch den Tagesablauf der Diplomaten. Der französische Gesandte Rébenac meldete an seine Regierung: Derfflinger sei, trotzdem er Schneider gewesen, wenig geeignet, die zerrissenen Sachen der Verbündeten zu stopfen und den Franzosen etwas am Zeuge zu flicken; seine hohe Charge habe er angeblich nur durch seine Langlebigkeit erreicht. Diese abfällige Bemerkung resultierte wohl weniger aus den diplomatischen Recherchen, sondern eher aus den häufigen Streitigkeiten beider. Offenbar fehlte Rébenac der notwendige militärische Sachverstand. Über die Mannschaften urteilte er äußerst abfällig: Es sind zwar „schöne Leute", aber eben nicht „einexerziert", die Soldaten der Garde könnten kaum rechts von links unterscheiden, und sie hausten im eigenen Land schlimmer als die Türken. Abschließend bedauerte der Diplomat die Länder, die jetzt angesichts des brandenburgischen Durchzuges zu leiden hätten.

Die Erfahrungen mit den brandenburgischen Soldaten waren tatsächlich recht unterschiedlich. Die Brandenburger traten bei ihrem Marsch durch die Lande gegenüber der Zivilbevölkerung nicht immer friedlich auf. So mußte der Kurfürst den Bürgern von Arnstadt für die eingeworfenen Fensterscheiben 50 Taler zahlen. Dagegen berichtete der Abt von Fulda, immerhin ein Prinz von Baden, dem Kaiser von der guten Ordnung des „schönen Volkes". Mit Sicherheit konnte der Generalfeldmarschall mit dem Zustand des Heeres insgesamt zufrieden sein. Auch die Alliierten anerkannten beim Eintreffen der kurfürstlichen Soldaten deren gute Disziplin, Bekleidung, Bewaffnung und Ausrüstung. Die Stimmung unterschied sich wesentlich von der vor einem Jahr, als Derfflinger in Gusow eine „Zwangspause" einlegen mußte, als das brandenburgische Heer „nach Hause schlich, als hätte man seinem Nachbarn die Bratwürste und Schinken aus dem Schornstein gezoge". Der Marsch führte, bevor der Rhein Anfang Oktober erreicht wurde, von Magdeburg durch das Eichsfeld, Thüringen, Franken und Schwaben. Am Bestimmungsort, zwölf Kilometer von Straßburg entfernt, nahe des Glöckelsberges, angekommen, bezog das Heer am linken Flügel der Alliierten „Schlachtordnung in zwei Treffen", das Fußvolk in der Mitte und die Kavallerie an den Flanken.

Der Herzog v. Bournonville, ein gebürtiger Holländer, führte die 30 000-Mann-Streitmacht der Verbündeten, die sich aus kaiserlichen, lüneburgischen, lothringischen, münsterischen sowie fränkischen Kontingenten zusammensetzte. Ihr Zustand ließ allerdings zu wünschen übrig. Kurz vor dem Eintreffen der Brandenburger verloren seine Soldaten ein Gefecht gegen ein Korps, das der französische Marschall Turenne führte. Bereits bei diesen Kämpfen zeigten sich die Hauptmängel: Fehlende straffe Führung durch Bournonville, Uneinheitlichkeit in den Auffassungen der Generale, mangelnde Kampfmoral sowie Zwietracht unter den Soldaten selbst. Nach der Vereinigung der einzelnen nationalen Kontingente übernahm, auf Weisung des Kaisers, der brandenburgische Kurfürst den Oberbefehl, jedoch war dieser in seinen Entscheidungen mehr als eingeengt. Vor jedem militärischen Entschluß mußte Friedrich Wilhelm den Kriegsrat zur „Diskussion bitten" und um einen Mehrheitsbeschluß ringen. Das war für den im eigenen Land immer souveräner werdenden Friedrich Wilhelm eine durchaus neue Erfahrung. Obwohl der Kurfürst selbst in seiner Armee häufig einen Kriegsrat einberief, besaß dieser nur einen beratenden Charakter. Die Generale gaben in diesem Gremium über die konkrete militärische Lage und den Zustand der Truppen Auskunft. Gleichzeitig erteilte der militärische Oberbefehlshaber Befehle und Weisungen. Der Kammerdiener v. Bruch urteilte, der Kurfürst gäbe bei solchen Besprechungen meist denen Recht, die zum schnellen Angriff drängten. In seiner bereits genannten Bestallung war Derfflinger verpflichtet, bei Abwesenheit des Kurfürsten einen solchen Kriegsrat einzuberufen, um vor allem Lagebeurteilungen der Generale einzuholen.

Im Feldzug der alliierten Streitkräfte schien anfangs alles normal zu verlaufen. Der Befehl zum Angriff auf den bei Marlenheim stehenden und unterlegenen Gegner ging an die Regimenter. Somit begann am 8. Oktober 1674 der Marsch über den kleinen Fluß Breusch. Die Brandenburger marschierten diszipliniert und planmäßig. Sie trafen als erste am Bestimmungsort ein, der sich nur fünf Kilometer vom französischen Gegner entfernt befand. Sofort preschte Derfflinger persönlich zur Aufklärung vor und ließ unverzüglich an einer günstigen Stelle Kanonen postieren. Dieser Alleingang soll ihm bei Turenne, wegen seiner unscheinbaren Kleidung, den Beinamen „schwarzer Korporal" eingebracht haben. Schnell besetzte eine Vorhut des Derfflinger-Reiterregiments den Höhenrücken und das Dragonerregiment Bomsdorff ein naheliegendes befestigtes Schloß. Derfflinger erkannte die günstige Stellung und die Möglichkeit der wirksamen Beschießung durch die Artillerie. Sein Entschluß zum schnellen und überraschenden Angriff stand fest, deshalb eilte er mit seinen genauen Kenntnissen über den Gegner und das Gelände zu seinem Feldherrn zurück. Nach einem kurzen und präzisen Lagevortrag billigte der Kurfürst seinen Plan voll inhaltlich. Friedrich Wilhelm ließ drei Geschosse durch seine Artillerie abfeuern, um die Verbündeten zum gemeinsamen Angriff zu bewegen. Zwar eilten die Generale schnell herbei, aber nur, um Kriegsrat zu halten. Bournonville und die kaiserlichen Generale lehnten einen Angriff auf den unterlegenen Gegner ab. Nun platzte Friedrich Wilhelm die Geduld. Er wies alle Schuld an der entstandenen Lage von sich. Auch Derfflinger verließ aufgebracht die Besprechung.

Ob er dabei wirklich die Worte „Tuen wir unsere Schuldigkeit als Generals und sitzen wir nicht wie alte Weiber" wählte, wie es Theodor Fontane beschreibt, ist nicht mittels glaubwürdiger Quellen nachweisbar. Den brandenburgischen Soldaten blieb nichts anderes übrig, als sich zu verschanzen und auf Verpflegungssuche zu gehen. Am frühen Morgen des 9. Oktober meldeten Vorposten ihrem Feldmarschall, daß sich der Gegner absetzte. Sofort eilte er nach vorne, um die Lage besser beurteilen zu können. Der Kurfürst dagegen ließ seine Armee aufmarschieren und alarmierte die verbündeten Generale, die allerdings erneut einen gemeinsamen Angriff ablehnten. Ein kurfürstlicher Rittmeister brachte die gesamte Misere auf den Punkt: „Um diese herrliche Viktoria haben die Kaiserlichen uns gebracht. Machte mir schon gewisse Rechnung, wenn nicht Turenne selbst, so doch wenigstens einen reichen Marquis zu ertappen, der mir eine Winterzehrung (als Lösegeld) zahlen könne... Soll man dem Bournonville nicht alle Stadtgräben voll Sakramente an den Hals fluchen?" Die Brandenburger konnten zwar örtliche Erfolge, wie die Besetzung des befestigten Schlosses Wasselnheim unweit von Marlenheim, erringen, aber der Gegner zog sich immer wieder geschickt zurück. Bei den zahlreichen Streifzügen zeichnete sich Oberstleutnant Joachim Hennigs, der spätere General Hennigs von Treffenfeld, aus, der bei den französischen Truppen reichlich Beute eintrieb. Die Situation blieb festgefahren und die vorhandene Chance endgültig vertan. Deshalb forderte der Kurfürst von seinen Generalen einen schriftlichen Bericht über die neue Lage. Auch Derfflingers ausführlicher Report vom 8. November zeugte von seiner scharfsinnigen Fähigkeit betreffs einer objektiven Lagebeurteilung. So beschwerte er sich, daß die Regimenter noch weit auseinander liegen, und rät „dem Feinde beizukommen ohne Zeit zu verliren einen Einfall zu versuchen, Solches werk aber im höchsten geheim (zu) halten". Allerdings räumte der brandenburgische Marschall gleichzeitig ein, daß eine solche Aktivität „kan So geheim nicht gehalten werden, das nichtat der feind Sollte Zeit haben Sich zusamen zu ziehen. Da es wieder an fourage mangeln würde, weil der March und angrieff in einen tage nicht zugleich kann ausgeführet werden". Eine solche militärische Handlung erforderte, so gibt der Feldmarschall zu bedenken, eine exakte Vorbereitung und Information an die Regimenter. Die Aufklärungsmeldungen, so hatte es den Anschein, waren trotzdem nicht ausreichend. Aus diesem Grund schlug der Marschall vor, die gegnerischen Truppen durch Angriffe zu provozieren, dann „würde man doch sehen wie sich der Feinde stellet, der sich nothwendig zusammenziehen muß". Abschließend meldet Derfflinger, daß „der Feind 4 000 in Lottering Soll geschieket haben". Weiterhin riet der Feldmarschall seinem Kurfürsten davon ab, mit einem starken Korps dorthin zu eilen, besser wäre dagegen, dem „Hertzog von Lottering noch zu denen Seinigen bey ein Bar Daussend man Zugabe" zu schicken.

Durch die Zaghaftigkeit der kaiserlichen Generale litten vor allem die Soldaten. Hunger und Krankheiten herrschten in den Lagern. Die Not trieb sie sogar auf die Felder, um dort Rüben zu stehlen. Krankheiten breiteten sich aus. Auch der militärisch begabte Kurprinz Karl Emil, der Lieblingssohn Friedrich Wilhelms, erkrankte und starb Anfang Dezember nach langem und heftigem Fieber. Die äußeren Umstände zwangen auch die entschlossenen und relativ disziplinierten Brandenburger zum schmählichen Rückzug ins Winterquartier, das sich im Raum Colmar, Thann, Sennheim und Ensisheim befand. Das kurfürstliche Hauptquartier, in dem sich auch Derfflinger größtenteils aufhielt, befand sich in der Nähe von Colmar. Dort traf im Dezember die überraschende Nachricht von der Verstärkung der französischen Truppen auf 30 000 Mann und von ihrem Marsch in Richtung Süden ein. Es kam zu einigen kleinen örtlichen Gefechten. Die Verbündeten, obwohl den Franzosen immer noch gewachsen, zogen sich ungeordnet hinter die Doller zurück. Einen weiteren Rückzug vor Turenne lehnten immer mehr Generale ab. Sie drängten, nach einer kurzen Pause, durch einen entschlossenen Angriff die Entscheidung zu suchen. Derfflinger vertrat dabei die Meinung: Wie weit die Politik beim Angriff mitspreche, das sei für ihn eine zu hohe Frage; als Soldat müsse er zur Offensive raten, um dann über den Rhein zurückzugehen, die Armee wieder auf die Beine zu bringen und im kommenden Sommer mit einem starken Heer dem Feind erneut entgegenzutreten.

Marschall Turenne sah seine Chance, durch einen entschlossenen Angriff die zaghaft vorgehenden Verbündeten zu schlagen. Deshalb marschierte er nahe an die Kaiserlichen heran. Eine Schlacht war nun nicht mehr zu vermeiden. Zwischen Colmar und Türkheim nahm das kaiserliche Heer Aufstellung. Am 25. Dezember kam es zur Entscheidung. Die Franzosen bedrängten Bournonville, mußten sich allerdings einem harten Feuerkampf erwehren. Trotz der massiven und wohl auch erfolgreichen Feuerführung der Kaiserlichen erfolgte von ihnen kein Gegenangriff mit der Pike, da Bournonville die Ankunft der Brandenburger abwarten wollte. Aber Friedrich Wilhelm fürchtete die offenen Flanken und schickte nur die Derfflingerschen und Lüneburgischen Dragoner den Kaiserlichen zur Unterstützung. Besonders das Regiment des Generalfeldmarschalls zeichnete sich beim Angriff auf den Kirchhof Symphorion südlich von Türkheim aus. Der kaiserliche General Schulz lobte daraufhin die Tapferkeit der Dragoner mit den Worten: „Mit Euer Durchlaucht Leuten wollte ich den Teufel in der Hölle angreifen." Zwar hatten die verbündeten Heere vor und um Türkheim nicht verloren, aber die Alliierten sahen in der Weiterführung des Angriffes auf Turenne keinen militärischen Sinn mehr So blieb ihnen nur der Rückzug. Den Brandenburgern kam die Aufgabe zu, den Abzug der anderen Kontingente zu decken. Immer wieder kam es zu Mißverständnissen zwischen den Noch-Verbündeten. Einmal kam es gar zu einem heftigen Wortwechsel zwischen Derfflinger und Bournonville, wobei der Kurfürst durch sein energisches Eintreten ein Aufeinandergehen beider mit dem Degen verhindern mußte. In der Neujahrsnacht 1675 verließen die letzten der 15 000 Mann starken brandenburgischen Truppe das Elsaß. Sie bezogen, nach einem beschwerlichen Marsch durch Eis und Kälte, ihr Winterquartier bei Schweinfurt. Dabei geriet in der Nähe von Philippsburg das Reiterregiment Derfflingers in einen Hinterhalt. Die Kavalleristen verteidigten sich jedoch erfolgreich. Ihnen gelang es sogar, einige Franzosen gefangenzunehmen.

Der mit großer Hoffnung verbundene Feldzug endete für die Brandenburger wiederum erfolglos. Trotz des Mißerfolges: Derfflinger hatte an der Seite seines Kurfürsten richtige Entschlüsse gefaßt und sein ausgeprägtes Temperament unter Beweis gestellt. Mehrfach versuchte er mit ganzem Einsatz, die Verbündeten zum Angriff zu drängen. Er unterstützte seinen Landesherrn konsequent und energisch in allen militärischen Dingen, die dessen außenpolitische Ziele verwirklichen helfen sollten. Wenn nicht schon vor dem Feldzug, so genoß Derfflinger auf jeden Fall jetzt das volle Vertrauen seines Fürsten und bekam am 3. Februar 1675, also noch im Schweinfurter Winterquartier, wegen seiner bisher „treuesten Dienste und unverdrossene Sorgfalt in Konservation der Armee" von Friedrich Wilhelm einen Schenkungsbrief über 10 000 Taler überreicht.

Nach diesem mißglückten Feldzug ging die Nachwelt mit Derfflinger nicht immer zimperlich um. So äußerte sich der Sohn des zu Hause gelassenen märkischen Statthalters, der in die Geschichte eingegangene Fürst Leopold, über den

Gusower später äußerst hart. Der „Alte Dessauer" behauptete nämlich in seinen 1747 erschienenen heeresgeschichtlichen Schriften, die er auf Weisung Friedrichs II. verfaßte, Derfflinger hätte beim Verlassen des Winterquartiers das Dragonerregiment Bomsdorff vergessen, das bekanntlich bereits am 6. Januar in Gefangenschaft geriet. Ob Derfflinger mitschuldig war, ist sehr fraglich. Wahrscheinlich geschah dies während des überhasteten und planlosen Zurückweichens der kaiserlichen Streitmacht. Schade, daß der „Hitzkopf" Derfflinger sich gegen diese Anschuldigungen nicht mehr wehren konnte, denn er war zu diesem Zeitpunkt schon 52 Jahre tot.

Der brandenburg-schwedische Krieg, die Einnahme von Rathenow und die Schlacht von Fehrbellin

Während der Wintermonate versuchte der Kurfürst weiterhin, seine weitgesteckten außenpolitische Ziele zu verwirklichen. In einem Schreiben an Otto v. Schwerin brachte er es auf den Punkt: „Derhalben werde Ich Mich mit der Hülfe Gottes suchen, solange ich lebe, zu revanchieren, bis Ich der Nachbarschaft los werde, es mag Mir darüber gehen, wie immer es wolle." Sein Ziel, den Schweden Vorpommern zu entreißen, egal was es kostet, gab er trotz der zu erwartenden diplomatischen, wirtschaftlichen und militärischen Schwierigkeiten nie auf. Das kleine Brandenburg schickte sich an, europäische Bedeutung zu erlangen. Die Waffen, als wirksames politisches Mittel sollten die Entscheidung bringen, obwohl ein Krieg für die Brandenburger ebenso riskant erschien wie für die Schweden. Keine Seite konnte einen solchen alleine führen. Die Frage der Bündnisse und deren Auswirkung auf den weiteren geschichtlichen Verlauf stand wieder auf der Tagesordnung. Die Skandinavier wußten: Ein Sieg der Kaiserlichen über das mit ihnen verbündete Frankreich hätte zwangsläufig ihre Position geschwächt und die der Brandenburger gestärkt. Die „Habsburgische Front", die durchaus über militärische Potenzen verfügte, mußte, nach schwedischen Ansichten, durch ständige Nadelstiche aufgebrochen werden. Dafür gab es zwei Möglichkeiten: Die erste war ein Einfall in Brandenburg, die zweite lag im Bereich der Diplomatie. In dieser verfahrenen Situation drängten alle wieder an den Verhandlungstisch. Für Friedrich Wilhelm stand von vornherein ein Festhalten am niederländischen Bündnis fest. Deshalb reiste der Kurfürst, in Begleitung seines Generalfeldmarschalls, im Februar 1675 nach Cleve, um mit seinem Neffen, dem Prinzen von Oranien, wieder einmal zu verhandeln. Die Anwesenheit Derfflingers wünschte der Prinz wohl höchstpersönlich, dies war nicht ungewöhnlich, schließlich kannte er den Gusower bereits von den Verhandlungen vor einem Jahr und hatte dessen Fähigkeiten und besonders seine Hartnäckigkeit schätzen gelernt. Über die Einzelheiten des Besprochenen sind leider keine konkreten Informationen überliefert. Bereits Anfang April weilte Derfflinger wieder in Schweinfurt. Das Wichtigste, was der „Graukopf" von seiner weiten Reise mitbrachte, war das langersehnte Werbegeld für die geplanten militärischen Aktivitäten der Brandenburger um Vorpommern. Für jede Kompanie zu Pferd standen 300 und für jede Kompanie Dragoner 200 Taler an Werbegeldern zur Verfügung, was nach den damaligen Kosten die Einstellung von etwa 10 Mann pro Kompanie bedeutete. Derfflingers Regiment zu Fuß erhielt insgesamt 1400 Taler, somit standen 8 Taler pro Neugeworbenem zur Verfügung.

Eine der dringendsten Aufgaben des Feldmarschalls in der Schweinfurter Zeit war es, die Handlungsfähigkeit, also die Schlag- bzw. Kampfkraft des Heeres, zu erhalten. Die Zuteilung der Regimentsquartiere hatte dabei einen erheblichen Einfluß, vor allem auf die Disziplin der einzelnen Korporalschaften, denn je weiter die Einheiten auseinander lagen, desto größer war die Gefahr des Desertierens und Marodierens. Gegen eine von Derfflinger geplante Konzentrierung der Regimenter protestierten verständlicherweise die Fränkischen Landstände entschieden. Diese begründeten Proteste zwangen den Generalfeldmarschall, der in dieser entscheidenden Zeit auf seinen entlassenen Generalquartiermeister verzichten mußte, die Armee auf ein verhältnismäßig großes Territorium aufzuteilen. Der Feldmarschall, der bei Abwesenheit des Kurfürsten die Verantwortung für das Heer trug, stand vor extrem schwierigen Aufgaben, denn zwischen ihm und den Regimentskommandeuren existierten damals keine weiteren Kommandostellen, und die Meldestrecken wiesen oftmals eine Entfernung bis zu zweihundert Kilometern auf.

Zum Erhalt der Kampfkraft des brandenburgischen Heeres gehörte vor allem dessen kontinuierliche Ausbildung. Mit Sicherheit wies Derfflinger seine Regimentskommandeure an, immer wiederkehrende Gefechtsabläufe durchzuexerzieren. Die Reiterei verfügte bereits seit langem über ein entsprechendes Reglement. Im Jahre 1672 erschien in Lübeck die „Neu herausgegebene Trillkunst zu Fuß", also die Anleitung zur Ausbildung der Infanterie. Neben dem Gefechtsexerzieren erfolgte auch die kontinuierliche Ergänzung der einzelnen Regimenter. Eine effektive Quelle war, wie bereits erwähnt, der Austausch von Gefangenen. Gleichzeitig lief im Frühjahr eine großangelegte Werbetätigkeit.

Weil sich Friedrich Wilhelm fern von seinem Heer von einem schweren Gichtanfall erholte, mußte Derfflinger erneut für eine schnelle Befehls- und Meldeübermittlung zum Kurfürsten und den Statthaltern sorgen. Zwar existierten bereits Postlinien, allerdings reichten sie bei weitem nicht aus. Kavallerieketten sollten die bestehenden Lücken ergänzen und eine schnelle Beförderung der Informationen gewährleisten, indem sie die Kurierpost von Schweinfurt nach Leipzig und Kassel brachten. Dort übernahmen reguläre „kurbrandenburgische Postreiter" die Depeschen und beförderten sie in die Bestimmungsorte.

Ein Krieg mit Schweden schien im Herbst 1674 unvermeidlich. Frankreich, das hohe Subsidien an das skandinavische Land zahlte, verlangte die ständige Erhöhung der in Pommern stehenden schwedischen Streitkräfte. Aufstellung und Unterhalt eines 20 000 Mann zählenden Heeres konnte jedoch nicht in diesem ausgesogenen Landstrich erfolgen. Deshalb zog Ende November vorerst ein kleines schwedisches Kommando in Richtung Mark. General Dalwig traf mit seinem Kontingent am 18. Dezember im kleinen Dorf Falkenhagen ein. Unweit davon, in Prenzlau, schlug einige Tage später Feldmarschall Carl Gustav von Wrangel sein Hauptquartier auf. In den folgenden Wochen standen insgesamt 12 800 Schweden mit über 30 Geschützen in der Neumark, der Uckermark und Hinterpommern. Sie stellten eine direkte Bedrohung Brandenburgs dar und sollten den Kurfürsten zum Abzug seiner Truppen vom Oberrhein zwingen. Was selbstverständlich ganz im Sinne des schwedischen Verbündeten Frankreich lag. Der märkische Statthalter Fürst v. Anhalt-Dessau ließ angesichts dieser konkreten Bedrohung die Verteidigungsfähigkeit der Festungen und Städte erhöhen, die Werbung verstärken und ordnete für zwei brandenburgische Regimenter die Marschbereitschaft an. Über 1 200 Soldaten aus der Region um Halberstadt, schnell herangeführt, verstärkten die Berliner Besatzung. Deren Bewohner trugen nicht nur die Last der Einquartierung, sondern beteiligten sich auch an den Befestigungsarbeiten sowie am Wachdienst. Trotz des Aufbegehrens war das Kräfteverhältnis für die Brandenburger immer noch äußerst ungünstig, denn die genaue Stärke aller sofort verfügbaren Truppen und Freiwilligen lag nur zwischen 3 000 und 8 000 Mann. Dieses Kontingent reichte bei weitem nicht aus, um den Eindringlingen entschieden Paroli zu bieten.

Die brandenburgische Landesverteidigung war faktisch unwirksam, vor allem, weil sich der Adel für diese Belange nicht mehr zuständig fühlte und der Verpflichtung, Lehnspferde zu stellen, nur unzureichend nachkam. Auch das Verlangen von Fürst Johann Georg II. von Anhalt, Mannschaften durch Aushebung eines jeden sechsten Mannes aufzubringen, lehnten die Städte und der Adel erneut ab. „Frankfurt/

Oder verstieg sich statt dessen zu dem Vorschlag, ‚extraordinäre' Betstunde anzuordnen."

Nach einer dreitägigen Belagerung der Grenzfeste Löcknitz überschritten die Schweden bei Stettin die Oder, besetzten die befestigten Plätze Havelberg, Rathenow, Brandenburg, Stargard, Landsberg sowie die kleinen Städte Bernau und Wriezen. Zu diesem Zeitpunkt erkrankte der schwedische Feldmarschall schwer und sah sich deshalb gezwungen, das Oberkommando seinem Stiefbruder, Generalleutnant Waldemar von Wrangel, zu übergeben. Was unter dessen Führung über das leidgeprüfte Brandenburg kam, hielt den schlimmsten Vergleichen aus dem Dreißigjährigen Krieg stand. Die notleidenden und undisziplinierten Regimenter erzwangen von der Bevölkerung große Mengen an Lebensmitteln, Getreide und Geld. Das über die Mark kommende Leid veranlaßte den kranken Feldmarschall sogar, seinen Stiefbruder zu mehr Achtung gegenüber den Bauern und Bürgern aufzufordern. Die schwedischen Truppen drangen unterdessen weiter in die Mark ein. Die Lage wurde immer ernster, denn die brandenburgische Hauptstreitmacht lag noch weit entfernt im Quartier, und die Festungstruppen waren der Übermacht nicht gewachsen.

Erstmals in der brandenburgischen Geschichte griffen zahlreiche Bauern und Bürger zu den Waffen. Unter der Fahne mit der Aufschrift „Wir sind Bauern von geringem Blut und dienen unserem gnädigsten Kurfürst mit unserem Blut" kämpften sie häufig unter dem Kommando ihrer Gutsherren bzw. ehemaliger Offiziere. Auch sie konnten, da unzureichend bewaffnet, ausgebildet und geführt, nichts Wesentliches ausrichten. Trotzdem hieß es auf einem Flugblatt: „In der Alten Marck war auch das ganze Land auf den Beinen." Bei diesen ersten Kampfhandlungen ging es vordringlich um die strategisch wichtigen Havelpässe. Nachdem die Schweden diese eingenommen hatten, bedrohten sie Spandau und besetzten weitere strategisch wichtige Ortschaften. Den leidgeprüften Märkern stiftete der Kurfürst eine Medaille, die einen schlafenden Löwen und den Spruch aufwies „Dormiendo vigilo", zu deutsch „während ich zu schlafen scheine, wache ich". Ob er damit seinen Landeskindern Mut zusprechen oder den noch nicht erfolgten Abmarsch entschuldigen wollte, ist nicht überliefert. Mit dem geplanten Feldzug beabsichtigte Friedrich Wilhelm nicht nur, die Schweden aus der Mark zu vertreiben, sondern danach in Vorpommern einzudringen, um seinem großen Ziel ein Stück näher zu kommen. Bei seinen Soldaten herrschte auf jeden Fall eine allgemeine Aufbruchstimmung, schließlich bestand zum ersten Mal in der jungen Geschichte des kurfürstlichen Heeres die Aufgabe, einen Gegner aus der märkischen Heimat zu verjagen. Obwohl das positive Auswirkungen auf die Motivation der Soldaten hatte, verfügten sie noch über keinen ausgeprägten Willen zur Vaterlandsverteidigung. Schließlich betrug der Anteil der Brandenburger und Preußen im kurfürstlichen Heer nur zwischen 40% und 50%. Für den 10. Juni setzte der Kurfürst einen Fast- und Bettag an, der unter dem Bibelwort stand: „Laß mich Deine Rache an ihnen sehen." Eine Maßnahme, die ebenfalls der Motivierung dienen sollte.

Der Landesherr erhielt aus Den Haag die für ihn wichtige Information, daß „allhie beschlossen und feste gestellet worden, daß die Ruptur (der Bruch – d. A.) mit den Schweden den 5. Juni publizieret werden solle", damit war die politische Situation für Friedrich Wilhelm klar, und die brandenburgische Armee konnte endlich in Richtung Elbe aufbrechen. Am 12. Mai 1675 erteilte der Kurfürst seinem Feldmarschall die schriftliche Weisung: „Als wolltet Ihr sofort Ordre an die weitesten Regimenter ergehen lassen, damit sie sofort aufbrechen und bei dem Aufbruche solche gute Ordre halten, damit keine Klagen inkommen und Ich nicht verursachet werde, die Offiziere deswegen gebührend zu strafen." Die Vorbereitung und Durchführung der Truppenbewegung sollte Derfflinger so treffen, daß „dieses in Geheim" gehalten wird. Außerdem schrieb der Regent: „Die Artilleriepferde von Minden habe ich schon befohlen nach der Armee zu gehen, hoffe also, daß es geschehen sein wird. Von Cleve soll das Geld zu den übrigen Pferden Euch zugeschickt werden, weil allhie die Pferde nicht zu bekommen und sehr teuer sein." Gleichzeitig informierte er seinen Marschall von der geplanten Reise nach Cleve, wo er den Marsch der Armee mit vorbereiten und überwachen wollte. Er schloß: „Hiermit tuhe Ich Ihn göttlicher Bewahrung empfehlen." Als Derfflinger diese Nachricht erhielt, gab er sofort schriftliche und mündliche Befehle an die Regimenter, denn Eile war geboten. Der bevorstehende Marsch mit dem geplanten hohen Tempo stellte enorme Ansprüche an die Stäbe, nicht nur in Fragen der Geheimhaltung, sondern vor allem in Fragen der Vorbereitung und Sicherstellung. Logistik würde man heute sagen.

Die Hauptmacht brach am 26. Mai 1675 in drei Marschkolonnen von Schweinfurt auf. In der Mitte befand sich das Fußvolk, einige Reiter Eskadron, das Hauptquartier mit dem Feldmarschall, der Hofstaat sowie die gesamte Artillerie. Teile der Infanterie legten den langen Marsch auf Pferdewagen zurück, damit sie dem Tempo der Kavallerie folgen konnten. Den rechten Flügel mit fünf Regimentern befehligte Generalleutnant von Görtzke und den linken mit dem Rest der Kavallerie Prinz von Homburg. Derfflinger befahl keinen zentralen Raum zum Sammeln der Truppen, sondern verschiedene Punkte, an denen sich die Regimenter ins jeweilige Marschband eingliedern sollten. Damit wurde vor allem Zeit gespart und unnötige Bewegungen vermieden. Wegen der kontinuierlichen Versorgung der Marschierenden und der Sicherung des Marsches ließ Derfflinger vorsorglich die drei

Friedrich II. Landgraf von Hessen-Homburg, „Prinz von Homburg“ (1633–1708), nach der Schlacht bei Fehrbellin

Marschbänder in einer Breite von ca. 120 Kilometern vorrücken. Befehls- und Meldeketten, die vom Feldmarschall über den Generalquartiermeister, die Befehlshaber der Marschkolonnen bis zu den Regimentskommandeuren bzw. umgekehrt führten, gewährleisteten einen ständigen Informationsaustausch. Die Befehlshaber der einzelnen Flügel stellten Verbindungsoffiziere, die die täglichen Berichte an den Feldmarschall übergaben. Trompeter und Angehörige der Trabantengarde ergänzten die Informationskette.

Wichtig war, daß auf dem Marsch die Disziplin, eine wichtige Voraussetzung für die Erfüllung der Gesamtaufgaben, nicht litt. Durch pünktliches Auszahlen des Soldes, hartes Durchgreifen bei Plünderungen sowie die ständige Einflußnahme der Offiziere verlief der Marsch organisiert und weitestgehend diszipliniert. Aus den alten Akten geht weiterhin hervor, daß alle Vorkehrungen getroffen wurden, um die Soldaten bei diesem Gewaltmarsch nicht zu entkräften. Derfflinger befahl Rastplätze und ließ die Einhaltung der befohlenen Pausen überwachen. Der Kurfürst drängte seinen Feldmarschall immer wieder zur Eile und ermahnte ihn, trotzdem die Truppen nicht zu überfordern. Daß die Gesamtideen Derfflingers aufgingen, ist ein sicheres Zeichen für sein Können sowie für die Professionalität des brandenburgischen Heeres und des Generalstabes.

Trotz der guten Planung traten bei der Kavallerie Probleme bei der Einhaltung des Zeitplanes auf. Die schnelle Besetzung Magdeburgs blieb weiterhin eine wichtige Zwischenaufgabe. Dafür gab es zwingende Gründe: Einerseits die Unklarheit über den genauen Standort der Schweden, andererseits fehlende Aufklärung über den Stand der Bündnisverhandlungen mit Hannover. Besetzten nämlich die Schweden das strategisch wichtige Magdeburg, bestand die Gefahr der Vereinigung mit den Hannoveranern und der Übertritt Sachsens auf die gegnerische Seite. Das Kräfteverhältnis hätte sich zu Ungunsten Brandenburgs verschoben. Der Zeitzeuge v. Bruch schrieb am 1. Juni sorgenvoll aus dem Hauptquartier: „Es ist bei der Generalität eine große Alteration wegen des Hannoverischen aufbruches zu verspüren undt wißen also noch zur Zeit nicht, wes Sie Sich resolviren sollen… “. In dieser Situation behielt Derfflinger Übersicht und Ruhe, denn er befahl kurzerhand dem Prinzen v. Homburg, Aufklärungstrupps zu entsenden, um die Bewegungen der Hannoveraner rechtzeitig zu erkennen. Rasch rückten die Brandenburger, ohne auf den Feind zu treffen, bis an die Elbe vor.

Mit einer für damalige Zeiten erstaunlichen Marschleistung von ca. 500 km in knapp 14 Tagen erreichten am 11. Juni die Brandenburger Magdeburg, wo sie sofort ihr Hauptquartier aufschlugen. Dieses Marschergebnis erreichte zuvor nur Torstenson während des Dreißigjährigen Krieges. Die Schweden ahnten noch nichts von der nahen kurfürstlichen Streitmacht, denn Generalleutnant v. Wrangel und einige Generale hielten sich in Neuruppin vollkommen unbesorgt auf. Die schwedischen Regimenter standen untätig bei Rathenow und Havelberg. Dort traf der erkrankte Feldmarschall Wrangel ein und drängte seinen Stiefbruder, am 15. Juni in Richtung Rathenow zu marschieren. Der kriegserfahrene Feldmarschall wollte seine Truppen konzentrieren, bei Werben die Elbe überschreiten und sich mit dem Kontingent des Herzogs von Hannover vereinen. Danach sollte ein konzentrierter Angriff auf die Brandenburger erfolgen.

Am 12. Juni hielt der Kurfürst im Magdeburger Hauptquartier Kriegsrat. Daran nahmen teil: Friedrich Wilhelm, Feldmarschall Derfflinger, General der Kavallerie Prinz v. Homburg sowie die Generäle v. Görtzke, v. Lütke und v. Pollnitz. Sie schätzten die Stärke des Gegners auf höchstens 17 000 Mann, die aber hinter der Havel starke Stellungen besetzt hielten. Ein zentrale Rolle spielten bei den Überlegungen die drei festen Übergänge bei Rathenow, Brandenburg und Havelberg. Derfflinger soll zum raschen Angriff auf den arglosen Feind in und um Rathenow gedrängt haben. Die Meldungen, so kann dem Tagebuch des Kammerjunkers v. Bruch entnommen werden, besagten, daß sich dort angeblich nur 100 schwedische Dragoner aufhielten. Diese Angabe, so stellte sich später heraus, entsprach nicht den Tatsachen. Die Einnahme der Stadt eröffnete nicht nur die Möglichkeit, die wichtige Verbindungsstraße zwischen Brandenburg und Havelberg unter brandenburgische Kontrolle zu bringen, sondern gleichzeitig die schwedischen Truppengruppierungen voneinander zu trennen. Eile war geboten, wenn die Überraschung genutzt und der Gegner vor seiner geplanten Vereinigung empfindlich geschlagen werden sollte. Daher ging der Marschbefehl schnell an die Regimenter. Bereits am Nachmittag begann eine erste Truppenbewegung auf die rechte Elbseite. Der Feldmarschall befahl die Verlegung der ca. 6 000 Reiter, 800 Dragoner, 1 200 Musketiere, 13 Feldstücke und 120 Wagen, auf denen die zerlegbaren „Spanischen Reiter“ und Kähne geladen waren, in nördliche Richtung. Jeder Soldat führte Verpflegung für fünf Tage mit. In der Nacht vom 12. zum 13. Juni verließen die Hauptkräfte die Stadt an der Elbe. In den Morgenstunden des 13. Juni 1675 begaben sich der Kurfürst und Derfflinger zu den Marschkolonnen, die aufgrund des starken tagelang andauernden Regens in ihrem Tempo sehr behindert wurden. Am Nachmittag erreichte das Heer dennoch das Dörfchen Parchen. Zwei Bürger informierten den Landesherrn und seinen Feldmarschall über die tatsächliche Stärke der schwedischen Besatzung von Rathenow, demnach lag dort ein komplettes Dragonerregiment. Diese präzise, aber den bisherigen Anhaltspunkten widersprechende Meldung änderte den Angriffsplan nicht.

Oberst La Roche zog planmäßig mit 100 Reitern und 30 Dragonern in Richtung Brandenburg, Oberstleutnant v. Strauß wandte sich gegen Plaue, und Generaladjutant v. Kanovsky, an der Spitze von 50 Reitern und 10 Dragonern, sollte bis Rathenow aufklären. In der Zwischenzeit traf Landrat v. Briest aus Bähne beim Hauptquartier ein. Er erhielt bereits in Magdeburg die kurfürstliche Weisung „seine Augen offenzuhalten“, deshalb konnte er die Stärke der schwedischen Besatzung bestätigen und informierte gleichzeitig, der Kommandant, Oberst v. Wangelin ahne nichts von der Nähe des brandenburgischen Korps. Bereits am nächsten Abend, den 14. Juni, befand sich ein Teil der Streitmacht unter Führung Derfflingers südlich von Rathenow. Nach alten Überlieferungen, – ob sie bis ins Detail stimmen, kann bezweifelt werden – eilte v. Briest nach Rathenow zurück, um entsprechende Vorkehrungen für das Eintreffen der brandenburgischen Streitmacht zu treffen. Er soll sogar größere Mengen von Bier und Branntwein von seinem nahen Gut Bähne mitgenommen haben, ausreichend für ein ausgiebiges Trinkgelage der Schweden, das er auf kurfürstliche Weisung „veranlassen“ sollte. So einfach, wie es oftmals geschildert wurde, gestaltete sich die Einnahme Rathenows sicherlich nicht, denn die befestigte Stadt liegt auf einer von der Havel gebildeten Insel. Die unter Derfflingers Befehl stehenden Reiter hielten sich noch etwa eine Meile vor Rathenow auf, um das Eintreffen der Geschütze abzuwarten. Nur Oberstleutnant v. Strauß geriet mit seinem Trupp in ein kleineres Handgemenge, wobei von den 24 schwedischen Reitern acht getötet wurden, 13 in Gefangenschaft gerieten und nur drei fliehen konnten. Von dem gefangengenommen Offizier soll, so berichten einige Biographen, Derfflinger durch Einschüchterung das „Feldgeschrei“, also die Parole, erfahren haben. In welchem Verhältnis dabei Dichtung und Wahrheit stehen, kann heute wohl kaum ermessen werden.

Nach dem Eintreffen der Geschütze und des Fußvolkes gab der Marschall unverzüglich das Zeichen zum Angriff. Unter dem Kommando von Oberstleutnant v. Kanne und dem bereits erwähnten Generaladjutanten bestiegen 600 Infanteristen die mitgeführten Kähne und überquerten unbemerkt die Havel. Die Derfflingerdragoner erhielten die Aufgabe, die Brücke und das Tor anzugreifen. Der Gusower, der die Wichtigkeit des Überraschungsmomentes kannte, näherte sich mit der Vorhut, bestehend aus 100 Dragonern und einigen Reitern, der Hohen Brücke, die über den westlichen Havelarm führte. Es war der 15. Juni 1675 zwei Uhr morgens. Derfflinger ließ seine Reiter zurück und näherte sich mit einigen Dragonern den schwedischen Posten. Als diese den kleinen Reitertrupp erspähten, riefen sie ihn sofort an. Der Generalfeldmarschall gab sich als einer der ihren aus, der von einer kurfürstlichen Einheit verfolgt werde. Die sechs Schweden der Torwache mißtrauten dem fremden Reiter jedoch und verwehrten den Einlaß, denn der Wachführer wollte sich erst beim Regimentschef vergewissern. Doch der alte „Fuchs“ ließ nicht locker. Drohend schrie er, daß vor dem Tor schließlich ein Leutnant des Regimentes Oberst v. Bülow stehe, einem engen Freund von Oberst von Wangelin, und versprach dem Posten seinen persönlichen Schutz, falls der wegen des Einlassens der kleinen Truppe zur Verantwortung gezogen würde. Das schien die Schweden zu überzeugen, sie ließen die Brücke herab, und die Dragoner konnten die Torwache überrennen, jedoch an der langen Brücke kam der Angriff der kleinen Reiterschar ins Stocken.

Währenddessen näherten sich die brandenburgischen Hauptkräfte der Stadt. Der Kurfürst ließ seine Truppe vor der Wiese des Stadttores aufmarschieren und besprach mit seinem Feldmarschall die neue Lage. Die beiden Dragonerregimenter stiegen von ihren Pferden und rückten bis zur großen Havelbrücke vor. Inzwischen war die schwedische Besatzung allerdings alarmiert, hatte die Zugbrücke aufgezogen und Teile der Vorbrücke zerstört. Es entbrannte ein „lebhaftes Schützengefecht", bei dem der Kommandeur der Derfflingerdragoner, Oberstleutnant v. Uckermann, fiel. Kammerjunker von Bruch nannte ihn „un très brave officier". Trotz aller Bemühungen gelang es den Brandenburgern nicht, bis zur Stadtmauer vorzudringen. Das Kommando unter Führung des Generals von Götze griff derweilen entschlossen das kleine Mühlentor an. Gleichzeitig versuchte Oberstleutnant von Kanne mit seinen Soldaten einen Durchbruch durch die gegnerische Verteidigung an der Südseite der Stadt. Wangelins Dragoner mußten somit ihre Kräfte aufteilen, dadurch errangen die Brandenburger erste Erfolge. Der entschlossen vorgetragene Einbruch in die befestigte Stadt und der beginnende Straßenkampf ebneten den kurfürstlichen Infanteristen den Weg zur Öffnung des großen Haveltores von innen und ermöglichten damit den aufgesessenen Reitern, in die Stadt einzudringen. Derfflinger selbst sprengte an der Spitze seiner Kavallerie durch die Straßen und brach mit ihr den letzten Widerstand. Das Gefecht von Rathenow war innerhalb von neunzig Minuten entschieden.

Beide Seiten führten die Kampfhandlungen mit äußerster Härte. Die aus dem Schlaf gerissenen Soldaten fühlten sich offenbar ihrem Ruf, die besten Soldaten der Welt zu sein, auch in aussichtsloser Lage verpflichtet. Im Rathenower Straßenkampf wurde das Regiment Wangelin aufgerieben, denn nur wenigen Soldaten gelang die Flucht. Die Schweden hatten 360 Tote und 260 Verwundete bzw. Gefangene, darunter Oberst v. Wangelin und viele andere Offiziere, zu beklagen. Die brandenburgische Beute betrug 600 Pferde, 6 Fahnen und immerhin ein Paukenpaar. Die eigenen Verluste beliefen sich auf 50 Tote. Nach Beendigung des Kampfes traf der von einem Gichtanfall geplagte Kurfürst in Rathenow ein. Er schrieb am Abend des ereignisreichen Tages an seinen Schwager, den Fürsten von Anhalt: „... daß wir diesen Morgen umb 3 Uhr die Stadt Rathenow mit stürmischer Hand erobert und eingenommen, und ist des Oberst Wangelins ganzes Regiment Dragoner ... ruinirt und niedergemacht worden." Durch diesen Erfolg, an dem Derfflinger hohen Anteil hatte, wurde Marschall v. Wrangel, der sich mit etwa 3 000 Mann immer noch in seinem Hauptquartier in Havelberg aufhielt, von seinen bei Brandenburg stehenden Hauptkräften getrennt. Der Kurfürst, der seine Chance erkannte, war fest entschlossen, diesen Triumph auszubauen. Er drängte den Feldzeugmeister Herzog von Holstein zum schnellen Heranführen des gesamten Fußvolkes, das gerade in Magdeburg eingetroffen war und eine Ruhepause einlegen wollte.

Derfflinger ließ rasch in verschiedene Richtungen ausschwärmen, um aktuelle Aufklärungsergebnisse einzubringen. Am Morgen des 16. Juni meldete Oberstleutnant v. Strauß den Abzug der Schweden aus ihrem Brandenburger Hauptlager in Richtung Fehrbellin. Es kam daraufhin zu einer kurzen Lagebesprechung. Alle erkannten, daß der Feind in der Heide-, Sumpf- und Hügellandschaft zwischen Friesack, Kremmen und Neuruppin gestellt und geschlagen werden könnte. Trotzdem blieb die Lage auch für den kriegserfahrenen Feldmarschall undurchsichtig. Eine Vereinigung der schwedischen Gruppierungen unter Feldmarschall Wrangel und seinem Bruder würde eine wirkliche Gefahr bedeuten. Das Ziel der zahlenmäßig unterlegenen Brandenburger konnte daher nur lauten, die einzelnen schwedischen Kontingente nacheinander zu schlagen. Derfflinger riet, entsprechend den damaligen Grundsätzen, den Feind bei Kremmen weiträumig zu umgehen, um ihn nördlich davon aufzuhalten und zwar so lange, bis das Fußvolk aus Magdeburg und Berlin eintraf. Aber Friedrich Wilhelm entschied sich für den sofortigen Angriff der gesamten zur Verfügung stehenden

Kavallerie, um die Streitmacht Wrangels noch vor dessen Erreichen des Fehrbelliner Passes zum Kampf zu stellen.

Eilig wurde Oberstleutnant Hennigs, Generaladjutant v. Kanovsky und Rittmeister v. Zabeltitz mit ihren Reiterabteilungen befohlen, alle Rhinbrücken zu zerstören, um damit den Schweden den Rückzugsweg abzuschneiden. Hennigs, vom Regiment Mörner, ritt mit 120 Reitern nach Fehrbellin. Dort zertrümmerten seine Soldaten den wichtigen Rhin-Übergang und durchstachen zusätzlich den Damm. Bereits einen Tag später führte bei Nauen General v. Lüttke ein Gefecht mit der schwedischen Nachhut, in dem vor allem ein gegnerisches Geschütz den Brandenburgern erhebliche Verluste zufügte. Als ihr Vormarsch ins Stocken geriet, ließ Derfflinger drei der mitgeführten Geschütze, die seine Dragoner deckten, heranführen, aufstellen und zwang den Gegner mit einem wirksamen Feuer zum Rückzug. Vor Nauen gönnte der Kurfürst seinen Soldaten, nach einem schnellen und stundenlangen Ritt, eine kleine Ruhepause. Homburg schrieb: „Wir sind brav auf der Jagd mit den Herren Schweden, wenn keine sonderbare Strafe Gottes über uns kommt, so soll Keiner davon kommen. Lüttke geht mit 1 500 Mann dem Feind in den Rücken; morgen früh werden sie ihm den Morgensegen singen."

Der 18. Juni 1675 brach an. Dieser Tag, es war ein Freitag, begann so, wie die vorhergehenden Tage aufhörten, mit Dauerregen. Diese meteorologischen Bedingungen, die das sumpfige Gelände noch schwieriger machten, gepaart mit enormen Verpflegungsproblemen und dem Zurückbleiben der Fußtruppen hatten zur Folge, daß das brandenburgische Heer erschöpft und die militärische Führung verunsichert war. Es ergab sich die dringende Frage, ob entgegen allen bisherigen Kriegserfahrungen der Angriff ohne Fußvolk gesucht werden sollte. Derfflinger äußerte gegen diesen Plan große Bedenken und bekräftigte seine schon früher geäußerte Idee, wonach er den Gegner binden und das Eintreffen der Infanterie abwarten wollte.

In den Morgenstunden befahl Friedrich Wilhelm, nachdem ihm das Abziehen der Schweden in Richtung Fehrbellin gemeldet worden war, dem ortskundigen Prinzen v. Homburg, einen Vortrupp, bestehend aus 1 500 Reitern verschiedener Regimenter, zu bilden und damit den Gegner aufzuspüren. Dies gelang schließlich nahe Linum. Zu diesem Zeitpunkt verfügte Generalleutnant Wrangel noch über 7 000 bis 8 000 Mann, auf diese traf der Prinz jedoch nicht, sondern nur auf die schwedische Nachhut. Diese griffen die Reiter entschlossen an. Homburgs Entschluß wurde in der Vergangenheit, sicherlich auch durch das Drama Heinrich v. Kleists bedingt, unterschiedlich interpretiert. Mit Sicherheit wollte der Prinz den Feind nicht alleine vernichten, vielmehr galt es, den Gegner zur Entfaltung zu zwingen, um damit seinen weiteren Marsch zu behindern. Die Schweden zu binden und sie damit bis zum Heranführen der eigenen Hauptkräfte aufzuhalten, gaben dem Handeln Homburgs einen logischen und militärischen Sinn.

Homburg schickte Graf v. Promnitz zum Kurfürsten mit der Meldung vom Beginn des Gefechtes und der Bitte um Unterstützung. Als der Kurfürst die Nachricht vernahm, rief er seinen Feldmarschall zur Beratung zu sich. Friedrich Wilhelm war gegen einen ernsthaften Angriff Homburgs, solange nicht die Reiterei und vor allem Geschütze bereitstanden. Der Marschall dagegen schlug weiterhin einen sofortigen Marsch über Kremmen nach Fehrbellin, unter Umgehung des Bruchgeländes, vor. Er riet, weitere Brücken zu zerstören, um den Gegner im Luch einzuschließen. Damit wären die Schweden handlungsunfähig und zur Kapitulation gezwungen. Der Landesherr akzeptierte diese Absicht nicht und wollte den Gegner, den Homburg bereits zum Kampf gestellt hatte, nicht entkommen lassen. Derfflinger erwiderte

Die Schlacht bei Fehrbellin (18. Juni 1675)

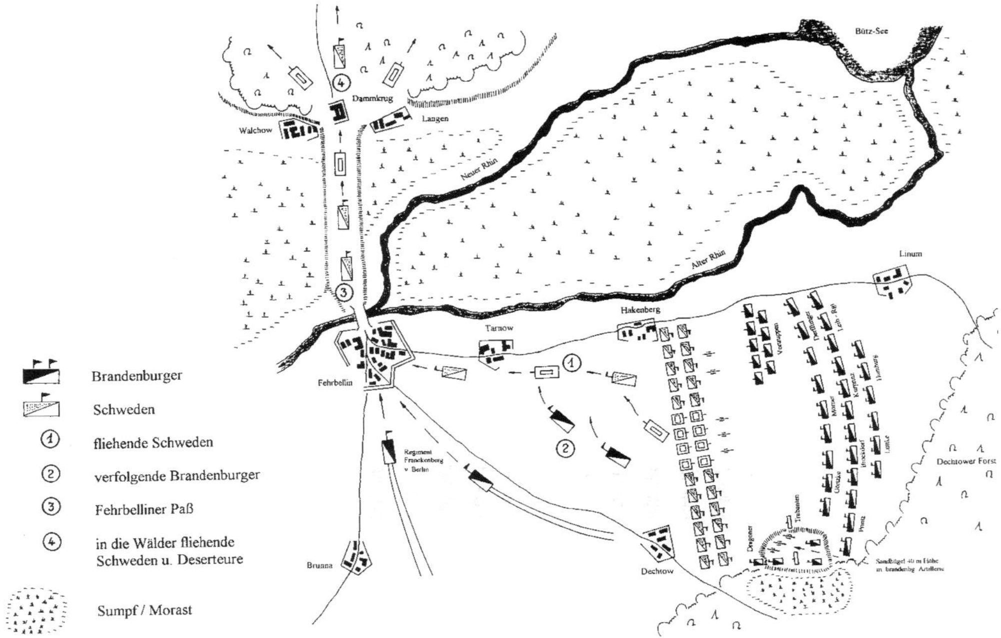

daraufhin: „Gnädiger Herr! Ich glaube, als General meine Meinung nach bester Einsicht aussprechen zu müssen; da es aber Eurer kurfürstlichen Hoheit nicht gefällt, dieser beizupflichten, so wird mich nichts abhalten, dem Feind nach Kräften Abbruch zu thun; sei auch im Kampfe dem Zufall mehr überlassen, als ich es wünsche, sei auch die Gefahr größer, als sie bei meinem Vorschlag sein würde." Dieser Ausspruch ist durch eine Niederschrift eines Augenzeugen überliefert. Der nächste allerdings nicht. Demnach soll Derfflinger gesagt haben: „Wir müssen ihm (Homburg, d. A.) sekundiren, sonst kriegen wir keinen Mann wieder."

Ständig trafen Meldungen über den Kampfverlauf und die gegnerischen Bewegungen beim Kurfürsten ein, demnach setzten sich die Schweden hinter dem Landwehrgraben südöstlich von Linum fest. Erneut erbat der Prinz, zur Erhöhung der Feuerkraft seiner Vorhut, einige Dragoner. Schließlich erhielt er 500 zugeteilt. Auch den bereits mehrfach erwähnten Kammerjunker v. Bruch schickte der oberste Feldherr zu Homburg, damit dieser sich ein Bild von der Lage machen konnte. Die Brandenburger marschierten indessen entschlossen dem Homburgschen Vortrupp entgegen. Nach ca. einer Stunde erreichten die Hauptkräfte, ca. 4 500 Reiter und 13 Geschütze, das eigentliche Kampffeld. In dieser Situation beging Wrangel einen folgenschweren Fehler. Anstatt mittels Angriff eine Entscheidung herbeizuführen, stellte er sein Korps zur Verteidigung in drei Treffen auf. Dem Prinzen von Homburg gelang es, sich zwischen die schwedische Aufstellung zu schieben. Er zwang damit die total verunsicherten Schweden, die Position aufzugeben und sich in Richtung Hackenberg zurückzuziehen. Die Brandenburger nahmen Gefechtsaufstellung. Die heute legendäre Schlacht von Fehrbellin oder der „Tag von Fehrbellin" begann.

Homburg schrieb nach diesem Tag an seine Frau: „Sobalten ich des Kurfürsten Ankunft versichert war, war mir bang, ich möchte wieder andere ordre bekommen, und fing ein hartes Treffen mit meinen Vortruppen an, da mir denn Dörffling sofort mit einigen Regumentern sekundierte." Derfflingers erste nennenswerte Handlung bestand in der Besetzung einer kleinen Anhöhe, die die Schweden unbeachtet gelassen hatten. Sofort ließ der Feldmarschall auf dem 40 Meter hohen Hügel die brandenburgischen Geschütze in Stellung bringen. Es erwies sich, daß dieser Befehl für den weiteren Gefechtsverlauf von wesentlicher Bedeutung war. So stand in einem kurfürstlichen Bericht: „Seine Kurfürstliche Durchlaucht ließen Dero weiniges Geschütze heranbringen und tapfer daraus spielen." Diese Geschützstellung griff sofort das schwedische Infanterieregiment des Generals Dalwig, ca. 1 200 Mann stark, an und brachte die noch nicht vollständig entfalteten Brandenburger in eine äußerst bedrohliche Situation, denn auf dem Sandberg befanden sich nicht nur alle zur Verfügung stehenden Feldstücke, sondern auch der Kurfürst, sein Feldmarschall sowie der gesamte Stab.

Ein kurfürstlicher höherer Offizier –, der Kammerjunker v. Bruch bezeichnet ihn nur mit „G. E." –, bedrängte Derfflinger, sofort die gesamte Reiterei gegen den vorrückenden Feind zu werfen. Der Feldmarschall widersprach jedoch energisch und antwortete barsch: Er solle „nur daran denken, seine Schuldigkeit zu thun und denen die Leitung des Ganzen überlassen, welchen sie zustehe". Mit Sicherheit erkannte auch der Gusower die ungünstige Lage, in die sich die Schweden selbst brachten. Deshalb ließ er das Regiment des Generalleutnants von Görtzke, das zur Deckung der Artillerie bereitstand, heranführen. Gerade noch rechtzeitig, denn die schwedischen Musketiere begannen bereits mit dem Feuerkampf, und die Pikeniere senkten kampfentschlossen ihre Piken. Das konzentriert geführte Musketenfeuer zwang die brandenburgischen Reiter zum Rückzug. Der Kurfürst selbst „hatte genug zu thun, sie zuwider zu schwingen und sie wieder gegen den Feind zu bringen". Nur die abgesessenen Dragoner hielten stand, sie sollen sogar den fliehenden Reitern zugerufen haben, daß sie sich bei den Kanonen begraben lassen sollen. In einem historischen Bericht stand: „darauf die Dörfflingschen und Bomsdorffschen Dragoner in ihrem Posto über die Maßen Feuer gegeben". Erst der Angriff der Trabantengarde brachte die Wende. Das Feuer der Dragoner sowie das erneute Eingreifen der Schwadronen zwang das schwedische Dalwigsche-Infanterieregiment unter erheblichen Verlusten zurückzuweichen. Wrangel sah, daß die Schlacht eine für ihn ungünstige Wende nahm, denn er setzte sofort Teile seiner Kavallerie ein.

Nun entbrannte die Schlacht von Fehrbellin in voller Härte. Der Kampf war noch lange nicht entschieden, er verlagerte sich an den linken Flügel. Gegen acht Uhr morgens trafen immer noch brandenburgische Reiter ein, die sofort das Gefecht aufnahmen. Zwei Stunden schon dauerte der Kampf. Der Feldmarschall ritt, wie damals üblich, inmitten der kämpfenden Truppe, wodurch er mehrfach in Bedrängnis geriet. Bei einer solchen Situation rettete Homburg den Gusower, denn er schrieb im bereits erwähnten Brief an seine „Engelsdicke", wie er seine Gemahlin nannte: „Gott hat mir doch allemal wieder draus geholfen; und wären alle unsere Stücke und der Feldmarschalak selbsten verloren gewesen, wenn ich nicht en personne sekundieret hätte ... ". Später berichtete der „alte Haudegen" davon selbst. Besonders schwierig gestaltete sich das Vorgehen gegen das schwedische Fußvolk. Darüber urteilte der Prinz: „... es ging sehr hart zu, da wir gegen die Piken fortgesetzt fechten mußten." Mehrfach standen, wie bereits erwähnt, die wenigen kurfürstlichen Geschütze im Mittelpunkt der Auseinandersetzung. Deshalb erhielt Oberst v. Mörner vom Kurfürsten den Auftrag, diese gegen erneute schwedische Angriffe unbedingt zu decken. Mörner erwiderte, „er wolle eher sterben, als zulassen, daß der Feind die Geschütze nähme“. Unter seinem Kommando konnten erneut einige Attacken erfolgreich abgewehrt werden. Dabei erlitt sein Regiment erhebliche Verluste, denn nur ca. 90 Mann blieben am Leben. Zu den vielen Toten zählte auch Oberst v. Mörner, ein Verwandter Derfflingers. Während der Schlacht sowie bei der anschließenden Verfolgung der geschlagenen Schweden leistete die brandenburgische Artillerie, trotz der relativ geringen Feuerkraft, einen entscheidenden Anteil am Sieg. Die zum ersten Mal bei Magdeburg gewählte doppelte Bespannung sicherte ihre hohe Beweglichkeit und Fähigkeit, durch geschickte Manöver die brandenburgischen Reiter zu decken.

Gegen 10 Uhr gab der schwedische General Wrangel die Schlacht verloren und befahl den Rückmarsch in Richtung Fehrbellin-Dammkrug, den er geschickt mit acht Bataillonen zu Fuß deckte. Als dies Derfflinger sah und das langersehnte Kürassierregiment Frankenbergs sowie 1 800 Mann Fußvolk aus Berlin und weitere 500 Musketiere aus Rathenow eintrafen, drängte er zum schnellen Nachsetzen und zum Sturm auf Fehrbellin, um damit den Schweden das geordnete Passieren des Rhin-Luchs zu verwehren.

Der Kammerjunker v. Bruch bat Derfflinger um einen Vortrupp von 10–12 Reitern, um damit wichtige Angaben über den Gegner für den Feldmarschall einzubringen, „denn Derfflinger war immer ganz vorn; aber er wollte diesen Schutz nicht, weil er meinte, es sei keine Gefahr“. Obgleich die Schweden angeschlagen waren, kam es zu keiner planmäßigen und energischen Verfolgung seitens der Brandenburger. Die Regimenter, durch Gewaltmärsche und Kampfhandlungen, beides bei Dauerregen und schwierigem Gelände, physisch geschwächt, konnten nicht den vernichtenden Schlag gegen Wrangels Korps führen. Der Prinz von Homburg beschrieb die Situation sehr anschaulich: Nachdem „alles vorbei gewesen, haben wir auf der Walstatt

(Schlachtfeld – d. A.), da mehr als tausend Toten umb uns lagen, gessen und uns brav lustig gemacht".

Was brachte dieser Tag, der in die brandenburgische Geschichte einging? Die schwedischen Truppen mußten 2 400 Mann an Gefallenen und einige hundert Gefangene, den Verlust von acht Fahnen, zwei Standarten, sechs Geschützen und über 2 000 Bagagefahrzeugen ertragen. General Homburg urteilte selbst: Von den Schweden „ist fast keiner davongekommen, der nicht Etwas bekommen hat". Allerdings bedauerte er sehr, daß das brandenburgische Fußvolk nicht an der Schlacht teilnehmen konnte, denn er schrieb: „Hätten wir unsere Infanterie bei uns gehabt, sollte kein Mann von der ganzen Armee darvon gekommen sein; es ist itzo eine solche schreckliche terreur panique unter der schwedischen Armee, daß sie auch nun brav laufen können." Aber auch die Brandenburger hatten mehr als 500 Tote und ca. 300 Schwerverwundete an Verlusten zu beklagen. Stallmeister und Kammerjunker Emanuel von Froben, ein Major v. d. Marwitz vom Regiment des Kurprinzen, der Hauptmann von Burgsdorff von den Derfflingerdragonern sowie Oberst v. Mörner und weitere Offiziere fielen oder wurden verwundet. Das Regiment Mörner erhielt der schon im Elsaß bewährte und ebenfalls verwundete Oberstleutnant Joachim Hennigs. Wie der berühmte Feldmarschall aus einfachen Verhältnissen kommend, galt er als sogenannter „Schwertadliger", angesichts des „Treffens von Fehrbellin", erhielt er den Namen Hennigs von Treffenfeld. Nach der Schlacht schenkte der Kurfürst jedem Soldaten eine Hand voll Dukaten. Einer davon, Nikolaus Rördorf, kaufte sich von diesem Geld eine Mühle in Wesendahl nahe Strausberg, wo er im Alter von 102 Jahren 1738 starb. Derfflinger dagegen erhielt als Anerkennung eine weitere Schenkung von 10 000 Talern. Zusammen mit der Summe vom Frühjahr belief sich die Jahresprämie auf stolze 20 000 Taler. Diesen Betrag versprach

Flugblatt von 1675 mit einem Lied auf berühmte Feldherren: Kurfürst Friedrich Wilhelm, Raimund Montecuccoli, Henri de Turenne

der Kurfürst durch die Einkünfte aus seinen Domänen zu begleichen.

In den frühen Morgenstunden des 19. Juni ritt der Kurfürst mit seinem engen Vertrauten auf Erkundung. Immer noch hielten schwache schwedische Nachhuteinheiten den kleinen Ort Fehrbellin besetzt. Der Kurfürst ließ eilig einige Dragoner des Regiments Grumbkow die Brücke, die über den Rhin führte, angreifen. Auch v. Bruch war an diesem Vorstoß beteiligt und meldete seinem Landesherrn die überhastete Flucht der Schweden. Diese Information veranlaßte Friedrich Wilhelm, Derfflinger mit 1 150 Reitern gegen Fehrbellin zu schicken. Der energisch geführte Angriff schlug durch, alles, was sich den Brandenburgern entgegenstellte, wurde niedergehauen. Derfflinger und v. Bruch, gefolgt von einigen Reitern, drangen bis zum Amtshaus vor. Von dort sahen sie, wie die Schweden die zerstörte Brücke über den Rhin wieder aufbauten. Deshalb ließ der Marschall seine Reiter absitzen und hinter einem Erdwall in Stellung gehen. Von dort beschossen sie den Feind, um eine weitere Instandsetzung der Brücke zu verhindern. Es scheint, daß die Reiter sich zuerst weigerten, wie Infanteristen zu kämpfen, aber durch das Beispiel des Kammerjunkers v. Bruch, der sofort absaß und das Gewehr eines Reiters ergriff, wurde der Befehl des Feldmarschalls schließlich ausgeführt. Das Feuer aus 50 Musketen zwang die Schweden vorerst zur Einstellung der Arbeiten. Später drängten sie jedoch die zahlenmäßig unterlegenen Brandenburger wieder zurück. Da sich Derfflinger mit der entstandenen Situation nicht abfinden wollte, führte er die Dragoner Grumbkows in das Gefecht und nahm den Gegner schließlich von zwei Seiten unter Beschuß. Ein kurzes Gefecht zwang die Schweden endgültig zum Rückzug. Durch das schnelle und energische Handeln des Marschalls gelang die Einnahme des wichtigen Ortes Fehrbellin und die Eroberung der bereits erwähnten 2 000 Bagagewagen und neun Ge-

Altes Denkmal von 1800
an die Schlacht von
Fehrbellin-Hakenberg

Hakenberger Denkmal,
Grundsteinlegung 18. Juni 1875
(200.Jahrestag)
Einweihung: 2.9.1879,
Kosten: 100.000 Reichsmark,
bereitgestellt von
Kaiser Wilhelm I.

schütze. So hielt es auf jeden Fall der Kammerjunker v. Bruch am 19. Juni in seinem ausführlich geführten Tagebuch fest.

Nach einem Dankgottesdienst nahmen die brandenburgischen Regimenter einen Tag später über die in der Zwischenzeit wiederhergestellte Brücke von Fehrbellin die Verfolgung des Gegners auf. Derfflinger ritt sorglos in Begleitung einiger Generale und von 150 Reitern am 21. Juni durch Wittstock. Plötzlich wurden die Brandenburger von einigen Schweden angegriffen. Bei dem kurzen und gleichzeitig letzten Gefecht auf märkischem Boden geriet General Götze verwundet in Gefangenschaft. Einige Brandenburger allerdings bezahlten die Sorglosigkeit Derfflingers mit ihrem Leben. Die siegverwöhnten Schweden zogen sich unterdessen weiter zurück und büßten ihren „guten Ruf", den sie als Soldaten in aller Welt genossen, ein. Zu einer konsequenten Verfolgung des Gegners war das kurfürstliche Heer nicht in der Lage, denn es brauchte dringend eine längere Ruhepause. Einige Regimenter hatten „seit 11 Tagen nicht abgesattelt". Dazu kam, daß die dringend benötigte Infanterie immer noch zu weit von der Reiterei entfernt war.

Der „Reitertag von Fehrbellin" nahm in den vergangenen Jahrhunderten stets einen herausragenden Platz in der Geschichtsschreibung ein. In Preußen galt bis 1919 dieser Tag als der Anfang von „Preußens Gloria". Mit Sicherheit bewährte sich das junge kurfürstliche Heer an diesen Tagen, und die Leistungen fanden berechtigterweise überall Anerkennung. Innerhalb eines guten Monats legte die Armee, bei schlechtem Wetter und widrigen Wegeverhältnissen, über 500 Kilometer zurück. Seit Magdeburg überwand die Reiterei, bei dürftiger Verpflegung von „Roß und Reiter", täglich mehr als 30 Kilometer. Viele kleine Gefechte und Streifkommandos mußten dabei gemeistert werden. Während der Schlacht stellte das kurfürstliche Heer seine hohe Beweglichkeit und das enge Zusammenwirken der verschiedensten

Truppengattungen unter Beweis. Dadurch errangen die Brandenburger ihren ersten, allein erkämpften Sieg gegen eine Streitmacht von europäischer Bedeutung. Trotz aller Kraftanstrengungen, Entbehrungen und der insgesamt umsichtigen Führung durch den Kurfürsten und seinen Feldmarschall gelang es aber nicht, die Schweden entscheidend zu schlagen. Deren Hauptstreitkraft setzte sich trotz der Verluste von etwa 4 000 Mann sowie vieler Fahnenflüchtiger ungehindert in Richtung Mecklenburg ab. Ihr Führer, Generalleutnant v. Wrangel, versäumte durch übertriebene Defensivmaßnahmen, selbst den Sieg gegen den unterlegenen brandenburgischen Gegner zu suchen. Die Mitte und der linke Flügel nahmen an dieser Schlacht gar nicht erst teil. Es ist offensichtlich, daß Wrangel zu diesem Zeitpunkt keine Auseinandersetzung anstrebte, sondern die Vereinigung beider Kontingente beabsichtigte, deshalb befahl er einen geordneten Rückzug. Die Schweden verloren zwar die Schlacht, waren aber bei weitem noch nicht vernichtet. Bei realistischer Betrachtung handelte es sich, angesichts der eingesetzten Kräfte, wohl eher um ein Reitergefecht als um eine Schlacht.

Trotzdem ging Friedrich Wilhelm nach diesem Sieg als der Große Kurfürst in die Geschichte ein. Der Kaiser sah sich zum Handeln gezwungen. Er erklärte Schweden im Juli zum „Reichsfeind“ und versprach seine Teilnahme an dessen Zerschlagung. Der habsburgische Feldherr, Reichsfürst Raimund Graf Montecuccoli, der an der Spitze des Reichsheeres stand, würdigte den Sieg von Fehrbellin durch ein Salutschießen. Dänemark erklärte sich jetzt offen gegen Schweden. Das hörte der Kurfürst sehr gern, denn damit bestand die Chance, die Versorgung des angeschlagenen schwedischen Heeres von See her empfindlich zu stören.

Weitere Feldzüge im Krieg gegen Schweden, die Einnahme von Wolgast, Anklam und Stettin

Ende Juni 1675 vereinigte sich endlich das brandenburgische Heer bei Perleberg. Dort wurden die Regimenter verstärkt und auf den bevorstehenden Kampf vorbereitet. Aber erst im Herbst nahmen die brandenburgischen, kaiserlichen und dänischen Truppen den Kampf gegen die Eindringlinge auf, die sich vor allem in den pommerischen Festungen und festen Plätzen verschanzt hielten. Derfflinger befehligte die brandenburgische Streitmacht und vereinigte sich mit 3 000 Dänen. Am 25. September traf der Kurfürst in Begleitung seines Feldmarschalls mit dem dänischen König, Christian V., in Gadebusch zwecks politischer und militärischer Gespräche zusammen. Sie einigten sich darauf, nach dem Sieg über die Schweden, Rügen und Wismar Dänemark und Pommern Brandenburg zuzuschlagen.

Als erstes stand die Einnahme der Festung Stralsund auf der Tagesordnung. Anfang Oktober überschritt das brandenburgische Heer, nach mehreren kleinen Gefechten, zwischen Anklam und Demmin die Peene. Der Kurfürst und sein Generalfeldmarschall, von einigen Reitern begleitet, unternahmen sofort einen Aufklärungsritt in Richtung Stralsund. Aufgrund der Situation und der Stärke der Stralsunder Festung kamen beide mit dem dänischen Herrscher überein, die Festung erst im nächsten Jahr anzugreifen.

Stattdessen wählten sie als nächstes Ziel die Stadt Wolgast, deren Mauern bereits damals einen morbiden Zustand aufwiesen. Deshalb bildete nur das befestigte Schloß, mit 800 Mann Besatzung, eine ernsthafte Gefahr für die kurfürstliche Streitmacht. Am 21. Oktober besetzte der Oberstleutnant des Derfflinger-Infanterieregiments die Stadt, und einen Tag später traf die brandenburgische Hauptmacht ein. Nach einer mehrtägigen Beschießung, an der 28 Geschütze teilnahmen, übergab der schwedische Festungskommandant das Schloß und zog in Richtung Stralsund ab. Eine brandenburgische Kompanie blieb zur Sicherung der Stadt als Besatzung zurück.

Der Winter nahte, und das Heer zog ins Quartier. Derfflingers Reiter und Dragoner erhielten die Prignitz zugewiesen, und das Regiment zu Fuß, rückte in Zerbst ein. Friedrich Wilhelm und der ergraute Feldmarschall begaben sich Ende November nach Berlin, wo sie besonders intensive Vorbereitungen für das kommende Jahr trafen. Der Landesherr erkrankte erneut schwer an Gicht, somit lag die Hauptlast der gesamten Planung und Organisation für den kommenden Feldzug bei Derfflinger. Eine wichtige Aufgabe war die Auslösung von Gefangenen, denn durch ihre Wiedereingliederung konnte die Kampfkraft der Regimenter relativ preiswert gesteigert werden, da sie bereits eine Ausbildung besaßen und über viele Kriegserfahrung verfügten. Zur damaligen Zeit tauschten die verfeindeten Seiten Listen mit den Namen aller gefangenen Offiziere und Soldaten aus. Beim Austausch existierte in erster Linie Chargengleichheit. Ein Höherer konnte jedoch auch gegen eine größere Anzahl von niederen Dienstgraden ausgetauscht werden. Die Summe des Lösegeldes richtete sich immer nach der Höhe des augenblicklichen Soldes. Die gesamte Prozedur vom Erfassen in speziellen Listen, Führen der Verhandlungen bis zum Austausch der Gefangenen und die Zahlung des Lösegeldes oblag dem Generalauditeur, der bekanntlich dem Generalfeldmarschall unterstand. Derfflinger führte auch in diesem Bereich die „Dienstaufsicht“ und hatte das „letzte Wort“. Auf jeden Fall bewies der kurfürstliche Generalfeldmarschall zum wiederholten Male seine Fähigkeiten auch bei der Organisation und Leitung der komplizierten Militärverwaltung. Bereits im Oktober 1675 erhielt der Gusower „zur Bezeigung seiner Erkenntlichkeit für die von ihm geleisteten treuen und nützlichen Dienste und aus sonderbar zu ihm tragenden Gnaden" vom Kurfürsten die ehemalige hinterpommerische Johanniterkomturei Wildenbruch, über die nach seinem Ableben auch die Nachkommen weiter verfügen konnten. Diese Schenkung war allerdings aufgrund der politischen Verhältnisse alles andere als sicher. Für den Fall, daß Wildenbruch nach dem Friedensschluß an andere Mächte käme, sollte der Feldmarschall „durch anständige Güter und baares Geld" eine Entschädigung erhalten. Auch wenn die Komturei wieder an den Orden zurückfiel, wurde ihm eine Entschädigung in einer Höhe von stolzen 120 000 Taler zugesichert. Exakt für diese Summe kaufte später die Kurfürstin Dorothea das Anwesen für ihren erstgeborenen Sohn Philipp, den Begründer der Schwedter Nebenlinie. Als Weihnachtsgeschenk überreichte Friedrich Wilhelm seinem alten Paladin eine wertvolle diamantenbesetzte Dose mit dem Bildnis des Landesfürsten.

Ende des Jahres 1675 bedrängten die Schweden erneut Wolgast, die Einnahme des festen Schlosses gelang ihnen aber trotz aller Anstrengungen nicht. Mitte Januar setzte Derfflinger sich persönlich an die Spitze der Regimenter, die sich in Mecklenburg sammelten. Nach einer kurzen Rast marschierten sie über Triebsees in Richtung Wolgast. Eine zweite Kolonne, vor allem aus Kaiserlichen und Dänen bestehend, rückte auf Stralsund vor. Die Brandenburger führten während ihres Marsches einige kleine Gefechte und zwangen die Schweden zum Rückzug in Richtung Stralsund. Derfflinger wollte sich mit diesem kleinen Erfolg nicht zufriedengeben, denn es galt, diese strategisch wichtige Stadt einzunehmen. Deshalb plante der Feldmarschall, sofort einige tausend Reiter über das Eis nach Rügen zu schicken, um diese für die Schweden wichtige Insel zu besetzen. Diesen Plan verhinderte jedoch plötzlich eintretendes Tauwetter. Derfflinger reiste unverrichteter Dinge nach Berlin und Gusow ab. Auf seinem Oderbruchgut erkrankte er anscheinend schwer, denn der Kurfürst schrieb am 17. März 1676 an seinen Oberpräsidenten Otto v. Schwerin: „Dorfling ligt todtkrank darnider, ich solte unglücklich sein, wan er sterben solte, und wußte nicht, wo wider einen man bekommen solte so das Werck recht auß dem Fundamendt verstehet, und mir wirdts desto schwerer werden, weill ich keinen habe, der mir anhandt gehen kan." Sicherlich ein hohes Lob für den Greis aus Gusow, der schneller gesundete als erwartet.

Im Mai flammten die Kämpfe erneut auf. Schwedische Truppen drangen bis Wolgast vor und besetzten die Insel Usedom. Eilig zog der Kurfürst daraufhin sein Fußvolk zusammen. Bei Grubenhagen hielten Friedrich Wilhelm und sein treuer Feldmarschall eine Heerschau ab, um sich vom Zustand der Regimenter zu überzeugen. Inzwischen hatten die Schweden die Insel Usedom und die Belagerung Wolgasts aufgegeben, aber der Feldmarschall erkannte, daß sie durch das standhafte Halten einiger befestigter Punkte das hinterpommerische Territorium weiter kontrollieren wollten. Eine Schlüsselstellung nahm dabei die Schanze an der Peenemündung, auf Usedom gelegen, ein. Wieder erkundeten die beiden höchsten brandenburgischen Militärs die Befestigungen und befahlen einen sofortigen Angriff von zwei Seiten. Nach einem kurzen Beschuß ergab sich die Besatzung nahezu kampflos. Gemeinsam mit den 3 000 Mann des kaiserlichen Hilfskorps stießen die Brandenburger weiter auf Anklam vor, um diesen wichtigen Peene-Übergang freizukämpfen.

Mitte Juli 1676 begannen, unter Derfflingers Leitung, die umfangreichen und aufwendigen Belagerungsarbeiten. Dazu war es dringend erforderlich, einen Verbindungsdamm zwischen den beiderseits aufmarschierten Truppen aufzuschütten. Derfflinger befahl rechtzeitig das Heranziehen der schweren Belagerungsartillerie. Da die Geschütze nur über eine geringe Reichweite verfügten, mußten die Infanteristen einen entschlossenen Angriff auf das Vorfeld der Festung führen, so daß die Feldstücke auf 200 bis 300 Meter an das Festungswerk herangebracht werden konnten. Nach einer kurzen Beschießung aus allen Rohren begann am 16. August der Sturmangriff von ca. 1 400 Musketieren und 40 Grenadieren mit Handgranaten. Ein Einbruch in die gegnerischen Linien gelang trotzdem nicht. Als die Verluste zu hoch waren, ließ der Kurfürst den Angriff abbrechen. Die Brandenburger verloren 28 Offiziere und 700 Mann. Trotz des Fehlschlages verstärkten die Belagerer ihre Angriffsvorbereitungen. Zu einem erneuten Sturm, der wiederum erhebliche Opfer erfordert hätte, kam es jedoch nicht mehr, denn der schwedische Festungskommandant bot angesichts der gegnerischen Überlegenheit Verhandlungen an und bat um einen freien Abzug seiner Truppe. Entsprechend dem damaligen Kriegsbrauch verließ die Besatzung am 19. August „... mit Sack und Pack, Ober- und Untergewehr, fliegenden Fahnen, Kugeln im Mund, brennenden Lunten und klingendem Spiel“ die Stadt. Das aus deutschen Soldaten bestehende Regiment legte vor den Füßen des Kurfürsten die Fahnen nieder. Anklam erhielt danach eine brandenburgische Besatzung.

Nun sollte die Entscheidung möglichst rasch fallen. Deshalb wandten sich die Brandenburger und ihre Verbündeten Stettin zu. Eine kleine brandenburgische Flotte, bestehend aus acht Schiffen sowie zehn flachen „Kanonenbooten“, beschoß die Stadt vom Dammschen See aus. Das schwere Geschütz, das per Schiff von Berlin und Küstrin herangebracht worden war, feuerte von der Landseite aus. Heftige brandenburgische Angriffe vermochten nur die Besatzung der kleinen befestigten Stadt Damm zum Rückzug zu bewegen. Die Hauptfeste hielt trotz des schweren Beschusses und des furchtbaren Leidens der Zivilbevölkerung, die fest zur schwedischen Besatzung stand. Anfang November kehrten die beiden höchsten Militärs nach Berlin zurück, der Sturm auf Stettin wurde auf das nächsten Jahr „vertagt". Die Truppen bezogen indessen ihr Winterquartier.

Ernste Versorgungsschwierigkeiten veranlaßten Derfflinger, einen Brief an seinen Landesherrn, der sich fast drei Monate lang in Cleve aufhielt, zu schreiben. Darin drängte er, damit die Truppe „nicht gänzlich krepirt und zu Grunde geht", auf Lösung der Probleme. Wieder einmal realisierte der Generalfeldmarschall die enorme Stabsarbeit eigenständig. Eine umfangreiche Korrespondenz zwischen Berlin und Cleve war die logische Folge. Derfflingers Sekretär Alborn mußte wohl in diesen Wochen Schwerstarbeit leisten, denn er erhielt vom Kurfürsten als Anerkennung für seine Tätigkeit „in Gnaden" 200 Taler geschenkt. Trotzdem wünschte der Kurfürst weitere Berichte aus Berlin, denn er beschwerte sich, daß „keine resolution von hier", also vom Derfflinger, eingetroffen sei. Daraufhin zählt der Feldmarschall am 22. Februar 1677 im Antwortschreiben, das er mit „undertheniger Georg von Derfflinger" unterschrieb, alle Briefe, die er an seinen Dienstherren abgeschickt hatte, auf. Allerdings räumte Derfflinger ein: „... Ich glaube, daß selbige alle Ewr. Durchl. werden zu Händen kommen sey, Monsieur Spiegel hat zwar in Brandenburg wegen zugestoßener Unpäßlichkeit müßen liegen bleiben, und er hat die Masern bekommen, doch glaube ich, daß er die ihm anvertrautete Schreiben, durch einen Expreßen auffs schleunigste wird fort geschicket haben ...".

Endlich, im April 1677, kehrte Friedrich Wilhelm in die Mark zurück. An der Grenze empfing ihn sein Generalfeldmarschall und gab dem Kurfürsten eine genaue Lagebeschreibung zur Situation in und um Stettin. Mit diesem Wissen ausgerüstet befahl der Landesherr die Konzentration seines Heeres und hielt eine Heerschau ab. Die 11 Fuß-, 4 Dragoner- und 9 Reiterregimenter befanden sich „in sehr gutem Zustand, besonders die Dragoner Derfflingers". Ende Juni brachen der Kurfürst und Derfflinger mit der Hauptmacht, alle drei Regimenter des Marschalls befanden sich darunter, von Garz kommend gegen Stettin auf.

Stettin, von starken Mauern und vorgelagerten Erdwerken umschlossen, gewährte hervorragende Möglichkeiten zum Aufbau einer wirksamen Verteidigung. Die Besatzung umfaßte 3 000 schwedische Soldaten und 3 000 Bewaffnete der Bürgerwehr, die sich in zehn Kompanien gliederte. Die Stettiner waren in der Vergangenheit mehrfach bei der Abwehr von Angriffen auf ihre Stadt erfolgreich, deshalb rechneten die Brandenburger von Anfang an mit einer entschlossenen Gegenwehr. Eine aufwendige Belagerung und die Bildung eines umfangreichen Belagerungsparkes mit großen Mengen Munition, Schanzzeug, Holz, Brückengerät begann. Parallel dazu wurde, unter der Führung Derfflingers, die Ausbildung der Truppe intensiviert, wobei der Artillerie mit den dazugehörigen Pionieren bei der Vorbereitung des geplanten Sturms eine wichtige Rolle zufiel. Eifrig wurden Büchsenmeister (Geschützführer), Artilleriehandlanger, Ingenieure, Feuerwerker, Konstabler (Artillerieunteroffiziere) und Mineure angeworben. Da das kurfürstliche Heer noch keine derart umfangreiche Belagerung durchgeführt hatte, erteilte Derfflinger dem Generalquartiermeisterleutnant den Auftrag, in den Niederlanden erfahrene Männer für den brandenburgischen Dienst anzuwerben. Mitte Juli trafen zusätzlich 4 000 lüneburgische Soldaten ein, von denen viele bereits über Belagerungserfahrungen verfügten.

Der Kurfürst, in Begleitung seiner Frau, schlug sein Lager südlich von Pommerenzdorf auf. Auch Derfflinger campierte hier, wenn er sich nicht bei der Truppe aufhielt oder den Bau von Belagerungswerken beaufsichtigte. Der

Angriff wurde sorgsam vorbereitet, wobei Generalfeldzeugmeister Herzog von Holstein die Nord- und Oberst v. Schöning die Ostgruppierung kommandierte. Den Hauptschlag jedoch führte Derfflinger mit der gesamten ihm unterstellten Südaufstellung. Durch begrenzte Angriffe erfolgte die Eroberung der wichtigen Sternschanze. Damit konnten die brandenburgischen Geschütze dicht an die Stadt herangebracht werden. Am 3. August begann die viertägige Beschießung Stettins. Die Feldstücke brachten Grauen über die alte Stadt und ihre Bewohner. Zwei Kirchen und Teile des Hafens mit einigen Schiffen brannten fast vollständig nieder. Aber trotzdem gaben die Besatzung und die Bürger ihren Widerstand noch nicht auf.

Am 29. August eröffneten mehr als 100 brandenburgische Geschütze, an allen drei Belagerungsfronten, erneut ein furchtbares Feuer auf Stettin. In den nachfolgenden Gefechten hatten beide Seiten erhebliche Verluste zu beklagen. Ein Neffe des Kurfürsten, der Prinz von Holstein, fiel. Auch Derfflinger spürte die Wirksamkeit des schwedischen Artillerie- und Infanteriefeuers am eigenen Körper. Ein Geschoß traf seinen Stock und dieser sein Schienbein. Quetschungen waren die Folge. Kurz danach prallte gar ein Querschläger an seinen Kopf. Die Wucht des Aufpralls fing zum Glück der mit Eisen verstärkte Hut ab. Trotzdem war der Alte kurzzeitig ohnmächtig. Der Kammerjunker v. Bruch schrieb über diesen Vorfall: Die „Haut blieb unverletzt, aber der Kopf erhielt eine Drehung, die einen Ohnmachtsanfall verursachte, welcher bald vorüber, nachdem man dem biederen Feldmarschall rasch einen Schluck Wein gereicht".

Wochenlang kämpften nun schon die Brandenburger, um so dicht wie möglich an die Festungsgräben heranzukommen. Vor allem an der Nord- und an der Ostseite gelangen keine nennenswerten Fortschritte. Die Belagerung gestaltete sich aber auch zu einem großen Spektakel, an dem ständig Gesandte europäischer Höfe teilnahmen, um sich von Fortschritten zu überzeugen und sich nahe dem Schlachtfeld zu vergnügen. Für einige hohe Beamte und die kurfürstliche Familie wurden eigens feste Häuser errichtet. Eins davon gehörte Derfflinger, denn das „Haus, welches der ... Dörfflinger alhier im Felde vor Stettin bauen lassen“, schenkte der Kurfürst nach der Einnahme der Stadt dem Bürgermeister. Die Belagerung einer so stark ausgebauten Festung bedeutete nicht nur hohe Verluste auf beiden Seiten, sondern auch viele Entbehrungen und Krankheiten. Auch den über siebzigjährigen Feldmarschall erwischte Anfang September eine fiebrige Erkrankung.

Von der Hartnäckigkeit beider Seiten zeugte unter anderem der Einsatz der Mineure. Besonders die Schweden trieben erfolgreich Stollen in Richtung der brandenburgischen Stellungen und ließen dann ihre Minen hochgehen. Nicht nur unter den Mannschaften waren Verluste zu beklagen, sondern auch bei den Offizieren. So starb unter anderem der „Generalstabschef“ Derfflingers, der Generalquartiermeisterleutnant Blesendorf. Es war bereits Anfang Dezember, als man die letzten Vorkehrungen zum Sturm traf. Nachdem endlich zwei Minengänge an den Hauptwall herangetrieben waren, wurde Derfflinger von einem General gefragt, welche der beiden Minen zuerst gezündet werden sollte. Nach einer kurzen Besprechung mit seinem Landesherrn teilte er dem Prinzen von Homburg, der diesen Abschnitt befehligte, die kurfürstliche Entscheidung mit, daß die Verantwortlichen freie Wahl der Reihenfolge hätten. Derfflinger fügte noch hinzu, der Ingenieur müsse schließlich wissen, ob eine Gefahr bestünde, wenn eine Mine gezündet wird. Für den Fall, daß dennoch Gefahr droht, riet Derfflinger, zuerst die oberste zu zünden. Der ständige Beschuß und der gezielte Mineneinsatz schlugen größere Breschen in die Stadtmauer, deshalb erklärten sich die Schweden und Stettiner überraschend zu Verhandlungen bereit, die schließlich am 17. Dezember zur Übergabe der Stadt führten. Die schwedischen Soldaten zogen ab, und die Einwohner legten die Waffen nieder. Kurz vor Weihnachten hielt Friedrich Wilhelm Einzug in die Stadt und ernannte seinen Generalfeldmarschall zum Gouverneur aller pommerischen Festungen. Als ein besonderes Zeichen der kurfürstlichen Dankbarkeit erhielt Derfflinger zwei Stettiner Häuser geschenkt.

Ein halbes Jahr hatte die Belagerung gedauert. Zum ersten Mal in seiner jungen Geschichte führte das brandenburgische Heer unter ungeheurem Kraftaufwand eine solche militärische Aktion, mit dem Einsatz des größten Teils der Artillerie und dem dazugehörenden Ingenieurwesen, durch. Erfahrungen bei der Belagerung und Erstürmung Stettins fanden schließlich beim Ausbau der brandenburgischen Festungen eine konkrete Umsetzung, auf die wiederum Derfflinger als Gouverneur starken Einfluß nahm. Die Anstrengungen und Verluste vor Stettin waren letzten Endes sinnlos, da beim späteren Friedensschluß die Brandenburger die hart umkämpfte Stadt wieder räumen mußten.

Die Landung auf Rügen, die Besetzung Stralsunds und der ostpreußische Winterfeldzug

Als das erfolgreiche aber abgekämpfte Heer den beschwerlichen Weg ins Winterquartier antrat, kehrte Derfflinger für wenige Wochen nach Gusow zurück. Anfang Januar 1678 riefen ihn wieder Aufgaben nach Berlin und Potsdam. Mehrfach in der Woche erstatteten der ergraute Feldmarschall und die anderen Minister dem Landesherrn mündlich Bericht. Ein Blick auf die Hierarchie am Hof verdeutlicht die Stellung und Verantwortung Derfflingers. Friedrich Wilhelm besaß in allen, also auch in militärischen Fragen, die alleinige Autorität. Ihm zur Seite stand als beratendes und ausführendes Organ der Geheime Staatsrat. Derfflinger nahm in seiner Verantwortung als Generalfeldmarschall mehrfach an dessen Sitzungen teil, vor allem, wenn es um grundlegende politische, militärische und juristische Fragen ging. In rein militärischen Angelegenheiten beriet sich der Landesherr mit seinem Generalfeldmarschall allein oder mit den Mitgliedern des Geheimen Kriegsrates. Dem Feldmarschall oblag es weiter, wichtige kurfürstliche Entscheidungen und Befehle an seine Untergebenen zu übermitteln oder deren Bitten bzw. Vorschläge dem Landesherrn mündlich oder schriftlich vorzutragen.

Dem Generalfeldmarschall unterstanden alle Soldaten und die Militärverwaltung, also das gesamte Kriegskommissariat. Beide Bereiche waren auf eine enge Zusammenarbeit angewiesen. Trotzdem kam es zwischen Derfflinger und dem späteren Generalkriegskommissar, Oberst Joachim Ernst v. Grumbkow, mehrfach zu Auseinandersetzungen, denn zu

Beginn des Jahres 1678 traten erneut erhebliche Versorgungsschwierigkeiten auf. In Briefen an den Prinzen von Homburg, der zu dieser Zeit ein Truppenkontingent in Preußen kommandierte, mahnte der Marschall zu mehr Geduld, denn der Zustand aller brandenburgischen Regimenter sei „sehr schwach und abgemattet", da die Hilfsgelder aus den Niederlanden fehlten. Auch die Erkrankung des Kurfürsten erschwerte zu dieser Zeit eine Besserung der Versorgungslage, denn der Feldmarschall ließ in einem Brief durchblicken, daß die Kurfürstin Dorothea selbst ihn nicht an das Krankenlager ihres Mannes ließ. Da zu diesem Zeitpunkt alle höheren Generale nicht verfügbar waren, mußte Derfflinger wichtige Entscheidungen alleine treffen. Für die genannte Versorgungsmisere machte er auch das Kriegskommissariat verantwortlich. Der Marschall beschuldigte Oberst v. Grumbkow, der schon seit dem 21. November 1676 „das Kommissariat mit respiciret" leitete, gewisser Eigenmächtigkeiten und schrieb erbost an seinen Landesherrn: „Wenn ein jeder seines eigenen Gefallens bald hier bald da etwas auszufertigen angiebt, nichts anderes denn Unordnung und Ursache zu Disputen erfolgen muß." Gleichzeitig beschwerte er sich, daß die Verwaltungen der einzelnen Regierungen „die Miliz auf alle Weise zu drücken sucht". Der Kurfürst sorgte für eine bessere Versorgung der Regimenter. Im März des gleichen Jahres übernahm, nach dem Ausscheiden des bisherigen Generalkriegskommissars Gladebeck, Grumbkow offiziell die Leitung der Heeresverwaltung. Am 15. November 1678 wurde Grumbkow außerdem zum Geheimen Kriegsrat ernannt. Um ein erneutes Kompetenzgerangel zu vermeiden, betonte Friedrich Wilhelm in diesem Dokument, „was von Uns oder Unserem Geheimbten Kriegsrathe und Generalfeldmarschall dem Freiherrn von Dörflingern (an welchem Wir ihn hiermit verwiesen haben wollen und mit dem er von allem, was ratione dieser seiner Charge demselben oblieget, jedesmal zu conferiren und zu communiciren hat) ihm aufgetragen oder anbefohlen wird". Grumbkow hatte, „so oft geheimer Kriegsrat gehalten oder sonsten militarische Deliberationes gepflogen werden, jedesmal auf Erfordern darbei zu erscheinen". Ihm war dabei freigestellt, ob er dem Kurfürsten direkt vortrug „oder aber mit … dem Freiherrn von Dörfflingern daraus (darüber) konferire und mit demselben alles zu Unserem und Unserer Armee Besten überlege". Die relative Selbständigkeit der Verwaltung blieb bestehen, allerdings stand Grumbkow in der Pflicht, Derfflinger über alles zu informieren. Durch das hohe Alter des Feldmarschalls sowie dessen immer häufigere und längere Aufenthalte in Gusow erlangte das Generalkriegskommissariat zunehmend eine hohe Eigenständigkeit. Diese entwickelte Grumbkow, bis zu seinem Tode Ende 1690, zu einer wirklichen Zentralstelle der Heeresverwaltung.

Derfflinger hatte zu dem 30 Jahre jüngeren Prinzen von Homburg offensichtlich tiefe und persönliche Beziehungen. Einige Briefe zwischen beiden aus den Jahren 1673 bis 1679 und 1683 faßte der Biograph v. Unger vor mehr als hundert Jahren wie folgt zusammen: „Vermittlung des Feldmarschalls beim Kurfürst bezüglich des Homburgschen Regiments, seines Gehaltes, Anordnungen des Kurfürsten über das Verhalten Homburgs als Führer eines getrennt marschierenden Armeeflügels, als Befehlshaber in entfernten Winterquartieren, Rekrutierung und Verpflegung der unterstellten Truppen, Nachrichten über die Heeresbewegungen bei Freund und Feind und Anderes mehr." In einigen Briefen berichtete Derfflinger auch über den gesundheitlichen Zustand des Kurfürsten, von den Ereignissen am Hofe, der Politik sowie aus der privaten Sphäre. So bat 1678 Homburg den Feldmarschall, die Patenschaft für die jüngste Prinzessin, Wilhelmine Marie, zu übernehmen. Trotz dieser engen Verbindung gab es zwischen beiden auch dienstliche Differenzen. So z. B.

am 28. September 1678, als Derfflinger erfuhr, daß der Prinz nicht hart genug „fouragiere", also zu wenig Eßbares von den Bauern eintrieb. Homburg wurde daraufhin vom Kurfürsten zum Rapport bestellt, und es kam zu einem „scharfen Wortwechsel mit dem Feldmarschall Derfflinger". Der Generalmajor der Kavallerie verteidigte sich und bot tiefbeleidigt seinen sofortigen Abschied an. Dazu kam es aber infolge des kurfürstlichen Einlenkens nicht. Selbst als der Prinz später den brandenburgischen Dienst quittierte und 1681 Landgraf von Hessen-Homburg wurde, rissen seine Verbindungen zum märkischen Feldmarschall nicht ab. In den achtziger Jahren spielten Intriganten dem Landgraf die Nachricht zu, daß Derfflinger angeblich geäußert haben soll, nie wieder mit Homburg in den Krieg ziehen zu wollen. Der Feldmarschall, von Homburg daraufhin angesprochen, wies diese Verleumdung zurück und betonte: Er sei ein ehrlicher Mann und hoffe auch, als solcher das Leben zu beenden.

Die vielschichtige Arbeitsleistung im Frieden und die enormen Anstrengungen im Feld waren angesichts von Derfflingers hohem Alter beeindruckend. Gewiß sind ihm diese ständigen physischen und psychischen Kraftanstrengungen nicht leicht gefallen. Kammerjunker v. Bruch berichtete am 2. Oktober 1678: „Unser Feldmarschall … hatte seit gestern Abend einen heftigen Anfall von Nierensteinschmerzen mit gleichzeitiger Kolik; er glaubte sein Ende nahe." Bereits im März hatte sich der Gusower felddienstunfähig gemeldet und daraufhin den Kurfürsten um seine sofortige Entlassung gebeten. Er berief sich dabei auf seine letzte Kapitulation, in der der ehrenhafte Abschied für den Fall der Felddienstunfähigkeit festgehalten war. Ganz so einfach, wie der Alte es sich vorstellte, lief es aber doch nicht, wovon der ausführliche Briefwechsel zwischen ihm und seinem Landesherrn zeugte. Derfflinger dankte darin für alles, was er ihm „anvertraute", und bat also um seinen Abschied, denn er sei jetzt zum

„höchsten Alter" gelangt, „welches täglich mehr und mehr Schwachheiten mit sich führet, und meine Dienste mir dermaßen schwer machet, daß ich nun Nichts so sehr als die Ruhe verlange" und deshalb den „Tode …vergnüglicher vorbereiten" wolle. Derfflinger bat, ihm die „allergnädigste Kurfürstliche Gnade zu erweisen und (wegen) bevorstehenden schweren Feldzug, da ich die schwere Travaillen (Kriegsdienste, d. A.) unmöglich ausstehen kann, mich meiner Dienste zu entlassen und dadurch der großen Mühe, worunter mein hohes Alter dennoch liegen bleiben würde, mich zu entheben". Der altgewordene Marschall erklärte sich weiter bereit, seiner „kurfürstlichen Durchlauchtigkeit in allen anderen Dingen, außer denen so gar schweren Travaillen, nach Dero gnädigsten Befehl bis an mein Lebensende getreulich zu dienen".

Sein oberster Landesherr respektierte die angeführten Gründe nicht, „da man sich zum frühen Feldzug rüstet". Friedrich Wilhelm wußte aus der langen gemeinsamen Tätigkeit genau, wo er seinen alten Graukopf packen konnte, nämlich an seiner Ehre. Er antwortete am 11. März 1678:

„Gott hat Euch ein hohes Alter verliehen, es ist wahr, aber er hat euch auch dabei eine gesunde Leibeskonstitution gegeben, kraft welcher ihr besser, als mancher junge Mann, den Kriegsfatiguen gewachsen seid: Wir hergegen … hätten tausendmal mehr Ursache, Uns nach Ruhe zu sehnen, jedennoch … seind Wir entschlossen, auch den Rest Unserer Kräfte daran zu setzen … Bei solcher Bewandtnuß nun, und da Wir Euch kennen, Ihr auch bereits bei Uns viele Sauer und Süß gekostet habt, so ist es ja besser, daß Ihr auch bei Uns bis ans Ende ausharret." Er ließ den Ausgang des Ganzen offen: „Wir geben Euch aber selber vernünftig zu ermessen, wann Ihr … quitiren …(und) ob Ihr nicht Eure so wohlerworbene Ehre beflecken, und Euch in aller Welt ein Blame zuziehen würdet." Zum Schluß des Briefes äußert der Kurfürst die Hoffnung, daß sein ergrauter Generalfeldmarschall solange dient, „bis uns Gott nach Verleihung ruhigerer Zeiten auch vor Unserer Person die Ruhe gönnen wird".

So ganz war der Gusower mit diesem Brief nicht einverstanden. Er verfaßte an den Geheimen Staatssekretär Paul Fuchs noch am gleichen Tag ein ausführliches Schreiben, in dem er sich wegen „eine so gar abschlägige Antwort, die zum Theil in nachdenklichen terminis bestehet", beschwerte. Er beklagte sich bitter: „Diese Worte schmerzen mich fürwahr nicht wenig, meine getreuen Dienste sind bei der Welt vielleicht mehr bekannt, als in Berlin, und die Welt weiß es besser... Ich habe meiner Ehre zuwider nie etwas in der Welt vorgenommen, sondern sie dieselbe meinem Blute gleich geschätzet..." Auf das oft zitierte Wortspiel vom „Saueren und Süßen" antwortete der Gusower: „Daß ich das Saure und Süße gekostet, solches muß man im Kriege vorlieb nehmen, das Saure aber stehet voran und wird, wenn es zur Bilance kommen sollte, das Süße weit überwiegen. Ich habe des Süßen wenig genossen, und mag mir vielleicht zu meiner Gesundheit nicht gedienet haben." Derfflinger hielt unerschüttert an seinem gewünschten Abschied fest. Er schrieb an Homburg, daß auf seinen Posten viele Bewerber sich Chancen ausrechneten. Zum Beispiel strebten die Brüder von Holstein nach dem Titel eines Ober- und Unterfeldmarschalls. Als sich die Lage zuspitzte, bestellte Friedrich Wilhelm seinen alten Marschall zu sich nach Potsdam. Aber erst als sich sein angeschlagener Gesundheitszustand besserte, kam es zum versöhnenden Gespräch zwischen Beiden. Der Landesherr bat den Genesenen, mit ihm und der gesamten Armee ins „Feld zu ziehen". Generalfeldzeugmeister von Holstein sah daraufhin „seine Felle wegschwimmen", denn er verfaßte eine Denkschrift, in der er einen weiteren Kriegsdienst an der Seite des alten Feldmarschalls ablehnte und um die Entbindung von seinen Ämtern bat. Friedrich Wilhelm antwortete: Der Herzog möge sich aufhalten, wo er wolle, es solle ihm freistehen, aus dem Feldzug wegzubleiben. Der Regent, offensichtlich mit dem Ende der Affäre zufrieden, ernannte im Mai 1678 seinen treuen „Kriegsmann" zum Statthalter von Hinterpommern und des Fürstentums Kamin. Der neue hohe Titel und weitere feste Einnahmen von jährlich 2 800 Talern, „nebst einer gewissen Zahl Rehe und Wildschweine, sowie einige Wispel Getreide" dürften für ihn eine tiefe Genugtuung gewesen sein. An der feierlichen Amtseinführung, die am 26. Mai 1678 in Stargard stattfand, nahmen auch Mitglieder der brandenburgischen Regierung teil.

Bereits am 24. Januar 1678, also noch vor Beginn seiner schweren Erkrankung, erfuhr Derfflinger von der Besetzung der Insel Rügen durch ein schwedisches Kontingent. Über 5 000 Mann und einige Geschütze unter dem Kommando des Grafen Königsmark standen auf Rügen. Diese Meldung löste in Berlin ernsthafte Besorgnis aus, denn die Insel mit den Werken Altefähr und der Fährschanze stellte in der Planung eine Schlüsselposition hinsichtlich der Eroberung der Festung Stralsund dar. Als der Feldmarschall seine Dienste wieder aufnahm, liefen die organisatorischen Vorbereitungen einer großangelegten Seelandung der Brandenburger und Dänen bereits auf Hochtouren. Im Juni 1678 konzentrierte der Kurfürst seine Truppen bei Anklam und erwartete die Ankunft der dänischen Flotte.

Die letzten Festlegungen für die bevorstehenden militärischen Handlungen trafen am 1. August der Kurfürst, Derfflinger sowie der holländische Admiral Graf Tromp. Die Planung der Landeoperation, angesichts der geringen zur Verfügung stehenden Transportkapazität, stellte an Derfflinger und seinen Stab höchste Anforderungen. Die Infanterie hatte, da man nur eine kleine Anzahl der Reiter mitnehmen konnte, die Hauptlast zu tragen. Gerade in dieser Zeit änderte sich, durch die Erhöhung der Feuerkraft der Musketiere, die Zusammensetzung des Fußvolkes. Neben diesen

Der Große Kurfürst bespricht mit Derfflinger
und Admiral Graf Tromp die Landung auf Rügen

gehörten auch die Pikeniere zur Infanterie. Sie schützten, durch ihre bis zu 5 Meter langen Piken, die sie schräg aufwärts in den Boden stemmten, die Musketiere vor den Attacken der Reiterei. Die Mitnahme von Pikenieren hätte allerdings zwangsläufig eine Reduzierung der Feuerkraft zur Folge gehabt. Daher entschloß sich der Generalstab, eine größere Menge von „Spanischen Reitern", die schnell zum Schutze der Infanterie aufgebaut werden konnten, mitzuführen. Planung und Durchführung dieser komplizierten militärischen Operation zeugten von hoher Meisterschaft des Generalstabes unter Führung seines Generalfeldmarschalls sowie einer soliden Ausbildung der gesamten Truppe. Insgesamt standen den Brandenburgern für die Landung 5 500 Mann zu Fuß, 1 440 Reiter, 300 Dragoner, 18 Geschütze sowie einige Munitionswagen zur Verfügung. Die Landungsflotte mit 210 Schiffen und 140 Booten unterstand dem Admiral, Derfflinger befehligte dagegen die Landungstruppen.

Am 12. September setzte sich die gesamte Flotte in Bewegung. Aufkommender Ostwind verhinderte jedoch eine Anlandung der Brandenburger an der vorgesehenen Stelle. Den Dänen gelang dagegen die planmäßige Eroberung der Nordspitze Rügens. Einen Tag fuhr der Kurfürst gemeinsam mit Admiral Tromp an der Spitze der Flotte, um persönlich die neue Landungsstelle zu erkunden. Etwa 10 km von Putbus entfernt gingen, unterstützt durch die Schiffsartillerie, die Brandenburger an Land. Die Schweden kamen nicht rechtzeitig zu diesem Ort und konnten daher keine effektiven Abwehrhandlungen organisieren. Nach zwei Stunden war das brandenburgische Korps entfaltet, und der Angriff begann. Derfflinger verfolgte mit etwa 200 Reitern die Schweden bis in die Nacht hinein und brachte einige Gefangene ein. Am nächsten Tag setzten die Brandenburger die Attacken fort. Derfflingers Ordonnanzoffizier Ratzmer berichtete, daß sein Chef immer unter den „ersten Pferden" ge-

Eroberung von Rügen

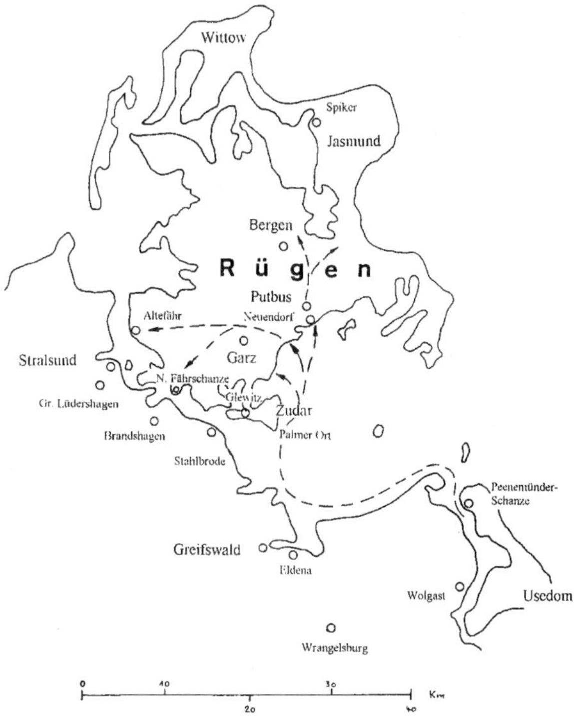

wesen sei. Mit einem Trupp erreichte der Generalfeldmarschall später Altefähr, eine wichtige Befestigung und zugleich ausgebaute Fährstelle nach Stralsund. Nach dem Erscheinen der Brandenburger versuchten die Schweden, in Richtung der Festung Stralsund zu entkommen. Offenbar drang die kurfürstliche Streitmacht schneller als erwartet vor, denn nicht alle Schweden konnten übersetzen. Derfflinger sah die Verwirrung des Gegners und ließ sofort seine Reiter absitzen, um die Schanze zu Fuß anzugreifen. Er befahl General v. Schöning mit den 500 Infanteristen, die gegnerische Stellung zu umfassen und vom Strand her anzugreifen. An den nachfolgenden Kämpfen nahm auch sein Dragonerregiment mit Erfolg teil. Der Feldmarschall selbst soll mit dem Degen in der Hand an der Erstürmung von Altefähr teilgenommen haben. Das Gefecht dauerte nicht lange. Die Schweden verloren dabei 200 Mann, und 700 Soldaten gerieten in Gefangenschaft. Fast 250 Pferde sowie ein Geschütz fielen den Brandenburgern in die Hände. Für den Reiter, der die schwedische Standarte eroberte, bat der Feldmarschall beim Kurfürsten erfolgreich um eine Belohnung.

Am 16. September gruppierte Derfflinger seine Truppen um und befahl den Angriff auf die 7 km entfernte Neue Fährschanze. Die Besatzung, meist ehemalige Brandenburger und Dänen, verweigerten ihrem Kommandanten den Gehorsam, damit fiel das Werk mit den 24 Geschützen noch am gleichen Tag der kurfürstlichen Armee kampflos in die Hände. Ein wichtiges Ziel, die Vertreibung der Schweden von der Insel Rügen, war damit realisiert und Stralsund in greifbare Nähe gerückt. Derfflinger befehligte nicht nur das brandenburgische Landungskorps, sondern griff auch aktiv in das Kampfgeschehen ein. Somit kommt ihm gebührendermaßen ein hoher Anteil am Sieg auf der Insel zu.

Als die Schweden auch das vorgelagerte und stark befestigte Werk Dänholm kampflos räumten, konnte Derfflinger

Belagerung von Stralsund

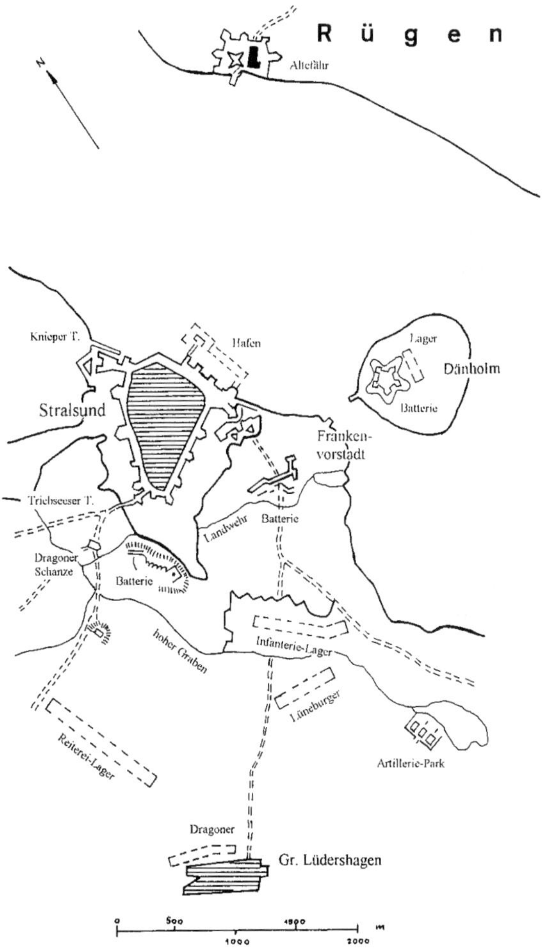

brandenburgische Geschütze auf der Insel aufstellen und die Belagerung der strategisch wichtigen Stadt beginnen. Bereits am 20. September nahmen die Schiffsgeschütze und die Artillerie die planmäßige Beschießung Stralsunds und der Hafenanlagen auf. Die Brandenburger verließen nun Rügen und bildeten mit anderen Truppen den Belagerungsring. Die Dänen sicherten weiterhin Rügen. Am gleichen Tag bat der Prinz von Homburg um die Erlaubnis, ein schwedisches Streifkorps, das offensichtlich zur Verpflegungsbeschaffung die Stadt verlassen hatte, angreifen zu dürfen. Der Feldmarschall teilte mit, daß der Kurfürst nichts dagegen habe und guten Erfolg wünsche. Außerdem erhielt Homburg die gesamte Reiterei, die vorher auf Rügen gekämpft hatte, als Verstärkung. Fünf Tage später war die schwedische Festung vollständig eingeschlossen. Die vielen Deiche, der Bodden, die Stadtmauer mit den vorgelagerten Erdwällen sowie die Außenwerke stellten die Brandenburger vor große Probleme. Bereits im Dreißigjährigen Krieg belagerte Wallenstein diese Stadt drei Monate vergeblich. Seitdem galt die Festung mit ihren über 100 Geschützen als schwer einnehmbar. Die Besatzung bildeten 3 000 Schweden, davon 2 000 Infanteristen, und 3 000 bewaffnete Bürger. Sie standen alle unter dem Kommando des kriegserfahrenen Graf Königsmark.

Der Kurfürst plante zunächst eine „klassische“ Belagerung und die schrittweise Annäherung an die Stadt, um die starken Werke systematisch zu zerstören. Derfflinger gab zu bedenken, daß ein Vorgehen wie in Stettin viel Zeit und weitere Kräfte beanspruche. Schlußfolgernd endete er seine Lagebeurteilung: Die Belagerung könne angesichts der herbstlichen Jahreszeit kaum noch vor Beginn des Winters beendet werden. Diese logische Einschätzung überzeugte auch den Kurfürst. Er befahl ein intensives Bombardement, um den Widerstand schnell zu brechen. Tatsächlich brannte Stralsund nach kurzer Zeit an mehreren Stellen. Der Große Kurfürst und sein Feldmarschall ritten am 11. Oktober in die Nähe des Triebseeser Tores. Derfflinger begab sich mit einem Trompeter dicht an die Stadtmauer und forderte die Soldaten zur Kapitulation auf. Da die Besatzung nicht reagierte, begann der Beschuß von Neuem. Das Feuer breitete sich aus, und ein Löschen der zahlreich ausgebrochenen Brände wurde immer unwahrscheinlicher. Königsmark sah sich angesichts der ausweglosen Lage gezwungen, Verhandlungen mit den Belagerern aufzunehmen. Schon am 18. Oktober zog die Garnison ab, und zwei Tage später erhielt der Kurfürst die Huldigung der Stadt. An dem Festakt nahmen auch die Kurfürstin, Derfflinger und andere Generale teil. Der Triumph war vollkommen: Was Wallenstein nicht gelang, schaffte das kurfürstliche Heer in nur wenigen Tagen.

Deprimiert streckte auch die schwedische Besatzung von Dammgarten die Waffen, so daß nur noch Greifswald dem Gegner zu entreißen war. Diese Stadt hielten seit längerer Zeit mehrere kurfürstliche Regimenter eingeschlossen. Sie begannen mit dem Bau von Stellungen und Batterien. Derfflinger befehligte die östliche Angriffsgruppierung. Durch diese Belagerung litten besonders die Bürger Not. In den Abendstunden des 6. November begann das unerbittliche Artilleriefeuer auf die Stadt. Die Wirkung muß verheerend gewesen sein, denn bereits einen Tag später bot der schwedische Kommandeur Verhandlungen an. Derfflinger handelte in kurfürstlichem Auftrag die Bedingungen des Waffenstillstands aus. Die 500 Mann zählende Besatzung verließ am 9. November Greifswald. Kurz darauf zog der Feldmarschall an der Spitze eines Infanterieregiments in die altehrwürdige Universitätsstadt ein. Da Friedrich Wilhelm wieder einmal an der Gicht litt und die 40 Stufen bis zum Festsaal nicht hinauf steigen konnte, fand der Huldigungsakt in der untersten Etage des Rathauses statt, an dem auch der ergraute Gusower teilnahm. Trotz der Anstrengungen und seiner ernsthaften

Erkrankung im Frühjahr erfüllte der zweithöchste Militär bei den vielen Waffengängen des Jahres 1678 seine Aufgabe vorzüglich. Er befand sich stets vorn bei der Truppe und setzte sich auch der Gefahr aus. Allerdings ging das Alter an ihm nicht spurlos vorüber, denn er litt vor Stralsund und Greifswald häufig an Nierenbeschwerden und Koliken. Aus diesem Grund mußte sich der Alte nach dem Feldzug für mehrere Tage dienstunfähig melden, um das Bett zu hüten.

Derfflinger erhielt wegen „erwiesene Kriegserfahrheit und seinen unverdrossenen Fleiß in Beförderung der Dienste seines Herrn“ stattliche 50 000 Taler, die aus den zu erwartenden spanischen Hilfsgeldern beglichen werden sollten. Ob er diese Belohnung überhaupt erhalten hat, ist nicht mehr feststellbar, denn der Kurfürst konnte diese rasch ausgesprochene Belobigung nicht sofort in „klingender Münze“ auszahlen. Am 1. September 1679 wies die kurfürstliche Kasse auf jeden Fall 12 000 Taler an. Die 20 000 Taler aus dem Jahr 1675 erhielt der Gusower dagegen erst 1682 in einer Höhe von 5 486 Talern ausgezahlt. Weitere Zahlungen sind nicht nachweisbar.

Die Schweden gaben keine Ruhe und gönnten dem greisen Feldmarschall und der gesamten Armee keine Pause. Zwar waren sie vom langen Krieg und den vielen Niederlagen äußerst erschöpft, aber größere Geldsummen aus Frankreich gestatteten immer wieder die Aufstellung neuer bzw. Ergänzung alter Regimenter. Anfang November marschierten sie aus Samogittien, dem heutigen Litauen, kommend, mit 16 000 Mann und 34 Geschützen unter Führung des Feldmarschalls Horn in Preußen ein und bedrohten sogar Königsberg. Die schwachen preußischen Truppen sowie die Landmilizen konnten dieser Übermacht keinen wirksamen Widerstand entgegen stellen. Einem Nachbarn Derfflingers, dem Generalleutnant v. Görtzke, wurde, noch vor Greifswald, der Auftrag übertragen, mit drei Reiter- und drei Infanterieregimentern dem Gegner entgegenzueilen. Die Truppen, die in Pommern standen und große Entbehrungen hinter sich hatten, benötigten zu diesem Zeitpunkt eine Phase der Ruhe und bezogen daher Winterquartiere. Aus dem kurfürstlichen Militäretat geht hervor, daß die Derfflingerregimenter noch über einen Bestand von 1 379 Infanteristen und 1 408 Pferden verfügten.

Über die Weihnachts- und Neujahrsfeiertage durfte der Alte in Gusow seine angeschlagene Gesundheit von „Husten und anderen beschwerlichen Zufällen in Etwas kuriren". Auch sein Landesherr plagte sich mit einer schweren Erkältung herum. Trotzdem entschloß sich Friedrich Wilhelm zu einem für die damalige Zeit nicht gerade üblichen Winterfeldzug. Er und sein Feldmarschall gaben Befehl, bereits im Winterquartier mit den Vorbereitungen des neuen Waffenganges zu beginnen und sich mit Teilen zum raschen Abmarsch bereitzuhalten.

Insgesamt 5 400 Fußsoldaten, wobei jedes Infanterieregiment ein Bataillon mit einer Stärke bis zu 600 Mann stellte, 5 000 Reiter sowie 36 Geschütze, wegen der größeren Mobilität auf Schlitten verladen, bildeten die brandenburgische Streitmacht, die im kalten Dezember 1678 den Marsch in Richtung Preußen begann. Im Januar stieß auch Derfflinger zum kurfürstlichen Hauptquartier. Die zugefrorene Weichsel wurde bei Marienwerder überquert. Vom plötzlichen Auftauchen der Brandenburger schienen die Schweden beeindruckt, denn sie traten einen verlustreichen Rückzug an. Die Verfolgung nahm Görtzke mit schnell herangeführten Reitern und Dragonern auf. Es galt, den Schweden „zu zwacken und abzumatten, damit er nicht entkomme". Die Infanterie und Artillerie sowie das kurfürstliche Hauptquartier setzten den Marsch über das Eis des Frischen Haffs weiter fort. In nur fünf Tagen legten sie, bei klirrender Kälte, beachtliche 200 Kilometer zurück.

Eine abgefangene Depesche berichtete von der Auflösung fliehender schwedischer Truppen. Nur ein energisches Nachsetzen konnte die endgültige Vernichtung des Hornschen Korps bewirken. Der Kurfürst befahl der Reiterei noch am 19. Januar, auf Tilsit zu „marschieren". Die übrigen Brandenburger bestiegen wieder ihre Schlitten und überquerten das Kurische Haff. Am 20. Januar erreichten Friedrich Wilhelm und Derfflinger Kukernese. Dort erhielten sie von Görtzke die Nachricht, daß inzwischen viele kleine Gefechte mit den Schweden geführt worden seien und Oberst v. Treffenfeld mit seinen 800 Reitern und 200 Dragonern den Gegner weiter zur Flucht zwänge. Treffenfeld berichtete später in einem Lagevortrag von diesen Siegen und überreichte als Beweis sechs erbeutete Trophäen. Als Anerkennung ernannte der Kurfürst seinen treuen und erfolgreichen Oberst zum General der Kavallerie. Bei der raschen Verfolgung des Gegners konnte nur der neu ernannte General mit seinen ca. 1 000 Mann Tuchfühlung halten. Zwar wollte auch der Kurfürst dem fliehenden Gegner nacheilen, um ihn zum Kampf zu stellen, aber Derfflinger, der die Gefahren eines solchen Vorpreschens erkannte, riet entschieden vom weiteren Vorrücken des brandenburgischen Korps ab. Daraufhin gab der „Oberbefehlshaber" den Befehl zum unverzüglichen Halt. In ärmlichen Hütten schlugen er und sein Hauptquartier die Nachtlager auf. Die Landbevölkerung nahm die Brandenburger nicht gerade freundlich auf. Derfflingers Wirt griff sogar zu einem ungewöhnlichen Mittel. Mit dem Anzünden seiner ärmlichen Hütte wollte er verhindern, daß sich der Gusower Freiherr zur wohlverdienten Nachtruhe begeben konnte. So groß die Unannehmlichkeiten für die militärische Führung waren, der Truppe erging es schlimmer. Für sie standen keine Quartiere bereit, ihr Nachtlager mußten sie unter freiem Himmel aufschlagen, dabei kam es verständlicherweise zu vielen Erfrierungen.

Ostpreußischer Winterfeldzug

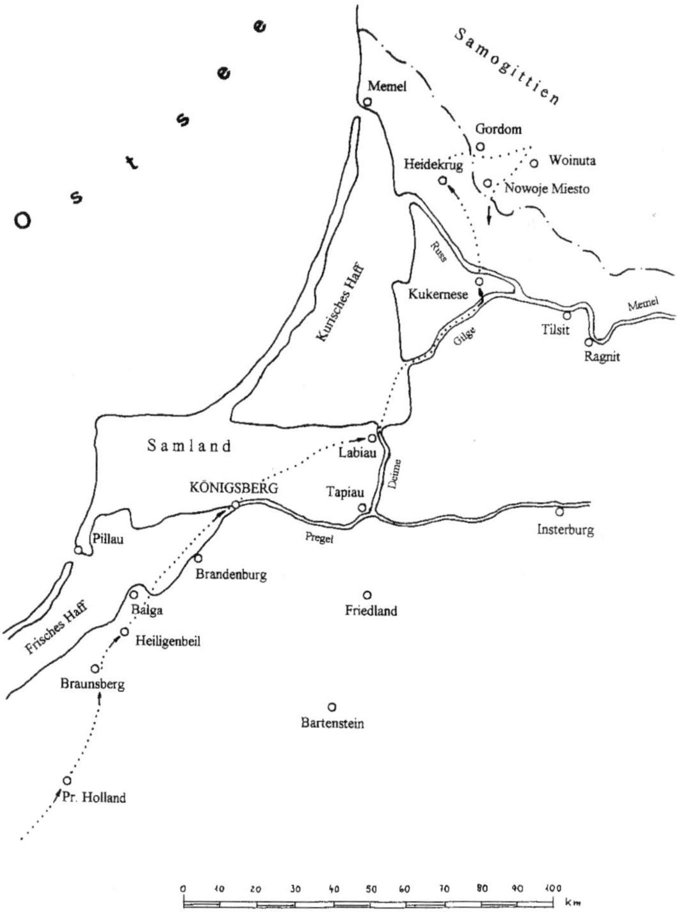

Der Gewaltmarsch des brandenburgischen Korps durch unwegsames Gelände, in 10 Tagen legte es bei anhaltendem Schneefall und ständigem Frost über 300 km zurück, sowie die Knappheit an Lebensmitteln und Futter zwangen zum Abbruch des ostpreußischen Feldzuges. Nur General v. Treffenfeld sollte die Schweden weiter verfolgen. Später eilte ihm General von Schöning mit 1 600 Reitern und Dragonern nach. Unter dessen Befehl diente ein Schwiegersohn des Gusowers, Oberstleutnant von Dewitz. Die ständigen Attacken des brandenburgischen Korps sowie Kälte und Hunger führten zur Auflösung des schwedischen Korps, nur ca. 1 000 Mann erreichten die Grenze von Samogittien. Mit diesem neuerlichen Sieg über die schwedische Streitmacht gelang es, die Eindringlinge vom preußischen Territorium zu vertreiben.

Als der Kurfürst am 1. Februar 1679 in Königsberg Einzug hielt, konnte die offizielle Siegesfeier stattfinden. Sechs Tage später feierte Friedrich Wilhelm seinen 59. Geburtstag. Selbstverständlich ließ sich Derfflinger dieses Fest nicht entgehen. Der überlieferte Bericht von diesem feuchten Abend besagt: „Man fing an zu schwelgen und leistete, des hohen Geburtstag halber starkes. Ja unser General Derfflinger, der sonst nicht trinkt, trieb es schärfer als irgend Jemand der ganzen Gesellschaft; und als der Hof ein wenig animirt war, spielte er noch den Jüngling, ja sogar den galanten Mann." Dietrich v. Buch, dem kurfürstlichen „Kammer- und Reisemarschall" – ihm haben wir diese Information zu verdanken, – hat den schwankenden Marschall stützend nach Hause gebracht. Am Morgen des 21. Februar rutschte der 73jährige Derfflinger auf einer vereisten Straße vor seinem Königsberger Haus aus und schlug so unglücklich auf, „daß er zu sterben glaubte". Zehn Tage mußte er das „Bett hüten und Stubenhocken".

Die Königsberger Zeit nutzten der Souverän und Derfflinger für Inspektionsreisen nach Pillau und Memel, um dort die Festungswerke zu kontrollieren. Der Generalfeldmarschall begab sich im März, in Begleitung des Obermarschalls des Herzogtums ein zweites Mal zum Pillauer Gouverneur. Während der Fahrt wurden die Beiden in ihrem Schlitten ordentlich durcheinandergeschüttelt. Erst Ende März kehrte der kurfürstliche Hof nach Berlin zurück. Der greise Feldmarschall konnte sich über die Osterfeiertage auf seinem Gut aufhalten. Danach nahm er in Berlin wieder seine eigentlichen Dienstgeschäfte auf.

Während des dreijährigen Brandenburgisch-Schwedischen Krieges bewies das kurfürstliche Heer, daß es zu den besten europäischen Armeen gehörte. Durch Gewaltmärsche, Gefechte und Belagerungen brachten die Brandenburger gemeinsam mit ihren Verbündeten das schwedische Heer mehrfach an den Rand einer vernichtenden Niederlage. Die Leistungen des Generalfeldmarschalls sind, trotz seines hohen Alters, unumstritten. Trotzdem gelang es dem Kurfürsten nicht, seine außenpolitischen Ziele zu verwirklichen. Alle früheren Verbündeten wendeten sich ab und Frankreich zu. Ein französisches Heer mit 30 000 Mann marschierte plündernd in die brandenburgischen Territorien am Rhein ein und zwang die schwachen Besatzungen zum Rückzug bis an die Weser. Truppen aus Hannover standen zum Einfall in die Kurmark bereit. In Berlin tauchten sogar Gerüchte von französischen Finanzierungen auf, die den Schweden einen erneuten Einfall in Brandenburg ermöglichen sollten. Nach längeren Verhandlungen, die Franz von Meinders führte, mußte Friedrich Wilhelm auf die umfangreichen Forderungen des französischen Königs Ludwig XIV. eingehen. Am 29. Juni 1679 wurde nahe von Paris der Frieden von St. Germain geschlossen. Brandenburg mußte demzufolge Vorpommern und Stettin an die Schweden zurückgeben. Derfflinger war verständlicherweise ein strikter Gegner des Friedensvertrages. Die schwedische Verpflichtung, auf die hinterpommerischen Seezölle zu verzichten, konnten den „alten Haudegen" nicht beruhigen. Als der Kurfürst im Juli den Friedensvertrag unterzeichnete, soll er geäußert haben: „Daß ich doch nie schreiben gelernt hätte." Nach anderen Überlieferungen erklärte er: „Erstehen wird einst aus meinen Gebeinen der Rächer." Als kleine Entschädigung erhielt der Kurfürst 300 000 Taler. Außerdem kamen Halle und Magdeburg endgültig in seinen Besitz. „Durchgesetzt hatte sich das Prinzip des Gleichgewichts", so urteilte Ingrid Mittenzwei, „das durch eine Eroberung Vorpommerns und eine Schwächung Schwedens gestört worden wäre." So begnügte sich der brandenburgische Kurfürst mit den kleinen Siegen. Beim Einzug in Halle an der Saale ritt auch Derfflinger an der Spitze der Generalität. Mit Freude dürfte der Feldmarschall vernommen haben, daß seine Regimenter auch im Frieden im Dienst blieben. Das Dragonerregiment wuchs sogar Ende des Jahres von 707 auf 811 Mann an. Dieser personelle Aufwuchs um zwei weitere Kompanien entstand durch die Eingliederung von Dragonern aus dem aufgelösten Köppingschen Regiment.

Derfflinger hielt sich von nun an häufiger auf seinem Gut auf. Die besinnliche Zeit wurde gelegentlich durch Dienstreisen und seinen Aufenthalt am kurfürstlichen Hofe unterbrochen. Dort hatte der Alte offensichtlich nicht nur Freunde, vor allem nicht in der französischen Partei. Er schrieb: „Weil ich in der Franzosen Vornehmen nicht einwilligen will sondern vielmehr, weil ich sehe, daß es Seiner Kurfürstlichen Durchlaucht hohen Interesse zuwiderläuft, ihnen zuweilen entgegen bin, suchen sie mich vor der Welt schwarz zu machen." Mit dem französischen Gesandten, Graf Rébenac, verband ihn nicht gerade eine Freundschaft, so daß „einer vor dem andern keinen Hut abnahm, noch sonst die geringste gewöhnlich Civilität erwies". Einige Publikationen berichteten, daß der Gesandte von seinem königlichen Hof sogar gerügt wurde, „umwillen er mit dem General Derfflinger nicht sittlicher umgegangen, sondern so ungestüm mit selbigem gebrochen". Leider sind die Ursachen für diese Differenzen nicht bekannt. Vielleicht wollte Rébenac einmal den Feldmarschall mit einer größeren Summe der französischen Politik gefügig machen, was Derfflinger „aber mit Verachtung von sich gewiesen habe".

Friedenszeit bedeutete für den „alten Krieger", die Einsatzbereitschaft des Heeres aufrechtzuhalten und umfangreiche Verwaltungstätigkeiten auszuführen. Aus dieser Zeit existieren zahlreiche Urkunden, die er als „Festungs-Obergouverneur" unterschrieb. Die Magdeburger wandten sich 1680 an den Chef aller Festungen mit der Bitte, daß dieser beim Kurfürst den geplanten Bau einer Zitadelle für das Jahr 1681 „hintertreibt". Derfflinger antwortete der Abordnung, er hätte selbst dem Kurfürsten wiederholt abgeraten, sei jedoch von diesem „mit Worten hart angefahren, daß auch die Kurfürstin darüber zugekommen wäre und ihn gebeten hätte (wohl des leidenden Zustandes des Kurfürsten wegen) davon still zu schweigen". Deshalb lehnte er eine weitere Einmischung in die kurfürstlichen Belange entschieden ab. Zu den Aufgaben des Generalfeldmarschalls gehörte auch die kontinuierliche Kontrolle der Regimenter und Festungen. Musterrollen aus dieser Zeit deuten darauf hin, daß im Abstand von zwei Jahren die Regimenter auf Vollzählig- und Wirtschaftlichkeit überprüft wurden. Jedes Regiment mußte dazu bereit sein „so oft Unser Geheimbter Kriegsrat und Generalfeldmarschall der Freiherr v. Dörfflinger entweder selbst oder durch jemand von Unserer Generalität solches besichtigen und mustern lassen will". Sofern eine Kompanie dabei nicht den geforderten Stand aufwies, durften Derfflinger bzw. die beauftragten Generale den verantwortlichen Rittmeister oder Kapitän sofort entlassen. Der alte Heerführer kontrollierte zum Beispiel mit zwei „Verwaltungsbeamten" 1681 das Infanterieregiment des Fürsten v. Anhalt. Das Ergebnis war niederschmetternd. Den Regimentschef, ein Widersacher aus vergangenen Zeiten, forderte Derfflinger auf, die festgestellten Mängel schnellstens abzustellen. Die Erfahrungen der letzten Feldzüge sowie die der anderen Armeen ließen verallgemeinerungswürdige Schlußfolgerungen zu, die in zahlreiche Erlasse, Reglements oder andere Dokumente Eingang fanden. Mit großer Sicherheit beeinflußte Derfflinger positiv die Ausarbeitung von Vorschriften zur Ausbildung, zur Sicherstellung der Verpflegung und Einquartierung sowie Einführung neuer Waffen und deren Einsatz.

Ein Schwerpunkt bei der Aufstellung eines neuen Heeres bestand in der Disziplinierung der Soldaten. Der knappe Friedenssold setzte dabei Grenzen, denn es waren „meist nur solche Leute bereit, dem Kalbfell zu folgen, welche sonst Schiffbruch gelitten. Uebelthäter suchten durch den Eintritt ins Heer dem Arm der Gerechtigkeit zu entgehen." Edikte wurden erlassen, um den Desertionen und Duellen sowie der Verwendung von Soldaten für die „Privatdienste der Offiziere" entgegenzuwirken. Im Jahre 1684 hielt Derfflinger vor dem Kurfürsten einen Vortrag über die Rebellion der Kolberger Garnison, denn er hatte durch eine Untersuchungskommission die Ursachen für diesen Aufstand ergründen lassen. Als ihm das Ergebnis vorlag, entließ der Feldmarschall kurz entschlossen einen Oberst und beurlaubte weitere Vorgesetzte auf Zeit. Für die meuternden Soldaten dagegen fanden die beiden Kriegsgerichte, eins vom Derfflingerregiment zu Pferd und das andere beim Barfuß-Regiment zu Fuß gebildet, keine so milden Urteile. Zwei Soldaten wurden erschossen, dreizehn zum sechsmaligen Spießrutenlaufen und elf zu Festungshaft verurteilt.

Bis ins hohe Alter verstand es Derfflinger, seinen Reichtum nicht nur zusammenzuhalten, sondern ständig zu mehren. Im Jahr 1681 kaufte er die „Quittainenschen Güter im

Herzogthum Preußen", dazu gehörten Quittainen sowie die Güter Grünhagen, Mäcken, Skollmen, Matzweissen, Pergusen, Weinings, Groß- und Klein Thierbach, Krönau, Köllming, Greissings, Lägs und schließlich Trauten. Am 25. August 1682 bestätigte der Große Kurfürst für seinen „Wohlgeborenen … lieben getreuen George Freiherrn Von Dörflinger, Seinen Söhnen und Ihren ehelichen Leibeserben und Nachkommen in gnädigster Erwägung" das „Eingeburtsrechts-Dokument". Er informierte die Bewohner des Herzogtums, daß die Derfflingers „… nun u. hinfüro zu ewigen Zeiten für rechte und wahre Einzöglinge Unseres Herzogthums Preußens gehalten werden u. aller u. jeder wohlergebrachten privilegien, immunitäten, Freiheiten, … Rechten und Gerechtigkeiten" genießen. Selbstverständlich leistet der Feldmarschall „den gewöhnlichen Erbeid" ab und hatte damit „Unser in Ihn gesetztes gnädiges Vertrauen erheischt". Jeder „Preuße" hatte aufgrund des kurfürstlichen Schreibens die neuen „Einzöglinge … auf- u. anzunehmen". Das kurfürstliche Siegel befand sich in einer an der Urkunde befestigten Kapsel. Der Feldmarschall v. Derfflinger war mit Scherheit selten oder gar nicht in Quittainen gewesen.

Die letzten militärischen Aktivitäten

Bei seinen längeren Aufenthalten im liebgewordenen Oderbruch besuchte der Gusower auch seine Nachbarn. Eines seiner Reiseziele dürfte die Komturei Lietzen gewesen sein. Der dortige Komtur, ein Herr von Schlieben, war in jener Zeit ein enger Vertrauter des Großen Kurfürsten. Der Lauf der Geschichte wollte es, daß sich das Derfflinger-Epitaph heute in der Komtureikirche zu Lietzen ganz in der Nähe des Bildnisses des Komturs befindet.

Bei seinen Ausritten oder Fahrten mit der Kutsche führte Derfflingers Weg mehrfach nach Friedersdorf, wo sein alter Kriegskamerad, Generalleutnant Joachim v. Görtzke, zu Hause war. Die „beiden alten Kämpen, die jederzeit Nachbarn gewesen waren, auf ihren Schlachtfeldern sonst und mit ihren Ackerfeldern jetzt, sie gedachten der alten Zeit und der alten Namen". Theodor Fontane, der mit großer dichterischer Freiheit von einem möglichen Besuch des „alten Weißbarts" in Friedersdorf berichtet, sprach gar vom „Frühlinge", der nun mit Derfflingers Töchtern und Enkeln einzog. Wenn seine Nachfahren genauso viel Temperament hatten wie der stürmische Großvater, ist es sicher in Friedersdorf lebhaft zugegangen. Am „... 30. März 1682", so formulierte der märkische Dichter, „hielt der Gusower Wagen auf der Rampe von Friedersdorf. Aber nicht zu frohem Besuche; Glocken klangen und Kanonen wurden gelöst, und der Achtzigjährige war nur gekommen, um den Siebzigjährigen in die Gruft zu senken." Nach dem Tode Görtzkes, der seine letzte Ruhe in der berühmten Friedersdorfer Kirche fand, setzte der Kurfürst den alten Derfflinger als Gouverneur von Küstrin ein.

Zu dieser Zeit wurden an den europäischen Höfen neue Bündnisse geschmiedet. Weil der Kurfürst wohl einsah, daß ein Zusammengehen mit Frankreich nicht das erhoffte politische Ziel, das Zurückdrängen der Schweden aus Pommern, bringen würde, wandte er sich immer stärker seinen alten Partnern zu. Seine Verhandlungsposition war im Gegensatz zu früheren Jahren gefestigt. Schließlich hatte er ein Heer, dessen Kampfkraft an den europäischen Höfen hoch eingeschätzt wurde. Der Kaiser schickte sogar einen neuen Gesandten, Baron von Fridag, nach Berlin. Den entscheidenden Anstoß für den Sinneswandel des Großen Kurfürsten aber löste die unmittelbare Bedrohung des Reiches durch das Heer des Großwesirs Kara Mustafa aus, der direkt auf Wien marschierte. Der Kurfürst beauftragte seinen Schwager, Fürst von Anhalt, mit dem Kaiser in Verhandlungen zu treten und ein Hilfskorps anzubieten. Im September 1683 konnten die vereinigten Truppen, die unter dem Befehl des polnischen Königs standen, die Belagerung Wiens zerschlagen. Einige kurfürstliche Truppen, in einer Stärke von ca. 1 200 Dragonern und Infanteristen, nahmen an diesem Entsatz der habsburgischen Hauptstadt teil. Während des Feldzuges kämpfte eine Kompanie von 200 Infanteristen des Regiments Derfflinger unter polnischem Kommando. Sie erlitt durch den beschwerlichen Marsch und die Kampfhandlungen erhebliche Verluste. Auch sein Dragonerregiment, acht Kompanien stark und unter Führung von Oberst v. Spätherbst, marschierte ins preußische Arnswalde, um auf weitere Einsatzbefehle zu warten.

Derfflinger hatte offensichtlich in vielen Ländern einen klangvollen Namen. Der deutsche Kaiser stellte dem kampferprobten Gusower in Aussicht, ihn zum Kaiserlichen Generalfeldmarschall zu ernennen. Da Leopold I. dafür hohe Forderungen an den Großen Kurfürsten stellte, wurde allerdings aus der ganzen Sache nichts. Derfflinger blieb somit „nur“

brandenburgischer Generalfeldmarschall. Der polnische König Johann III. Sobieski, der Befreier Wiens, verlieh dagegen am 30. Juni 1685 dem alten Feldmarschall und „seine Kinder beiderlei Geschlechts, rechtmäßig Erben und Nachfolger, jetzt u (nd) in Zukunft“ das polnische und litauische Ritterrecht. Der König nannte ihn ein „Martialisches Genie“, das „so viele ruhmreiche kriegerische Ehrenzeichen“ erhalten hat. In der Urkunde hob er auch die Verdienste Derfflingers in der jüngsten Zeit hervor, weil „er von ungemeinem Eifer Uns zu begleiten u. unter Unserer Führung gegen den gemeinsamen Feind der Christenheit zu Felde zu ziehen, entbrannt sei. Und da ihm dies dahin nicht gestattet war, habe er mit allem Eifer bei Sr. Kfftl. Durchl. darauf hingewirkt, daß Hülfstruppen gegen diesen Feind Uns u. Unserm Reiche untergeordnet würden …“. Er bekam auch ein kunstvolles Wappen, das er bei allen Anlässen verwenden konnte. Ob der Feldmarschall es tat und wie es konkret aussah, ist leider nicht bekannt. Das Original, auf einen Pergamentbogen geschrieben und mit der Unterschrift „Johannes Rex“ versehen, befand sich um die Jahrhundertwende noch im Gusower Schloßarchiv.

Friedrich Wilhelm konnte sich trotz der offensichtlichen Annäherung an seine alten Verbündeten nicht offiziell von Frankreich trennen. Somit war die hohe Kunst der Diplomatie gefragt. Der französische Gesandte Rébenac wußte vom Einfluß des zweithöchsten Militärs auf den Kurfürsten, was eine Begebenheit aus dem Jahre 1685 belegt. Der Franzose schickte einen französischen Oberst nach Gusow, um ein persönliches Gespräch vorzubereiten, bei denen die bestehenden persönliche Differenzen ausgeräumt werden sollten. Er bat: „die erste Visite zu geben, Alles beizulegen und seines Königs gute Intention ihm zu erkennen zu geben, da dieser sich vielleicht noch gegen künftigen Frühling sowohl des Kurfürsten als auch der Person Derfflingers bedienen möchte“. Dessen

Antwort lautete unmißverständlich, „daß er des Grafen Rébenac Visite, auch seine oder seines Königs Freundschaft niemals verlangt hätte; er ließe es bei dem Alten bewenden, und hätte der Oberst sich diesfalls ferner nicht … bemühen“ müssen.

Die kaiserlichen Heere kämpften in Ungarn seit 1683 erfolgreich gegen die Türken. Im Sommer 1686 konzentrierte sich alles auf die Einnahme von Ofen, wo der Gegner erheblichen Widerstand leistete. Eine kräfteraubende Belagerung begann, an deren Ende die Erstürmung folgen sollte. Die Zuführung neuer Truppen war deshalb dringend erforderlich, auch aus Brandenburg. Noch im April 1685 hatte der kaiserliche Gesandte „theils wegen der Abwesenheit und Krankheit Derfflingers“, teils aufgrund des noch starken französischen Einflusses, kein Gehör beim Kurfürsten gefunden. Aber wenige Wochen später schlossen der Kaiser und der Kurfürst ein militärisches Bündnis. Schon im Dezember stellte Friedrich Wilhelm ein 7 000 Mann starkes Hilfskorps in Aussicht.

Im Herbst kam es deswegen zu intensiven Gesprächen zwischen Friedrich Wilhelm und Derfflinger. Am 27. Dezember schickte der Kurfürst zur Begutachtung ein Schreiben nach Gusow, in dem alle für den Kriegszug geplanten Bataillone genannt waren. Gleichzeitig ließ er nachfragen, „wann Ihr bei Unsrer Hohen Person Euch wieder einfinden werdet welches unterdessen fürdersamst geschehe, Wir gnädigst, was zu einem und andern Nothwendigkeit ratione dieses Marsches nöthig und zu völliger Ereichung unserer gnädigsten Intention diensam sein wird“. Derfflinger gab die erforderlichen Befehle an die Truppen, die einen schnellen Ausmarsch im kommenden Frühjahr ermöglichen sollten. Die Regimenter waren gehalten, geeignete Männer, die „ohne Tadel, nicht zu alt noch zu jung, und … so schon im Felde gewesen sein, auch mit gutem Gewehr und vollkommener Mondirung“, auszusuchen. Der Feldmarschall wohnte häufig den Besprechungen des Kurfürsten mit seinen Ministern bei und konnte, wie er selbst berichtete, durch allerhand Vorschläge dazu beitragen, daß ein 8 269 Mann starkes Korps aufgestellt wurde, darunter befanden sich auch 578 Infanteristen seines Regiments.

Der Geheime Kriegsrat und Generalleutnant von Schöning wurde zum Befehlshaber des ausziehenden Korps ernannt. Ihm zur Seite standen der älteste Generalmajor Kurt Hildebrand von der Marwitz, Derfflingers Schwiegersohn, und Generalmajor v. Barfuß. Auf Derfflingers ausdrückliche Bitte erhielt auch Prinz Heinrich von Sachsen das Kommando über ein Regiment übertragen. Der kaiserliche Gesandte, Baron Franz Heinrich v. Fridag, lobte Schöning. Er schrieb an seinen Hof, daß dieser Feldherr „ein Edelmann" mit großer Tapferkeit sei und daß er „bei dem Herrn Churfürsten in hoher estime" stehe. Seinen Bericht beendete er mit dem Hinweis, „daß er dem Generalfeldmarschall Derfflinger einst succedieren dürfte".

Am letzten Tag des Jahres 1685 schrieb Friedrich Wilhelm einen weiteren Brief ins Oderbruch. Religiöse Probleme und die Verfolgung der Hugenotten waren zwischen Beiden ein wichtiges Gesprächsthema geworden, denn ca. 500 Glaubensflüchtlinge hugenottischer Abstammung suchten in dieser Zeit eine Verwendung in der brandenburgischen Armee. Der Kurfürst schrieb: „Auch ist Euch vorhin wissend wie großes Mitleiden wir mit denen aus Frankreich von der reformirten Religion, vertriebenen armen Leute haben". Gleichzeitig teilte der Kurfürst seinen Entschluß mit, die ausgewählten und noch eintreffenden französischen Offiziere unter das Kommando „Unsers General Bripuemault von St. Loup" zu stellen, der bereits 1681 als Generalmajor zu Pferd mit 1 000 Talern Gehalt eingestellt worden war. Derfflinger wurde zur raschen Stellungnahme aufgefordert, „damit alsdann die desfals benöthigte Orderes ausgefertigt werden“ können. Ganz so unkompliziert gestaltete sich die Eingliederung der dienstwilligen Franzosen jedoch nicht. Die Masse der „Réfugies“ diente zusammengefaßt in wenigen Truppenteilen. Unter den brandenburgischen Offizieren fand diese kurfürstliche Entscheidung keine ungeteilte Zustimmung, denn von den ca. 1 000 brandenburgischen Offizieren war fast jeder Dritte ein Franzose.

Am 17. Mai 1686 schloß der Kurfürst bei Krossen an der Oder die Aufstellung des brandenburgischen Korps mit einer Truppenschau ab. Ob Derfflinger an der Seite seines Landesherrn stand, ist nicht überliefert. Aber seine Regimenter marschierten mit einem Bataillon zu vier Kompanien zu Fuß, sechs Kompanien Reiter und der Hälfte aller ausrückenden Dragoner am obersten „Dienstherrn“ und den kaiserlichen Kommissaren vorbei. Das Korps machte einen „herrlichen Eindruck“. „Die Unt.-Officiere und Piquenire hatten Pistolen am Gürtel, und die Dörfllingschen Bataillone Kessel an der Seite, die Reuter und Dragoner führten daby noch Dolche.“ Dies ist ein deutlicher Hinweis auf die beginnende Einführung von Bajonetten in der brandenburgischen Armee. Allerdings erhielten zunächst nur die Dragoner diese Zusatzbewaffnung. Später ermöglichte die Einführung der Bajonette, die Feuerkraft der Infanterie spürbar zu erhöhen, denn nun konnten die Pikeniere gänzlich durch Musketiere ersetzt werden. Der Gesandte Fridag berichtete seinem Kaiser: „Auserlesene und wackere, auch besser muntierte (gekleidete, ausgerüstete) Völker (Soldaten) sollen sich nicht leicht finden, auch dergestalt, daß kein Mann darunter zu tadeln oder auszuschließen“ sei.

Der aus Halle stammende Barbiermeister und Feldscher Johann Dietz schilderte in einem Bericht seine Erlebnisse: „Endlich wurde zum Marsch geblasen und die Stücke (Geschütze) zum Abschied alle gelöst (abgefeuert). Der wohlseelige Kurfürst, als ein liebreicher, tapferer Held, nahm vor der Front von uns allen Abschied, zwar mit Tränen, und sagte: ‚Nun zieht hin, ihr Kinder, in Gottes Namen! Ich werde euch nicht alle wiedersehen.'" Er sollte Recht behalten.

Das Korps von über 8 000 Mann zog in einem beschwerlichen Marsch über Polen, Schlesien, Mähren und von dort über den Jablukapaß bis vor Ofen. Nach dem Eintreffen weiterer Truppen verfügte das alliierte Heer über 97 600 Mann und 266 Geschütze. Ihm lagen 14 000 gegnerische Soldaten gegenüber. Unter den Brandenburgern befand sich auch der zweite Sohn Derfflingers, Karl Freiherr von Derfflinger. Er war während einer Kavaliersreise vor seinen Schwager, Generalmajor v. d. Marwitz, getreten und hatte um die Aufnahme als Volontär gebeten. Welche militärischen Aufgaben Derfflingers Sohn übernahm, ist nicht überliefert. Am 25. Juni, zu Beginn des Sturmes auf die Stadt, traf ihn eine Kugel ins Herz. Derfflinger soll, als er vom Tode seines jüngsten Sohnes erfuhr, gesagt haben: „Warum hat der Narr sich nicht besser in Acht genommen!" Die Stadt wurde mit einem hohen Blutzoll Anfang September genommen. Allein die brandenburgischen Gesamtverluste betrugen ca. 3 000 Mann. Viele von den verbliebenen 5 131 Soldaten starben auf dem Rückmarsch in ihre Heimat durch Hunger und Kälte. Der Kurfürst schrieb verbittert an den Baron v. Fridag, daß er es lieber gesehen hätte, wenn „das ganze Korps vor Ofen gefallen wäre, als daß es auf dem Rückmarsche zugrunde ginge".

Im Herbst 1686 schienen die Kraft und der Elan des achtzigjährigen Feldmarschalls endgültig aufgebraucht zu sein. Er war gar „so matt und außer Kräften", so daß der Geheime Kriegsrat die dringendsten Aufgaben auf seinem Gusower Gut erledigen mußte. Zahlreiche Gutachten, Befehle und Informationen kamen durch Meldereiter in Berlin an. Als sich sein Gesundheitszustand im Frühjahr des darauffolgenden Jahres immer noch nicht besserte, sah sich der Kurfürst notgedrungen nach einem Nachfolger um. Friedrich Graf v. Schomberg (in einigen Veröffentlichungen auch Schonberg genannt), zuvor in französischem, portugiesischem und niederländischem Dienst stehend, erhielt am 27. April 1687 die Bestallung als „General eu chef“ und wurde zugleich preußischer Statthalter sowie Geheimer Staats- und Kriegsrat. Er war über Jahre hinweg der Nachfolger des legendären Marschalls Turenne und mußte „der Religion halber Frankreich und Portugal verlassen“. Er willigte in die Bestallungsbedingungen ein, „ungeachtet Ihm vom Kayser, Engelland und dem Prinzen von Oranien allerhand stattliche und vortheilhafte Conditiones offeriret worden“. Mit seiner Bestallung erhielt der Franzose außerdem die Chefstelle des Leibregiments Dragoner und etwas später das neu errichtete Regiment „Grands Mousquetaires“. Als „Krönung“ ernannte der Kurfürst zwei seiner Söhne, Meinhard und Karl v. Schomberg, zu Generalen.

Selbstverständlich unterrichtete Friedrich Wilhelm wenige Tage vor der Berufung Schombergs seinen „Wollgeborener besonders lieben Generalfeldmarschall“ von seinem Entschluß. Am 16. April 1687 schrieb er einen ausführlichen Brief ins Oderbruch, in dem er viel Lob und Anerkennung für jahrzehntelange treue Dienste spendete und das Versprechen gab, Derfflinger alle Würden und Einkünfte zu erhalten. Ferner begründete der Landesherr darin, warum er Graf v. Schomberg zum Feldmarschall erheben wolle. „Es ist Euch annoch außer Zweifel erinnerlich, was Ich mit Euch zum öftern wegen eines tüchtigen und capabeln Generals, dem ich meine Armee und Militz eu Chef zu kommandiren anvertrauen könnte, in gnädigstem Vertrauen geredet, weßgestalt Ihr auch jedesmal dafür gehalten, daß unter andern Qualitäten, die zu einer so vornehmen Charge erfordert werden, Ich insonderheit darauf zu reflectiren hätte, daß er ein Teutscher, der teutschen Sprache kundig sein müsse.“ Aufgrund der häufigen Erkrankungen des Kurfürsten brauche dieser „eine solche Person", auf die er sich „verlassen und welche allemahl bei mir gegenwärtig sein könne, umb bei allerhand vorfallenden wichtigen Angelegenheiten mir mit rath und taht an hand zu gehen, zumahlen, da Ihr nach Gottes Verhängniß, nun eine so geraume Zeit dero unpäßlich und nicht im stande gewesen Eure Dienste bei mir zu versehen". „Eß seyn die guten Qualitäten, Kriegs=Experienz, Tapferkeit und geschicklichkeit dieses Grafen in der ganzen Welt so bekannt und er hat davon in vielfältigen Occasionen solche Proben abgelegt, daß ich unnöthig achte, Euch von seinen Qualitäten weitläufige Meldung zu thuen." Der Kurfürst kannte seinen uneinsichtigen Freiherrn sehr gut und wollte dem absehbaren Ärger vorbauen: „Und gleichwie Ich der zuversicht lebe, daß er Mir und meinem churfürstlichen Hause gute und nützliche Dienste werde leisten können, Also bin ich auch versichert, Ihr werdet alß einer meiner liebsten ältesten und treuesten Diener diese meine gefaßte Resolution und Wahl allerdings in unterthänigkeit approbiren ...".

Fast gleichzeitig mit diesem Schreiben stellte, vielleicht als eine Art Beruhigung für den greisen und kranken Feldmarschall, der Kurfürst eine rasche Beförderung des Sohnes Friedrich in Aussicht. Dies und die kurfürstliche Zusicherung, daß Derfflingers Rat weiter gefragt sei, konnte den „alten" Isegrim" nicht beruhigen und schon gar nicht „approbiren". Der „getreue gehorsamste Diener" erwiderte am 20. April 1687: „Ob ich nun zwar wohl gemeinet, daß Ew. Churfürstl. Durchl. meine Ihro treu geleistete, unterthänigste, langwierige Dienste, wozu ich auch den Rest meines Lebens gäntzlich gewidmet gehabt, hätten gnädigst considiriren werden, insonderheit, da mir Gott nunmehro einen guten Anfang zu meiner Besserung verliehen hat ...". Der 81jährige wollte nicht zum „alten Eisen" geworfen werden. Er ließ keinen Zweifel daran, daß er nach Wiederherstellung seiner Gesundheit alle Ämter zur vollen Zufriedenheit ausüben könne. „... also werde bei fernerer meiner erfolgenden Beßerung die Gnade suchen, Ew. Churfürstl. Durchl. in Persohn unterthänigst aufzuwarten ..." An dieser Stelle sei erinnert, daß der Alte wenige Jahre vorher, wegen gesundheitlicher Probleme, selbst um den Abschied gebeten hatte und daraufhin gleichfalls „sauer reagierte", als er ihm nicht gewährt wurde.

Der Kommandowechsel spaltete das Generals- und Offizierskorps in zwei Lager. Die Älteren, die schon lange Zeit unter Derfflingers bewährter Führung dienten, hielten zum alten Feldmarschall, darunter verständlicherweise auch General v. Schöning. Die jüngeren Offiziere, vor allem die aus Frankreich stammenden, fühlten sich dagegen dem 70jährigen, noch rüstigen Generalfeldmarschall v. Schomberg zugeneigt.

Der alte Generalfeldmarschall a. D. hatte jetzt genügend Zeit, seine Krankheiten auszukurieren sowie sich um Güter und Familie zu kümmern. Seine Töchter hatte er, mit einer Ausnahme, gut „unter die Haube" gebracht. Die Älteste hatte bekanntlich am 27. Mai 1677 in Gusow Kurt Hildebrand von der Marwitz in zweiter Ehe geheiratet. Seine jüngste Tochter Charlotte gab er im Mai 1683 Oberst Johann v. Zieten, Erbherr auf Lögow und Trebnitz sowie Gouverneur von Minden, zur Frau. Luise heiratete den Kommandeur des Leibregiments zu Pferd, Joachim Balthasar v. Dewitz, der zugleich Erbherr auf Daber und Hoffelde sowie Witwer mit „vielen Kindern„ war. Er starb 1699 als Generalleutnant und Gouverneur von Kolberg. Emilie verehelichte Derfflinger mit Hans Otto von der Marwitz, Erbherr auf Grünrade und Bärfelde. Seine Tochter Dorothea blieb dagegen ledig. Sein nun einziger Sohn, Friedrich Freiherr von Derfflinger, kehrte als 25jähriger aus dem venetianischen Dienst nach Brandenburg zurück und wurde Oberstleutnant eines Infanteriegiments. Er heiratete als kurfürstlicher Oberst am 17. Januar 1690 in Zerbst ein Fräulein v. Osterhausen, Tochter eines „Fürstl. Sächsischen Obersteuereinnehmers zu Altenburg, auf Böhlen und Poderschen Erbherr".

Die Nachricht vom Tode seines Landesherrn, dem er über 33 Jahre treu gedient hatte, ereilte Derfflinger in seinem geliebten Gusow. Am prunkvollen Leichenzug am 22. Mai soll der Greis teilgenommen haben.

Kurz vor seinem Tode sprach Friedrich Wilhelm mit dem Kronprinzen Friedrich nochmals unter vier Augen. Mit Sicherheit stand dabei die brandenburgische Außenpolitik im Mittelpunkt. Die weiterhin enge Bindung an Wilhelm III. von Oranien und dessen Pläne zum Sturz des englischen Königs, Jakob II, kamen in der letzten Parole „Amsterdam – London" Friedrich Wilhelms zum Ausdruck. Sein niederländischer Verwandter wurde bekanntlich im Spätherbst des gleichen Jahres König von England. Der neue englische König trat sofort auf die Seite des Kaisers und des brandenburgischen Kurfürsten, Friedrich III., und beteiligte sich aktiv am Pfälzischen Erbfolgekrieg gegen Ludwig XIV. Derflinger bot dem jungen Kurfürsten den Dienst für den „Rest seines Lebens mit Gut und Blut" an. Im schmeichelhaften Antwortschreiben vom 11. August 1688 nimmt der Landesherr das Angebot an und beläßt ihm alle Gehälter. Die kurfürstliche Zusicherung, daß dem greisen Feldmarschall nur er selbst vorstehe, dürfte Derfflinger mit Genugtuung vernommen haben. Der Streit Derfflinger oder Schomberg hatte sich faktisch von selbst erledigt, da der Graf im 13 000 Mann starken Heer von Wilhelm III. von Oranien diente und am 11. Juli 1690 in England fiel. Friedrich III. unterstellte seinem niederländischen Verwandten zwei Reiterregimenter und neun Infanteriebataillone, darunter ein Derfflinger-Bataillon zu Fuß, bestehend aus vier Primaplanen und 720 Gemeinen. Die Lage indes spitzte sich zu, denn ein französischer Überfall auf das niederländische Territorium stand unmittelbar bevor. Deshalb begann die beschleunigte Verlegung der kurfürstlichen Feldtruppen an den Niederrhein, an der auch Derfflingers Regimenter teilnahmen. Die 46 Primaplaner und 5 880 Soldaten zählenden brandenburgischen Truppenteile fanden überall Anerkennung. Ein Augenzeuge sprach gar „von auserlesenem Volke", gut beritten und ausgerüstet. Ihr Einsatz erfolgte niemals geschlossen. Gute neun Jahre waren die Regimenter dem kurfürstlichen Befehl entzogen. Derfflingers Soldaten tauchten als Teil einer Festungsbesatzung und öfter in der niederländischen Schlachtordnung auf.

Derfflinger stand nicht mit im Felde, denn die Berliner Kriegskasse, aus der er das „Friedensgehalt" bezog, führte den Feldmarschall in ihren Listen. Aus diesen Dokumenten geht hervor, daß ihm 423 Taler noch nicht ausgezahlt waren. Diese Summe konnte er angesichts seiner weiteren Einkünfte verschmerzen. Allein für sein Reiterregiment standen ihm 2 568 Taler, für das Dragonerregiment 2 422 Taler und für das Regiment zu Fuß 3 588 Taler zur Verfügung. Schlimmer für den „alten Kriegsmann" war seine auf „Schreibtischaufgaben" reduzierte Tätigkeit. Aus dieser Zeit existierte noch vor hundert Jahren eine reichhaltige Korrespondenz mit Friedrich III., die der Biograph v. Unger gründlich auswertete. Er stellte fest, daß die Schriftzüge des Feldmarschalls „mit größter Sauberkeit und Sicherheit ausgeführt" waren. Seiner Unterschrift widmete er noch im hohen Alter große Aufmerksamkeit. Wenn auch seine Orthographie zu wünschen übrig ließ, was in der damaligen Zeit üblich war, denn feste Rechtschreibregeln setzten sich erst viel später durch. Sein Stil war kurz und bündig. Stets endete Derfflinger seine Berichte oder persönlichen Briefe an seinen Landesherrn mit den Worten: „Euer Kurfürstl. Durchlaucht allerunterthänigster getreu gehorsamster Diener G Fhr v Derfflinger".

Derfflinger machte, trotz seiner Abwesenheit vom Heer, von seinem Recht als Regimentsinhaber stets Gebrauch. So wollte er zwei seiner verdienten Offiziere mit einem höheren militärischen Posten betrauen. Jedoch bevor der Gusower seinen Vorschlag an den Kurfürsten weiterreichen konnte, setzte dieser auf eine der Stellen einen anderen Offizier. Daraufhin beschwerte sich Derfflinger und fordert zur Aufrechterhaltung der Disziplin die unverzügliche Einsetzung seines ältesten Offiziers. Der von ihm Auserwählte, so versicherte der Marschall, habe schon lange dem Kurfürsten treu gedient, deshalb müsse der Kurfürst unter Beweis stellen, „daß er für alte brave Offiziere Gnade habe". Diese Hoffnung war zugleich eine Anspielung auf einen Vorfall aus dem vergangenen Herbst, wo Generalmajor v. d. Marwitz bei der Beförderung keine Berücksichtigung fand. Ihm wurde der jüngere v. Barfuß vorgezogen. Marwitz und sein Schwiegervater wandten sich daraufhin an den Kurfürsten. Der alte Dickschädel wertete gar die kurfürstliche Entscheidung als eine „Ungnade" auf seine Person. Tief beleidigt schrieb damals Derfflinger, er würde sich für Marwitz, wenn er diesem einen Fehler bescheinigen könne, nicht so einsetzen. Wie bereits der Vater, versuchte nun der Sohn, den eigensinnigen Feldmarschall zu besänftigen. Er versprach baldige Abhilfe.

Der neue Landesherr übertrug dem 82jährigen, „wegen des zu ihm habenden Vertrauens bei jetzigen gefährlichen Läuften" die Statthalterschaft von Preußen. Das stellte keinen plausiblen Grund für den ergrauten Haudegen dar, denn eine Feldverwendung wäre ihm lieber gewesen. Klagend schrieb er: „Da Land und Dinge in Preußen nicht zu meiner Gesundheit sondern zur Verkürzung meines Lebens gereichen werden, ich auch vermuthlich anderweit nützlichere Dienste leisten kann, wo nicht eher, so doch gegen künftiges Frühjahr, mich wieder zu Ihrer hohen Person zu berufen und mich zu Dero Diensten anderweit zu gebrauchen, da ich viel lieber den Rest meines Lebens mit dem Degen beschließen und für Eurer Kurfürstlichen Durchlaucht Ruhm mein Leben aufopfern, als solches auf eine andere Art zubringen und in Preußen wie ich besorge zusetzen werde." Derfflinger wußte wohl, was ihn in Preußen erwartete. Er folgte, sicherlich nur widerwillig, dem Befehl seines Herrschers und ging sofort an die Arbeit, die schließlich für die Kampfkraft der Regimenter von größter Wichtigkeit war. In einer Denkschrift an die preußische Verwaltung stellte der frisch ernannte Statthalter einen Fragenkatalog auf, der ihn auf die Reise ins Preußische vorbereiten sollte. Ende November erhielt Derfflinger die Antwort auf seine konkreten Anfragen. In Begleitung seines Schwiegersohnes, Generalmajor Kurt Hildebrand v. d. Marwitz, reiste er nach Königsberg. Einen Tag nach Weihnachten wurden beide von den Stadtoberhäuptern mit gebührendem Respekt empfangen. Im Januar 1689 unternahm Derfflinger, bei Schnee und Sturm, eine Inspektionsreise zu den Festungen Pillau und Memel. Darüber hinaus unterbreitete der „Chef über alle Festungen" einige Vorschläge zur Verbesserung der militärischen Sicherung wichtiger Standorte, wie z. B. Tilsit. Derfflingers diplomatische Verbindungen mit Warschau, Stockholm und Livland hatten vor allem die Aufgabe, Informationen über einen eventuellen Überfall auf Preußen zu erhalten. Die Sorge war berechtigt, denn dem Statthalter unterstanden nur wenige Regimenter. Sie waren nicht in der Lage, einem plötzlichen Angriff standzuhalten.

Die Hauptaufgabe im ersten Quartal 1689 bestand für den preußischen Statthalter vor allem im Anwerben neuer Kompanien. Schon vor der Ankunft Derfflingers beklagten sich die Stände wegen der Methoden mancher Werbetrupps. Deshalb erhielt der Feldmarschall die kurfürstliche Weisung, gegen diese Auswüchse energisch einzuschreiten. Im März bedauerte der neue, preußische Statthalter schriftlich, daß keine guten Mannschaften mehr zu bekommen seien. Häufig versuchten Männer, die zuvor mit den Gesetzen in Konflikt gekommen waren, mit einem Eintritt in das Heer sich der gerechten Strafe zu entziehen. Trotz der Schwierigkeiten galt es, neue Regimenter aufzustellen, zu formieren und diese den Hauptkräften zuzuführen. Die Verlegung von Truppen erforderte bereits damals eine umfangreiche Organisation und das Zusammenwirken verschiedener militärischer und ziviler Dienststellen. Die Marschbefehle für die Regimenter schrieben die Berliner Behörden aus, ohne Derfflinger zu informieren. Unordnung schien vorprogrammiert.

Die Zusammenarbeit zwischen Derfflinger und den zivilen preußischen Behörden gestaltete sich äußerst kompliziert. Als kurfürstlicher Beauftragter stellte er ihnen konkrete Aufträge, sicherlich in seiner strengen militärischen Art. Die preußischen Beamten unternahmen alles, um sich diesen zu entziehen. Als Derfflinger erfuhr, daß kurfürstliche Forderungen direkt an die zivilen Behörden geleitet wurden, wandte er sich entrüstet an den Landesherrn, denn er könne nur ein Auge auf alles haben, wenn er als Statthalter über alles informiert und seine Autorität nicht herabgesetzt werde. „Eure Kurfürstliche Durchlaucht werden nach dero hocherleuchtetem Verstand von selbst gnädig erwägen, daß es besser gewesen wäre, wenn ich davon einen Wink gehabt, als daß die Vornehmsten erfahren, daß ich von nichts weiß.“ Friedrich III. versprach nach der Beschwerde sofortige Besserung.

Ende März konnte Derfflinger einen entscheidenden Erfolg verbuchen: Die Stände stellten nach langen und zähen Verhandlungen endlich die geforderten Gelder für drei Monate bereit. Somit konnten die preußischen Truppen gut gerüstet ihren Marsch an den Rhein beginnen. Da der greise Feldmarschall seit März über erhebliche gesundheitliche Probleme klagte, bat er seinen Landesherrn um seine schnelle Abberufung, „da Luft und Land ihm gar nicht zusagen wolle". Derfflinger befürchtete offensichtlich, daß im fernen Preußen sein Ende kommen könne und er den Rest seines Lebens in großem Kummer verleben müsse. In einem Schreiben an Friedrich III. verwies der gesundheitlich Angeschlagene darauf, daß in Preußen keine nützlichen Dienste mehr von ihm zu leisten seien und ein Oberst die Aufgaben übernehmen könne. Ende April 1689 erhielt Derfflinger endlich die langersehnte Abberufung. Einige Minister sollen aus Berlin ebenfalls für seine Rückkehr gewirkt haben, allerdings kaum aus Mitleid, sondern um die Affäre gegen den mächtigen Minister Eberhard von Danckelmann voranzubringen. Als Derfflinger davon erfuhr, lehnte er eine Beteiligung an diesen Umtrieben, bei denen es um die Festigung des Einflusses am Hofe ging, strikt ab.

Im Frühjahr 1689 zog das brandenburgische Heer mit 26 858 Mann und 60 Geschützen, erstmals seit 1674 ohne ihren Feldmarschall, ins Feld. Aber seine drei Regimenter waren dabei. Die Generale v. Schöning und Johann Albrecht v. Barfuß führten die Streitmacht erfolgreich bis zur starken Festung Bonn, die französische Truppen besetzt hielten. Fürst von Waldeck eilte mit der niederländischen Feldarmee ebenfalls an den Rhein. Unter seinem Kommando standen auch die, ihm noch vom Großen Kurfürst, unterstellen Regimenter Derfflinger, Anhalt, Prinz Karl, Prinz Philipp und die Reiterregimenter Spaen und Briquemault.

Die Belagerung von Bonn leitete Friedrich III. persönlich. Die altbewährte massive Beschießung hatte jedoch diesmal keinen Erfolg gebracht. Weil sich der Kurfürst an die erfolgreichen Blockaden während des Brandenburg-Schwedischen Krieges sowie den Anteil des alten Feldmarschalls erinnerte, beorderte er den bewährten Ratgeber seines Vaters im Oktober nach Bonn. Ihm entgegen schickte der Regent Derfflingers Sohn und einen Major v. d. Marwitz. Im Belagerungsjournal der brandenburgischen Armee vom 19. Oktober 1689 steht: „Dieser Tage ist der alte Feldmarschall Derfflinger angekommen." Dem Berliner Hofjournal vom 16. November ist zu entnehmen: „Im übrigen ist täglich Geheimer (Staats) Rath, auch nach des Feldmarschalls Freiherrn v. Derfflingers Ankunft dann und wann Kriegs-Konferenz gehalten worden."

Doch noch ehe der Gusower vor Bonn erschien, war alles vorbei. Den Brandenburgern gelang mit der Erstürmung „des gedeckten Weges" ein Teilerfolg, wenn auch unter erheblichen Verlusten, schließlich waren 300 Tote und 900 Verwundete zu beklagen. Die hungernde französische Besatzung ergab sich daraufhin am 10. Oktober und verließ „mit Gewehr und Bagage, Kugeln im Mund, schlagenden Pauken, rührenden Trommeln, blasenden Trompeten, fliegenden Fahnen und Standarten, an beiden Enden brennenden Lunten, angefüllten Bandelieren mit Lunten und Kugeln. Musketen und Piken auf den Schultern, die Reuter zu Pferd mit dem Degen in der Hand, die Dragoner auch zu Pferd mit der Flinten in die Höh" die Festung. Auch wenn Derfflinger nicht mehr eingreifen konnte, wurde er mit der Beförderung seines Sohnes zum Oberst entschädigt. Zuvor, am 30. August, kam es zwischen dem „Feldmarschall-Leutnant v. Schöning" und dem Generalleutnant v. Barfuß zu einer hitzigen Auseinandersetzung, wobei die Degen sehr locker saßen. Der Tamsler verließ kurze Zeit später die brandenburgische Armee und brachte es im kursächsischen Dienst bis zum Feldmarschall. Er galt als ein „Vertrauensmann Ludwigs XIV." und starb bereits 1696, im Alter von fünfundfünfzig Jahren. Schöning war lange Jahre die rechte Hand des Feldmarschalls und galt als der „Drillmeister" des brandenburgischen Heeres.

Kurfürst Friedrich III. und Derfflinger konnten nach dem Sieg nach Berlin zurückkehren. 1690 hielt sich Derfflinger vorwiegend in Gusow auf und gab von dort aus immer wieder Anweisungen bzw. Empfehlungen, denn „wegen der vielfachen Correspondenz“ erhielt er 200 Taler Entschädigung. Die Regierungsgeschäfte erforderten aber häufig seine Anwesenheit in Berlin. Sein jährliches Einkommen, ohne „Nebeneinnahmen“, lag zu diesem Zeitpunkt bei etwa 18 000 Talern.

Im gleichen Jahr stand vor allem die Sicherstellung des niederländischen Feldzuges im Mittelpunkt der Aktivitäten Derfflingers und seines Stabes. Die Verbündeten drängten den Kurfürsten zur schnellen Entsendung eines Hilfskorps, um der französischen Bedrohung gewachsen zu sein. Der 84jährige Feldmarschall stand damals wieder an der Spitze des ausrückenden Heeres. Anfang Juli hielt Friedrich III. im clevischen Wesel Kriegsrat ab. In Vise fand die Vereinigung mit dem niederländischen Korps unter Führung des Grafen Waldeck statt. Später stieß noch die spanische Armee zum alliierten Korps. Einen entscheidenden Angriff suchte allerdings keine Seite, damit blieb das brandenburgische Heer bis in den Oktober hinein in der Nähe von Brüssel. Derfflingers letzte Amtshandlung am Ende seiner militärischen Laufbahn bestand darin, für die im niederländischen Dienst verbleibende Truppe eine Instruktion auszuarbeiten und anzuweisen. Sein Dragonerregiment, acht Kompanien stark, diente für einige Zeit unter spanischem Sold. Ein letztes Mal kehrte Derfflinger aus dem Felde in seine Heimat zurück.

Über seine letzten Lebensjahre, die er vor allem auf seinen Oderbruchgütern verbrachte, ist nicht viel überliefert. Angeblich hatte Derfflinger, auf Wunsch seines Sohnes, 1691 den Dienst endgültig quittiert. Auch Friedrich Freiherr von Derfflinger verließ die Armee, damit er sich um den Vater und die großen Besitzungen kümmern konnte. Nach dem Tod des Feldmarschalls trat er wieder in brandenburgische Dienste.

Der „letzte Wille“ und der Tod des Feldmarschalls

Als der neue Landesherr seinem treuen Derfflinger am 8. September 1689 das freie Verfügungsrecht bei der Vergabe seiner gesamten Lehnsgüter übertrug, war es für diesen höchste Zeit, seine umfangreiche Hinterlassenschaft zu ordnen, denn nun durfte er seine Besitzungen auf die männlichen und weiblichen Nachkommen aufteilen. Er ahnte sein baldiges Ende wegen „unvermeidliche Hinfälligkeit aller Menschen“ und müsse deshalb die „Schuld der Nathur bezahlen“. Seinen letzten Willen ließ er am 16. Mai 1692 niederschreiben. Das Testament umfaßte vier doppelseitig beschriebene Blätter. Das, was er seinem Sekretär in die „Feder diktierte“, zeugt auf jeden Fall davon, daß der alte Graukopf noch im hohen Alter seine fünf Sinne beisammen hatte. Das Dokument gewährt noch heute interessante Aufschlüsse über seine Vermögenslage und seine Titel. Und diese waren umfangreich: „Demnach ich George Freyherr von Derfflinger, Churfürstl. Brandenbg. Geheimbter Kriegsrath, Statthalter des Großherzogthums Hinter Pommern und Fürstenthums Kamin, General Feld Marschall über dero Armee, Ober Gouverneur über alle dero Vestungen und Obrister zu Roß und Fuß, Herr der Witainischen Güter, in Preußen wie auch auf Schildberge, Gusow, Plattkow, Wulikow, Hermersdorf und Kleßin“. Sein letzter väterlicher Wille bestand darin, alle „zeitlichen Güther welche ich nicht ererbet, sondern durch gnädige Verleihung Gottes des Allerhöchsten mit meinem Degen erworben“ habe, unter seinen Kindern gerecht aufzuteilen. Gleichzeitig ermahnt er seine sechs Kinder, „seinen letzten

Willen“ zu respektieren, und drohte: „dann es demjenigen, so hier widerhandelt, und Uhrsach zur uneinigkeit giebet hir zeitlich und dort ewiglich nicht wohlgehen wird…“ Allerdings teilte Derfflinger seinen Nachkommen nicht mit, was er damit meinte.

Als erster Erbe wurde die Tochter aus erster Ehe, Beate Luise (Louisa), genannt. Sie hatte „ihr versprochenes Ehe Geld der Sechs Tausend Thaler, albereits empfangen, daneben auch Zwey Tausend Thaler an Mutter Erbe, auch alle aus der Schapelowischen Erbschaft überbliebene und ausstehende nomina zu sich genommen und also wegen ihres Mutter Guts föllig befriediget worden…“ Zu diesem Zeitpunkt hatte sie drei Söhne und zwei Töchter. Der Älteste, Heinrich Carl, war zu dieser Zeit erst 15 Jahre alt. Nach dem Tode von Friedrich Freiherr von Derfflinger sowie der erfolgten Erbteilung vom 25. April 1724 und „königlichen Confirmation vom 20. November 1724“ erwarb Heinrich Carl v. d. Marwitz das Gut Gusow von der Erbengemeinschaft für insgesamt 130 000 Taler. Der zu dieser Zeit preußische Oberst und spätere General sowie Gouverneur zu Breslau und Ritter des Schwarzen Adlerordens überformte als erster das Gusower Herrenhaus. Er starb 1745. Laut seinem Testament vom 24. August 1744 „erbte seine zweite Tochter Sophie Amalie Albertine, Gemahlin des außerordentlichen Gesandten und bevollmächtigten Ministers zu Haag, nachherigen Königl. Preußischen Kriegsministers Otto Christoph Graf von Podewils“. Der Zufall wollte es, daß mit dem Grafen noch einmal an das Wirken Derfflingers erinnert wurde, denn der Feldmarschall war ebenfalls im diplomatischen Dienst und als „Kriegsminister“ tätig. Die Tochter Aemilia (oder auch Emilie), die Gattin von Hans Otto von der Marwitz, hatte ebenfalls bereits die zustehenden 6 000 Taler Ehegeld erhalten. Sie blieb kinderlos. Die jüngste, Charlotte, Witwe des bereits 1690 verstorbenen Generals von Zieten

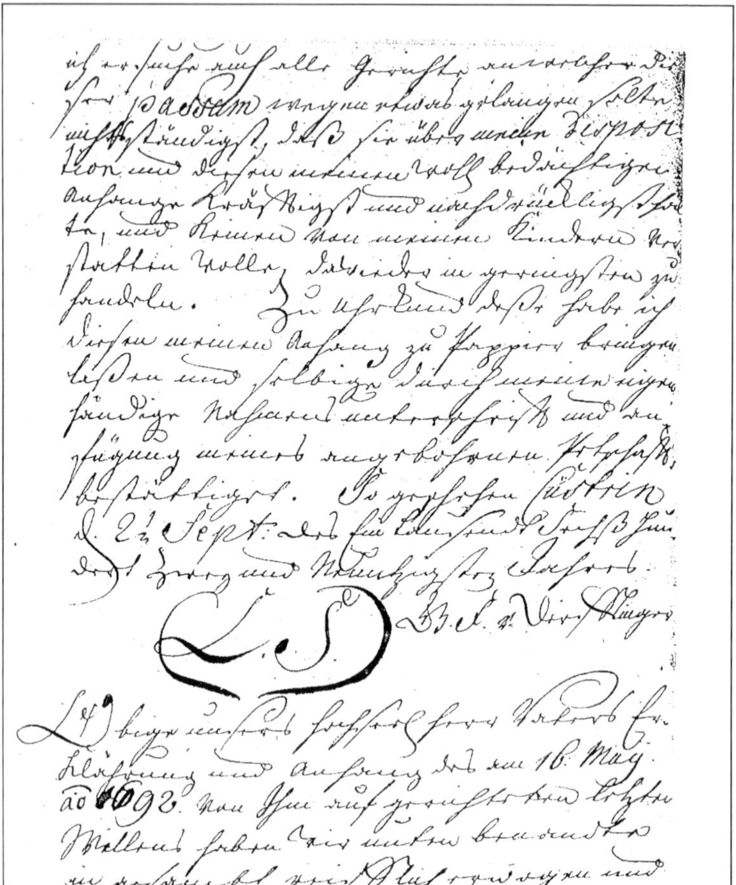

ich [illegible] suche auch aller Gewichte [illegible] dieser Passdam [illegible] etwas gelangen solte nicht ständigst, daß sie über meine Disposition und dessen meinem wohl bedächtigen Anfange kräfftigst und unverbrüchlichst halten, und keinem von meinen Kindern verstatten wolle, dawieder im geringsten zu handeln. Zu uhrkund dessen habe ich dieses meinen Anfang zu Pappier bringen lassen und solchen durch meine eigenhändige Nahmens unterschrifft und [illegible] fügung meines angebohrnen Petschaffts bestättiget. So geschehen Cüstrin d. 2. Sept. des ein tausend sechs hundert zwey und Neunzigsten Jahres.

L. S. B. F. v. Derfflinger

L4) beyn unsers hochseel. Herrn Vaters Eröffnung und Ansehung des am 16. May Ao 1692. von Ihm auf gerichteten letzten Willens haben wir unten benandte ein gesambt [illegible] und dieselbe bis auf die cum: Tit: Herrn Obristen v. Derfflinger und Herrn von der Marwitz und dessen Gemahlin Fr: Amilien geb. Frau v. Derfflinger

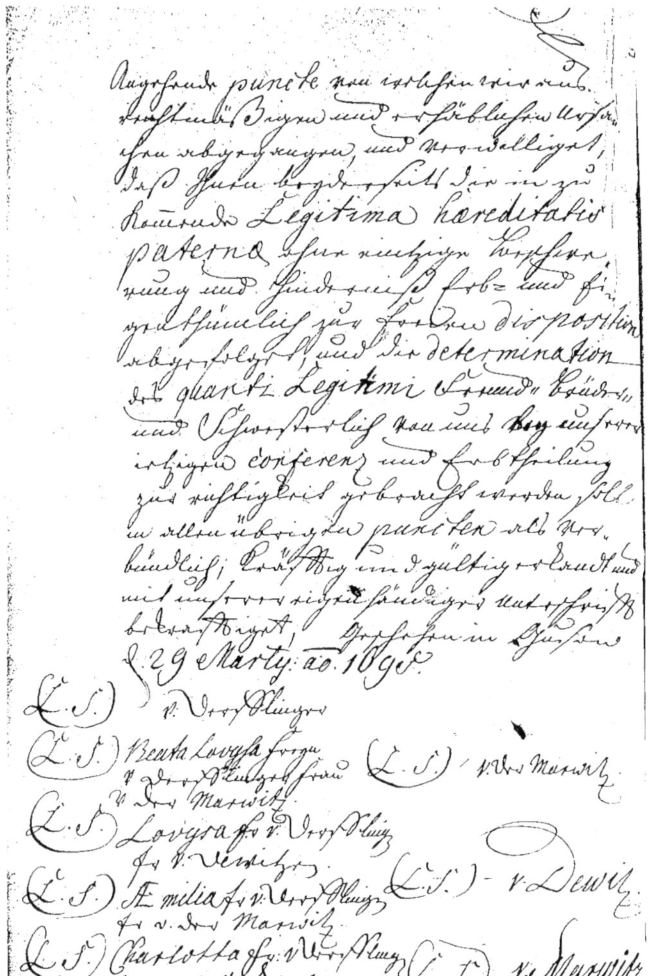

Die letzten Zeilen des Testamentes (16. Mai 1692) mit den Unterschriften Derfflingers und seiner Erben

und Mutter eines Sohnes sowie dreier Töchter, erhielt bis dahin nur die Hälfte der zugesprochenen Summe. Die älteste Tochter aus zweiter Ehe, „Louisa“ oder Luise, war zu diesem Zeitpunkt noch unverheiratet und hatte folglich „bis dato nichts genossen“. Für sie sollte das gesamte Erbe „sicher verwahret“ werden.

Derfflinger hatte größere Geldsummen zu guten Bedingungen angelegt, denn er verfügte, daß für Luise 5 000 Taler an einen „sichern ohrt umb den üblichen Zinß aus gethan, und die davon jährlich fallende 300 Th. ihr zur Nothdürftigen Ausgabe gereichet.“ Gleichzeitig verpflichtete der Vater den Sohn, die Schwester, solang „ohnentgeltlich“, standesgemäß zu versorgen und unterzubringen, bis sie verheiratet ist. Erst dann sollten ihr das Erbe und die 6 000 Taler Ehegeld zustehen. Mit dieser Festlegung beabsichtigte Derfflinger, das Vermögen zusammenzuhalten und unter Aufsicht des neuen Familienoberhauptes zu belassen. Anders verhielt es sich mit der letztgeborenen Tochter Dorothea. Sie war „mit stets wärender Schwachheit des Leibes und Gemüth heimgesucht, welches nunmehr dergestalt überhand genommen, daß an deren genesung zu zweifeln“ sei. Deshalb mußte Friedrich auch diese Schwester unentgeltlich bei sich aufnehmen, ihr Essen, Kleidung, Wohnrecht und eine „Person zur Aufwartung“ gewähren. Allen Kindern der letzten Ehe stand aus „Mutters Guth“ nichts zu, „… weil ihre Seel. Mutter ein gar weniges zu mir gebracht …“ hatte.

Da Derfflinger auf das Fortbestehen seines Geschlechtes hoffte, verfügte er, daß sein „in andern Ehe Erzeugter Sohn Friderich Freyherr v. Derfflinger alle … in der Chur und Mark Brandenburg gelegene Güther, alsß Schlidberg, Gusow, Plattkow, Wulikow, Hermerstorf und Kleßin, mit denen dabey befindlichen völligen inventariis … auf sich und seine Männigliche Leibes Erben voraus haben und behalten soll“. Als ob der alte Fuchs etwas ahnte, setzte er für den Fall, daß Friedrich keine Söhne zeugt, fest: „... so sollen dieselbe diese Güter mit meinen andern übrigen Kindern oder deren Leibes Erben gleich theilen, Im Fall er aber gar ohne Leibes Erben, welches Gott in Gnaden verhüten wolle, versterben möchte, so sollen nach seinem Todte alle diese Güther unter meine überbliebene Kinder oder deren Leibes Erben in gleiche Theile nach Beschaffenheit ... getheilet werden".

Diese Güter und aufgeführten Gelder waren jedoch nicht das einzige Vermögen, das sich der Alte im Verlaufe seines Lebens erworben hatte. Die preußischen Besitzungen mit den dazugehörigen Dörfern, die beiden Häuser in Cölln und Königsberg, das Gold, Silber und die wertvollen Kunstschätze sowie „außstehende Schuld Posten" wurden ebenfalls auf die Kinder gerecht aufgeteilt. Bereits vier Monate später, am 2. September 1692, ergänzte der 86jährige in Küstrin sein Testament. In dieser Deklaration trifft er Vorsorge für den Fall, daß sein einzig lebender Sohn ohne Erbe stirbt. Dies geschah, und so fiel sein gesamtes bewegliches und unbewegliches Erbe zu gleichen Teilen an seine Schwestern. Der „nach bleibenden Ehe Gattin, es sey die irtzige oder eine andere..." bekam die Witwe nur das, was „ihr in ihren Ehepactio verschrieben worden" war. Diese Festlegung entsprach durchweg den damaligen Gepflogenheiten, galt es doch, den Familienbesitz zusammenzuhalten. Sie besagt nichts über sein Verhältnis zur Schwiegertochter. Sicherlich hat Friedrich von dem Zugeständnis in dieser Deklaration Gebrauch gemacht und seiner Frau die „4 000 Th. der freyen Disposition" testamentarisch zugesprochen. Von seinem Scharfsinn im hohen Alter zeugen auch die Verfügungen für den Fall, daß auch die „geliebte (n) Tochter der Frau Obrist Lieutenanten v. d. Marwitz zu Grünrahde Aemilia v. d. Dörfflingerin ohne Kinder" blieb. Auch in diesem Fall sollte der Witwer nur die Summe laut Ehevertrag und, falls Amalia es wollte, auch weitere 4 000 Taler erhalten.

Derfflingers Sinn für Gerechtigkeit und den Respekt, den er bei seinen Kindern genoß, bezeugen das Testament vom 16. Mai 1692 und die Deklaration vom 2. September 1692. Die Dokumente wurden nach dem Ableben des greisen Generalfeldmarschalls, Georg Freiherr von Derfflinger, von den Erbberechtigten zur Kenntnis genommen und mit Unterschriften, teilweise auch mit den Siegeln des Freiherrn Friedrich von Derfflinger sowie den Familien v.d. Marwitz und v. Dewitz, anerkannt.

Im Testament sind ebenfalls die beiden Derfflinger-Häuser aufgeführt. Oberst v. Barfuß, Bevollmächtigter des Feldmarschalls, regelte die komplizierten Erbschaftsangelegenheiten. Der spätere Feldmarschall und Reichsgraf kaufte für 30 000 Taler am 12. April 1695 Derfflingers preußische Güter nebst den Kirchenlehen von Grünhagen und das Königsberger Haus. Besonders stolz war Derfflinger auf das „Hauß in Cölln". Daher legte er den Kindern nahe, daß dieses in Familienbesitz „so lang es möglich, verbleibe, und von ihnen allen, so gut es immer geschehen kann, genutzet oder bewohnt werde". Nur im Einverständnis aller Erben durfte dieses Anwesen veräußert werden. Das Gebäude, nebst Grundstück, erhielt der Marschall 1683, da er für den Feldzug in Holstein keinen Sold erhielt. Derfflinger ließ es 1692 abreißen und von keinem geringeren als A. Nering neu errichten. Es stand am Cöllnischen Fischmarkt, trug die Hausnummer 4 und bildete den krönenden Abschluß der Breiten Straße. Im Inneren mit reichlichem Stuckwerk und äußerlich mit ursprünglich sechs lebensgroßen Figuren am Dachgeländer ausgestattet, gehörte es bis in unser Jahrhundert zu den besten Adressen Berlins. Die rechte Figur stellte einen Soldaten als Speerwerfer dar. Die gewaltige Haustür mit den vielen abgebildeten Waffen, Lorbeer- und Palmenzweigen sowie Trophäen erinnerte mit diesem meisterhaften Schnitzwerk an den berühmten Besitzer. Auf einem angrenzenden Grund-

Denkmal in der Gusower Kirche

stück der Roßstraße ließ Derfflinger einen Marstall errichten, der allerdings später durch Wohnhäuser ersetzt wurde. Alten Unterlagen ist zu entnehmen, daß das Derfflingerhaus 1748 verkauft wurde. Damals hing noch ein Bildnis des berühmten Bewohners in dem dreigeschossigen Gebäude, das zu Beginn unseres Jahrhunderts sein Äußeres stark veränderte und während der Alliierten Luftangriffe in Schutt und Asche fiel. Weiterhin besaß Derfflinger nahe dem Landsberger Tor einen Weinberg. Dort stand später die ehemalige Bartholomäuskirche. Noch im 19. Jahrhundert nannten die Berliner diese Anhöhe „Derfflingers Weinberg".

Wenig ist über den Familienvater Derfflinger bekannt. Seine Kinder hat er stets zur Sparsamkeit angehalten. Er soll seinen Söhnen einmal gesagt haben, „sie hätten's nicht nötig", sich der Kunst und Wissenschaft zuzuwenden. Unterrichtet wurden seine Kinder durch einen Hauslehrer, was den damaligen Umständen entsprach. Als seine beiden Söhne nach ihrem Studium in Frankfurt an der Oder und Tübingen eine Kavaliersreise machten und von Italien um finanziellen Nachschub baten, soll der Vater geschrieben haben: „Meine guten Kinder! Wenn ich in Berlin in meinem alten grauen Rock allein über die Straße gehe, so sagen die Leute: ‚Seht, da geht der alte, ehrliche Feldmarschall Derfflinger.' ... Wenn sie euch aber dort mit zween Bedienten erblicken würden, möchten sie gewiß sagen ‚Hier gehen zwei Bediente mit ein paar jungen Laffe'."

Als der Greis seinen baldigen Tod spürte, rief er seinen Beichtvater Sannovius an sein Krankenbett. Dieser war nicht nur der Gusower Pfarrer, den er vor 30 Jahren aus Müncheberg geholt hatte, sondern ein Vertrauter der gesamten Familie. Zur Frau des Pastors sollen seine Töchter ein sehr enges Verhältnis gepflegt haben. Sannovius schilderte die letzten Tage des „alten Derfflinger" sehr anschaulich. Sichtlich gezeichnet von den ereignisreichen Lebensjahren fand der Greis

Vorder- und Rückseite der von J. Höhn im Auftrag Friedrich III. geprägten Silbermedaille zum Andenken an den verstorbenen Derfflinger

auf seinem Krankenlager nur selten ruhigen Schlaf. Die Nächte verbrachte er häufig mit Gebeten und hörte seinem Prediger beim Vorlesen zu. Die letzten Stunden beschrieb Sannovius: „Ich kann nimmermehr vergessen, mit welch andachtigen Mienen der hochselige Herr die Sterbegebete, welche ich ihm vorbetete, aufgenommen." Bald darauf ist er entschlafen, „mit gen Himmel aufgerichteten Händen und Augen". Es war der 4. Februar 1695, zwischen 12 und 13 Uhr, als er an Altersschwäche für immer die Augen schloß. Seine letzten Worte sollen, so Sannovius, gelautet haben: „Gott wird mir gnädig sein." Sein Alter betrug „89 Jahr weniger ein Monat".

Derfflinger verfügte für sein Begräbnis: „Mein entseelter Körper aber soll im beyseyn meiner nächsten Bluts Freunde in meinen zu Gusow erbauten Begräbnis, Christlich und ohne alles gepränge Beygesetzet werden, umb daselbst der Au(f)erstehung zum ewigen Freuden Leben zu erwarten." Die Leichenpredigt hielt selbstverständlich Sannovius. Sie wurde später bei Friedrich Eichhorn, Frankfurt/Oder, in kleiner Auflage gedruckt und war bereits vor hundert Jahren eine Rarität. Je ein Exemplar besaßen das Gusower Archiv und das Gymnasium zum Grauen Kloster in Berlin. Der Beichtvater sprach die Psalmverse: Er ruft mich an, so will ich ihn erhören; ich bin bei ihm in der Not, ich will ihn herausreißen und zu Ehren machen, ich will ihn sättigen mit langem Leben und will ihm zeigen mein Heil. Auf sein sehr langes und erfolgreiches Soldatendasein gab es, angeblich war das auch Derfflingers Wunsch, nur einen kleinen Hinweis: „Gott habe den Entschlafenen in fast fünfundsiebzigjährigen Kriegsdiensten von der niedrigsten bis zur höchsten Stufe gelangen lassen." In der „patronats-herrschaftlichen Familiengruft" fand der Generalfeldmarschall seine letzte Ruhe.

Kurfürst Friedrich III. ließ zu Ehren des Verstorbenen vom Hofmedailleur Johann Höhn eine wertvolle silberne

Medaille prägen. Auf der Vorderseite ist Derfflinger ganz geharnischt im Seitenprofil abgebildet. Die Umschrift gibt höchstwahrscheinlich Hinweise auf seine Titel und Besitzungen. Die Rückseite zeigt den behelmten und geharnischten Mars, den geschürzten Herkules sowie das von einem Lorbeer- und einem Palmbaum gekrönte freiherrliche Wappen.

Generalfeldmarschall Georg Freiherr v. Derfflinger geriet niemals in Vergessenheit, auch wenn sein Name 45 Jahre später, nach dem Tod der Frau seines Sohnes, für immer in Brandenburg erlosch. Sie starb „1740 im März im 71sten Jahre ihres Lebens zu Berlin".

Wirken, Verdienste und Erinnerungen

Heute gibt es kein Denkmal, das an Georg Freiherr von Derfflinger erinnert, trotzdem ist sein Name nicht vergessen. Vor 100 Jahren nannte man ihn den „Moltke des Großen Kurfürsten“ oder „des Großen Kurfürsten vornehmster Paladin“. Ohne Übertreibung kann festgehalten werden: Von den zahlreichen brandenburg-preußischen Marschällen war keinem ein so langes, wechselvolles und tatenreiches Leben vergönnt, hat keiner einen so gewaltigen Einfluß auf die Entwicklung des Heeres ausgeübt, wie Derfflinger.

Generaloberst Hans von Seeckt schrieb: „Es ist eine lange Reihe, die von Derfflinger über Scharnhorst und Gneisenau zu Moltke führt. Je nach ihrer Eigenart und je nach der Zeit, in der sie lebten, waren die Rollen, die ihnen zufielen, ganz verschieden. Bei dem zuerst Genannten kam es noch darauf an, einen kühnen und erfahrenen Reitergeneral zu gewinnen, den an sich und sein Land zu fesseln, dem Großen Kurfürsten gelang (es); … mit Recht blieb die Erinnerung an ihn bis in die Jetztzeit in der preußischen Armee erhalten.“

Auch Friedrich der Große, der durch das Lebenswerk des Großen Kurfürsten und seines Generalfeldmarschalls in die Lage versetzt war, seine militärischen Siege zu erringen, erinnert in einer historischen Schrift an Derfflinger: „Unter den Generälen des Kurfürsten“, heißt es in den Mémoires de Brandenbourg, „hatten der alte Derfflinger und Prinz Hans-Georg von Anhalt das größte Ansehen. Der Prinz von Anhalt galt als weise und Derfflinger als verwegen, letzterer diente seinem Herrn bei der überraschenden Einnahme von Rathenow, bei der Verfolgung der Schweden nach der Schlacht bei Fehrbellin und beim Vorantreiben der außerordentlichen Schnelligkeit der Truppen beim preußischen Feldzug."

Solche Urteile namhafter Persönlichkeiten lassen sich beliebig fortsetzen. In seinem Geburtsland gehört Derfflinger heute noch zu den „größten Soldatenpersönlichkeiten, die Oberösterreich je hervorgebracht hat". Für die Wertung seiner Leistungen reichen diese Urteile heute nicht mehr aus. In der Vergangenheit mußten Derfflinger und sein militärisches Wirken häufig Pate für eine vorbehaltslose Verherrlichung der Anfangszeit des brandenburg-preußischen Heeres stehen. Die Beschäftigung mit seiner Person erfordert heute, sie vom glorifizierenden Sockel der Vergangenheit herunterzuholen, denn zur Bewertung seiner Verdienste und seines Wirkens auf die Geschichte bedarf es eines konkreten historischen Bezuges zum Umfeld.

Unbestritten gehörte Derfflinger zu jenen militärischen Führern des brandenburgischen Heeres, die auf dessen Entwicklung größten Einfluß nahmen. Er war nicht der erste und einzige, der den hohen Titel trug, aber der erste bedeutende. Als Feldmarschall schuf er ein Heer, das Voraussetzung für „Preußens Gloria" und die Herausbildung des viel beschriebenen und so unterschiedlich bewerteten brandenburg-preußischen Soldatengeistes war. Dem Generalfeldmarschall unterstanden, wie beschrieben, der „Generalstab" und das Kriegskommissariat. Im letzteren arbeiteten zahlreiche Zivilisten. Über die Kriegskommissare, aber auch in seiner kurzen Zeit als preußischer Statthalter nahm er häufig direkten Einfluß auf einen großen Teil der brandenburgischen Staatsdiener. Dadurch wirkte Derfflinger an der Herausbildung beider „Säulen des preußischen Herkules", dem Heer und der Beamtenschaft, mit. Darin liegt seine eigentliche Bedeutung begründet, denn beide Stützen, die der Kurfürst und sein Feldmarschall auf dem Wege zum absolutistischen Staat schufen, waren für die nachfolgende Entwicklung Preußens eine unabdingbare Voraussetzung.

Der Weg bis dahin war voller Hindernisse. Brandenburg, im Verlaufe des Dreißigjährigen Krieges militärischer Verlierer, geriet plötzlich nach dem Westfälischen Frieden auf die Seite der politischen Gewinner. Schon zu Beginn seiner Regierungszeit, als der Krieg noch wütete, erkannte Friedrich Wilhelm, daß er im „Konzert der europäischen Geschichte" nur mitspielen und sich behaupten könne, wenn er über die notwendigen militärischen Machtmittel verfügte. Eine Söldnerarmee konnte die weitgesteckten außenpolitischen Ziele des brandenburgischen Kurfürsten nicht realisieren. Derfflinger urteilte selbst über solche Haufen: „Ich habe mein Leben lang viel Soldaten gesehen, sie taugen alle nichts. Ein gottvergessenes, wüstes Volk, das kein singen (!) und beten kennt, nur fluchen, saufen, stehlen, rauben." Vielleicht erkannte der frühere „Räuberhauptmann" aus eigenem Erleben, daß der Krieg nicht nur den Krieg ernährt, sondern auch das Volk und die Moral ruiniert. Aus diesem Grunde schufen viele Herrscher in der zweiten Hälfte des 17. Jahrhunderts einen neuen Heerestyp. So auch das kleine Land Brandenburg. Der Landesherr wußte, daß er ein stets einsatzbereites, gut gerüstetes und zuverlässiges Heer benötigte. Die Wiege des brandenburgischen Heeres stand nicht weit vom Wohnort Derfflingers in Frankfurt/O und in Küstrin. Diese neue Armee war nur auf den Landesherrn verpflichtet, blieb auch im Frieden gerüstet und war damit im Ernstfall schnell aufstockbar. Dadurch verfügte der Regent über ein wirksames politisches Mittel, um Druck auf den Gegner auszuüben oder für ihn günstige Bündnisse schließen zu können. Nicht Abschreckung war das eigentliche Ziel, sondern Krieg als „die Fortsetzung der Politik mit anderen Mitteln".

Aber ein modernes Heer erforderte viel Geld und setzte ein modernes Steuerwesen voraus. Selbstverständlich entstand unter Friedrich Wilhelm, mit tatkräftiger Unterstützung seines Feldmarschalls, die neue, ganz andere Armee nicht mit einem Mal. Es war ein langer Prozeß mit vielen Höhen und Tiefen. Der Beginn geht auf die 50er Jahre des 17. Jahrhunderts zurück. Im Februar 1655 stellte der Kurfürst insgesamt 26 „Fragepunkte" an den Geheimen Rat, mit denen er Klarheit über die künftige Rüstung erlangen wollte. Alle Angesprochenen äußerten sich über die Notwendigkeit eigener Truppen positiv. Zu diesem Zeitpunkt liefen bereits intensive Gespräche mit dem Gusower Gutsherrn. Schließlich verfügte Derfflinger nicht nur über umfangreiche Kriegserfahrung, sondern auch über die erforderlichen Mittel zur Aufstellung eines Regimentes.

Diese Anfangsphase war kompliziert und mit vielen Problemen behaftet. Als erstes galt es, den Widerstand der Stände zu brechen, denn diese mußten nicht nur die Mittel für den kurfürstlichen Lebensunterhalt, sondern auch die zur Aufstellung und Erhaltung des Heeres bewilligen. Besonders widerspenstig, das spürte der alte Haudegen später selbst, verhielten sich die ostpreußischen Stände. Sie und die Städte zähmte Friedrich Wilhelm mittels indirekter Steuern. Den Adel band der Kurfürst mit Hilfe eines einfachen Mittels an seine Person: Offiziersdienstgrade und Beamtentitel für die adligen Söhne. Damit erhielten jene, die das väterliche Gut nicht erben konnten, eine soziale Absicherung.

Nicht nur das Militärwesen befand sich in einer gewaltigen Umbruchphase, sondern der gesamte Feudalstaat wandelte sich zum absolutistischen Regime mit einem uneingeschränkten Herrscher, dem Kurfürsten Friedrich Wilhelm. Jeder Souverän benötigt zur Ausübung seiner Macht viele „treue Diener". Derfflinger, der richtige Mann für den militärischen Bereich, verfügte nicht nur über das notwendige Wissen und Durchsetzungsvermögen, sondern war auch ein harter und unnachgiebiger Charakter. Den benötigte der Gusower auch, denn beim Aufbau der neuen Truppe ging es hart zu. Die neuen Kriegsartikel, unter Derfflingers Mithilfe entstanden, waren mit Blut geschrieben. Auf Gotteslästerung, Plünderung, Kameradendiebstahl, Befehlsverweigerung, Duelle, schweren Ungehorsam und Fahnenflucht stand der Tod, und der Kurfürst war gnadenlos. Ihm blieb wohl auch keine Wahl, denn in kürzester Zeit mußte die neue Armee mit einem strengen Gehorsam geschaffen werden. Bei der Durchsetzung dieser Kriegsartikel konnte Friedrich Wilhelm sich voll und ganz auf seinen späteren Feldmarschall verlassen. Nie empfahl er seinem Regenten, einen Verurteilten zu begnadigen, auch nicht, als der preußische Oberst v. Kalckstein, wegen angeblicher Verschwörung gegen Friedrich Wilhelm, auf polnischem Territorium verhaftet, dann in Preußen gefoltert und schließlich zum Tode verurteilt wurde. Als in Ostpreußen ein offener Aufruhr drohte, ließ der Kurfürst kurz entschlossen 3 762 Soldaten zur Machtdemonstration in Königsberg einrücken. Auch dagegen protestierte Derfflinger nicht. Von ihm erwartete sein Landesvater in erster Linie strengen Gehorsam und nicht eine eigene politische Meinung. Mit Sicherheit hat Derfflinger dieses militärische Muskelspiel zur Einschüchterung der preußischen Stände nicht nur gebilligt, sondern tatkräftig unterstützt.

Dem brandenburgischen Landesherrn gebührt der größte Anteil beim Aufbau des neuen Heeres. Auch wenn viele Generale, Offiziere und Beamte auf die Entwicklung der Streitkräfte einen direkten Einfluß nahmen. Eine herausragende Rolle spielte dabei zweifelsohne Derfflinger. Deshalb sollen weitere Punkte seines Wirkens bei der Herausbildung des kurfürstlichen Heeres näher dargestellt werden. „Große strategische Aufgaben", so schrieb v. Seeckt, „waren von Derfflinger nicht zu lösen; was die Zeit verlangte, war klarer Führerblick im Sattel und schneller Entschluß, aber doch vor allem neben dem mitreißenden Einfluß auf seine

Soldaten die Hingabe an die Sache des Kriegsherrn." Über seine Fähigkeit, zweckmäßige Schlachtpläne zu entwerfen und diese im Gelände wirksam umzusetzen oder während der Kampfhandlungen zweckmäßige Entschlüsse zu fassen, kann kaum eine ausreichende Wertung getroffen werden. Es gibt wenige Schriftstücke, die im Hinblick auf bevorstehende Kampfhandlungen von ihm verfaßt wurden. Das liegt vielleicht daran, daß damals sogenannte „Sattelbefehle" üblich waren. Das waren Befehle, die aus dem kurzen Halt, entsprechend der Lage, an die Truppe gingen. Derfflinger war im Prinzip nie ein selbständiger Heerführer, das erlaubten einfach die damalige Zeit und der ständige Einfluß des Kurfürsten nicht. Jedoch besprachen der Landesherr und sein Feldmarschall häufig bevorstehende militärische Aktionen, wobei beider Meinungen nicht immer übereinstimmten. Weitgehend folgte der Kurfürst den Ratschlägen des Generalfeldmarschalls. Er war Friedrich Wilhelm direkt unterstellt und nur ihm rechenschaftspflichtig.

Derfflinger diente im Dreißigjährigen Krieg u. a. als Dragoner und erkannte dabei den Vorteil dieser Waffengattung. Sie erhöhte nicht nur entscheidend die Feuerkraft der Infanterie, sondern auch deren Beweglichkeit. Seine Erfahrungen bei Einsatz und Führung dieser „Sonderwaffe" brachte er nach Brandenburg mit. In der kurfürstlichen Armee bewährten sich die Dragoner mehrfach, vor allem im beweglichen Kampf, wenn die Infanterie den Reitern nicht mehr zu folgen vermochte, aber auch als Meldereiter und Aufklärer. Ihre Einsatzprinzipien wurden stetig weiter vervollkommnet, und so kämpften sie immer seltener abgesessen. Ihr eigentlicher Wert lag in der Beweglichkeit und vor allem in ihrer Feuerkraft. Getreu dem Grundsatz: „Dragoner sind halb Mensch – halb Vieh, aufs Pferd gesetzte Infanterie." Dieses Verdienst des alten Derfflingers würdigte v. Seeckt: Mit „Recht blieb die Erinnerung an ihn bis in die Jetztzeit in der preußischen Armee erhalten, weil er in seinen Dragonern eine Truppe schuf, die mit dem Karabiner in den Festungsgräben des Elsaß kämpfte, dann sich aufs Pferd schwang und dann die Schweden bei Fehrbellin attackierte".

Als Offizier und Befehlshaber stand er selbst in zahlreichen Schlachten, Scharmützeln und Treffen immer oder fast immer in vorderster Linie. Häufig waren diese Kämpfe siegreich. Sein Landesherr ließ dem oft nicht einfachen Charakter viel Entfaltungsraum und verstand es, ihn an die gemeinsamen Aufgaben zu binden. Beide, so scheint es, ergänzten sich hervorragend, denn ihre Charaktere lagen nicht weit auseinander. Friedrich Wilhelm versäumte keine Gelegenheit, den mürrischen und auf sein Fortkommen bedachten Gusower gebührend zu loben und reichlich zu beschenken. Er wußte, was er an diesem etwas eigensinnigen Feldmarschall hatte. Anläßlich der „preußischen Einbürgerung" Derfflingers lobte er seinen treuen Diener mit den Worten: In „gnädiger Erwägung seiner, des Freiherrn v. Dörfflinger, uns nun viele Jahre her u. bis in Sein hohes Alter geleisteten treuen u. nützlichen Dienste, sowohl zu Friedens- als Kriegszeiten".

Derfflinger war maßgeblich auch an der Erarbeitung wirtschaftlicher Vorschriften beteiligt und hat den Grundstock für das stets wachsende Vorschriftenwesen der preußischen Armee gelegt. Selbst auf die Konzeption der Steuerverwaltung nahm er Einfluß. Auf diesem sensiblen Gebiet mußten etliche Hürden überwunden werden, denn das neue landesherrschaftliche Steuerwesen löste die „altständischen Steuerverwaltungen" ab. Bei dem komplizierten Prozeß leisteten Derfflinger und die von ihm geführte Heeresverwaltung wertvolles, denn durch dieses neue Steuerwesen wurden die Verwaltung selbst und die gesamte Armee eng in das politische und wirtschaftliche Staatssystem Brandenburgs eingebunden. Diese Aktivitäten und Gesetze dienten in erster Linie dazu, die Armee von den Ständen weitgehend unabhängig und damit monarchischer zu machen. Generalmajor a. D. Curt Jany schrieb. „Die Militärmonarchie, die in einer ruhmreichen Geschichte Staat und Nation mit ihrem Geist erfüllte, setzte sich durch." Zu Derfflingers Zeiten stellte die „Militärmonarchie" eine logische Konsequenz auf dem Weg zur absolutistischen Herrschaft dar. Damals konnte niemand ahnen, daß diese viel später verhängnisvolle Ausmaße annehmen würde.

Der Kurfürst und sein Feldmarschall unternahmen große Anstrengungen zur Verbesserung des inneren Zustandes des brandenburgischen Heeres. Zweifelsfrei eine der schwersten Aufgaben. Denn 1655, als die Armee zum ersten Mal erheblich wuchs, standen nur Berufssoldaten des Dreißigjährigen Krieges zur Verfügung. Sie besaßen zwar eine hohe Kriegserfahrung, aber auch eine eigenartige Dienstauffassung, die einen breiten Spielraum für Disziplinlosigkeit ließ. Viele dieser Söldner erfuhren in den ersten Jahren ihres brandenburgischen Dienstes das gleiche Schicksal wie im Großen Krieg. Nach dem Friedensschluß wurden sie nicht mehr benötigt. Erst nach dem brandenburgisch-schwedischen Krieg blieb eine beachtliche Anzahl von Soldaten auch in Friedenszeiten in der Armee. Beim Tode Derfflingers unterschied sich ihr innerer Zustand zu dem der Anfangsjahre erheblich. Aus der vollkommen zügellosen „Soldateska" wurde eine weitgehend disziplinierte Armee. Die Zahl der Desertionen ging spürbar zurück, weil die Armee in der Regel aus Freiwilligen bestand. Die kurfürstliche Armee setzte sich zu diesem Zeitpunkt bei weitem nicht nur aus „Landeskindern" zusammen, was auch die Musterungsrollen der Regimenter Derfflingers beweisen. Das Motiv zum Dienst in der Kurfürstlichen Armee lag hauptsächlich im sozialen Bereich und weniger im Willen, zur „Vaterlandsverteidigung" beizutragen. Der Waffendienst war für viele, trotz der spärlichen Löhnung, eine Möglichkeit, sich und die Familie zu versorgen.

Diese Motivation, gepaart mit einem straffen Regelwerk, der regelmäßigen Soldzahlung sowie einer mehr oder weniger gesicherten Verpflegung wirkte sich positiv auf das Denken und Handeln der Soldaten aus. Disziplinlosigkeit widersprach dem Streben nach sozialer Absicherung, denn das Ausstoßen aus der Armee bedeutete in den meisten Fällen sozialen Abstieg.

Selbstverständlich gab es bei der Bildung des neuen Soldatengeistes viele Rückschläge. Immer wieder galt es, die Bevölkerung vor Übergriffen durch die eigenen Soldaten zu schützen. Am 17. März 1680 beklagten sich die Stände beim Kurfürsten, „daß man eine Armee und soviel tausend Menschen nicht an einem Faden führen könne und daß auch durch die allerbeste Ordre und schärfste Disziplin alle und jede Exzesse so wenig zu verhüten als in einem Lande bei Ruhe und Friedenszeiten auch durch die allerbesten Gesetze".

Leider ist es heute nicht möglich, detailliert die Person Derfflinger außerhalb seines militärischen Wirkens darzustellen. Über dessen komplizierten Charakter ist einiges geschrieben worden. Einige Charakterzüge wie Kühnheit, Unternehmungslust, Beharrlichkeit, Mut, Treue, analytische Fähigkeiten, Stolz, Frömmigkeit, Draufgängertum und Beliebtheit bei der Truppe sind ausreichend dargestellt. Aber auch Derbheit, Dickköpfigkeit, Undiszipliniertheit sowie ein ausgeprägtes Geltungsbedürfnis gehörten zu seinen dominierenden Charaktereigenschaften. Er fühlte sich schnell hintergangen und war leicht verletzbar, daraus erklären sich vor allem seine Disziplinlosigkeiten gegenüber dem Kurfürsten. Seine Derbheiten sind aus seinen Erlebnissen in den ersten Lebensjahrzehnten und seiner äußerst langen Militärzeit erklärbar. Allerdings konnte Derfflinger auch sehr galant sein. Kammerjunker v. Buch berichtete am 15. Oktober 1678, daß der Feldmarschall sogar von seinem Widersacher, dem Grafen Rébenac, wegen seiner guten Umgangsformen gelobt worden sei. Gegen Schwätzer und Neider trat der Geheime Kriegsrat und Feldmarschall stets entschieden auf. Ein italienischer Geschichtsschreiber namens Gregorius Leti, der sich lange Zeit am kurfürstlichen Hofe aufhielt und die brandenburgische Geschichte ausführlich beschrieb, schilderte den Feldmarschall als einen Mann von sanften und feinen Sitten, eben ein sehr „angenehmer Hofmann von vornehmen Umgangsformen". Derfflinger sei, so schrieb der Italiener, ein Mann mit viel Verstand, der für die militärische Kunst geboren sei, eine höfliche Beschreibung des alten Haudegens.

Unter seiner Regie entstanden, so erzählt man, die ersten Reitermäntel. Aus Gründen der Zweckmäßigkeit soll er verfügt haben, daß im hinteren Teil ein Schlitz eingearbeitet wurde. Derfflinger – der Erfinder des Frack? Warum auch nicht.

Häufig tauchte der Name Derfflinger in der Geschichtsdarstellung und der Traditionspflege der preußischen und deutschen Armee auf. Nicht nur sein Wirken beim Aufbau des kurfürstlichen Heeres fand dabei Erwähnung, auch seine soldatischen Leistungen wurden gebührend genannt. So steht im „Handbuch für Heer und Flotte" von 1911: Derfflinger, „der sich vom einfachen Reiter zur höchsten militärischen Würde emporgeschwungen hatte, blieb sein Leben lang während seiner militärischen Tätigkeit von über 70 Jahren stets der kühne, unerschrockene Reiter, der er in der Jugend gewesen. Ein starker Körper erhielt ihn bis ins hohe Alter leistungsfähig. Aber so oft D(erfflinger) Proben persönlicher Tapferkeit gegeben hat, niemals war er ein tollkühner Feldherr; Besonnenheit zeichnete ihn aus, ein scharfer Blick, im rechten Augenblick das Rechte zu tun, war ihm eigen. Die Soldaten hingen an ihm, der ja auch ganz dazu angetan war, ein Ideal u. Vorbild des Kriegers zu sein."

Sein Name spielte bei der Erziehung der Jugend vergangener Generationen als „Ideal und Vorbild" eine große Rolle.

Besonders auffällig wird dies in Artikeln bzw. der Literatur, die unmittelbar vor Ausbruch beider Weltkriege erschienen sind. Eigenschaften wie Treue, Opferbereitschaft, Pflichterfüllung, Tapferkeit usw. ließen sich für Kinder und Jugendliche gut gebrauchen. Auch in den deutschen Streitkräften spielte Derfflinger bei der Traditionspflege eine Rolle. Sichtbarer Ausdruck sind Namen von Kasernen und Schiffen der Marine. Derfflinger fand solche Beachtung bis 1919. Seither sind mir persönlich keine derartigen Beispiele bekannt.

Nach dem Tode des greisen Feldmarschalls wurden seine drei Regimenter, wie damals üblich, aufgelöst. Am 16. Dezember 1704 bat jedoch Generalmajor Friedrich Reichsfreiherr von Derfflinger König Friedrich I., „daß er möge wieder in Königliche Dienste accomodiret, und ihm ein Regiment Dragoner gegeben werde". Eine königliche Weisung vom 30. Dezember des Jahres befahl die Formierung des „Dörfflingerschen Regiments" zu acht Kompanien. In vielen Feldzügen bewährte sich das Regiment, erstmals im Spanischen Erbfolgekrieg am 11. September 1709 bei Malplaquet. König Friedrich Wilhelm I. verlieh dem Dragonerregiment den Namen „Grenadiers zu Pferd". Eine solche Bezeichnung hat es sonst nie wieder in den Streitkräften gegeben. Nach zahlreichen Gefechtseinsätzen, Verlusten und Umgruppierungen erhielt das Regiment am 22. März 1897 erneut den alten Ehrennamen: „Ich bestimme", so verkündete Wilhelm II., „daß das Dragoner-Regiment Freiherr von Derfflinger (Neumärkisches) Nr. 3 fortan die Benennung: Grenadier-Regiment zu Pferde Freiherr von Derfflinger (Neumärkisches) Nr. 3 führt." Diesen Namen trug es dann bis zu seiner Auflösung 1919. Die Traditionen des Regimentes führte in der Reichswehr die 3. Schwadron des 6. (Preuß.) Reiter Regiments und in der Wehrmacht die II. Abteilung des Kavallerieregiments 9 weiter.

Auch die Marine nutzte mehrfach den Namen Derfflingers. Der Große Kurfürst gilt ja auch als der Begründer der brandenburg-preußischen Flotte. Mit Unterstützung des Niederländers Benjamin Raule, der nach dem Frieden von St. Germain nach Brandenburg kam und seit 1677 Marinedirektor war, wurde eine kleine Marine geschaffen. Dieser kaufte für den Kurfürsten 1681 die niederländische Fleute „Wolkensäule". Drei Jahre später erhielt das segelstarke und schnelle Schiff den Namen „Derfflinger". Es besaß 15 bis 20 Mann Besatzung und verfügte über bis zu 16 Kanonen. Der „Namensspender" war übrigens von den kostspieligen „Flotten- und Kolonialplänen" seines Landesherrn nicht gerade begeistert. Vor dem Ersten Weltkrieg liefen zahlreiche neue Kriegsschiffe vom Stapel. Drei schwere Kreuzer gehörten zur sogenannten „Derfflinger-Klasse". Am Bug dieser Schlachtkreuzer standen die Namen „Lützow", „Hindenburg" und „Derfflinger". 1913 fertiggestellt, erfolgte Ende Oktober 1914 der erste Kriegseinsatz. Der Schlachtkreuzer hatte 24 Geschütze und Torpedorohre unterschiedlichen Kalibers sowie 1182 Mann Besatzung. Während der berühmten Seeschlacht vor dem Skagerrak (31. 5. und 1. 6. 1916) erhielt der Schlachtkreuzer 17 Treffer. Mit 157 Gefallenen und 26 Verwundeten besaß die „Derfflinger" die höchsten Verluste aller nicht gesunkenen deutschen Schiffe. Das „Heldengedicht" auf einer Weltkriegspostkarte klingt angesichts der vielen Toten mehr als makaber. Das Ende der „Derfflinger" kam mit Kriegsschluß. Am 19. 11. 1919 erfolgte die Überführung des mehrfach geflickten Kreuzers nach Scapa Flow. Von der eigenen Besatzung am 21. November versenkt, lag das Schiff über 20 Jahre in einer Tiefe von ca. 30 Metern. Als letztes Schiff wurde der Kreuzer 1938 gehoben und zwecks Schrottgewinnung im Hafen verankert. Aber erst 1946 erfolgte die Überführung nach Faslane-Port/Clyde, wo der einst so stolze Schlachtkreuzer innerhalb von 15 Monaten zu insgesamt 20 000 Tonnen Schrott zerlegt wurde.

Heute findet der Name des Generalfeldmarschalls kaum noch Beachtung. Vergessen ist er trotzdem nicht. Theodor Fontane schrieb vor über 120 Jahren in seinen Wanderungen: „Alles in Gusow, oder doch alles Beste was es hat, erinnert an den alten Derfflinger: Schloß, Park, Kirche". Das Schloß und der Park erlebten nach seinem Tode umfangreiche Veränderungen und mehrere Überbauungsphasen. Die Kirche mit der Familiengruft ist heute nur noch Ruine. In den letzten Kriegswochen 1945 erlitt das Gotteshaus das gleiche Schicksal wie viele im Oderbruch. Das Oberkommando der Wehrmacht ließ, um der gegnerischen Artillerie weitsichtbare Vermessungspunkte zu nehmen, auch den Gusower Kirchturm sprengen. Die Kirche mit der wertvollen Ausstattung blieb jedoch trotz der sowjetischen Großoffensive nahezu unversehrt. Was dann kam, war das Werk der Not und einer falschen Geschichtsauffassung sowie der verrohten Sitten der Nachkriegszeit. Steine und Holz holten sich Bürger aus dem Dorf, um die eigenen zerstörten Häuser instandzusetzen oder die Stube zu wärmen. Das übrige war ein Akt der sinnlosen Zerstörung und Pietätlosigkeit. Die sterblichen Überreste Derfflingers zerrten gewissenlose Menschen aus dem Grab. Ein Gusower soll das, was nach der Leichenfledderei übrig geblieben war, an einer unbekannten Stelle des Pfarrhofes der Erde übergeben haben. Möge der „Alte" seine endgültige Ruhe gefunden haben.

Bereits lange bevor Kriegs- und Nachkriegszeiten die Kirche zerstörten, weckten die sterblichen Überreste das Interesse von Neugierigen oder merkwürdigen Sammlern. Bereits Ende des vergangenen Jahrhunderts sah man sich gezwungen, den alten Sarg, der durch rücksichtslose Besucher beschädigt war, durch einen neuen festverschraubbaren Eichensarg zu ersetzen. Um Derfflingers Leichnam, mit einem einfachen Wams, schwarzer Hose und hohen Reiterstiefeln bekleidet, zu schützen, durfte kein Neugieriger mehr die Gruft betreten.

Auch am Epitaph nagte der „Wurm der Zeit“. Bereits 1875 fehlte dem Engel, der über der Büste lag, die rechte Hand mit der Posaune. Dem Feldherrenstab Derfflingers, auf dem Gesims über der goldenen Inschrift, waren die Nägel mit den goldenen Köpfen und der Samt abhanden gekommen. Von den Fahnen, die einst das Grabmal umschlossen, gehört die Dragonerfahne heute zum Bestand des Deutschen Historischen Museums in Berlin. Das gleiche gilt für den wurmstichigen Feldherrnstab. Leider ist auch die „fein gearbeitete Derfflinger-Büste“ verschwunden. Die „vortreffliche Marmorbüste (mit hoher Wahrscheinlichkeit eine Alabasterbüste, d. A.), welche – wahrscheinlich nach Derfflingers Totenmaske – wenn nicht von Schlüter selbst gearbeitet, so doch unter seiner Anleitung vortrefflich ausgeführt“, bildete früher den Mittelpunkt des Epitaphs. Eine Kopie gehört zur Ausstellung des Museums Schloß Gusow. Dort wird auch sein Leben und Wirken plastisch dargestellt. Zinnfigurendioramen und Bilder zeigen den stolzen Feldmarschall und einige seiner Schlachten. Waffen und Ausrüstungsgegenstände geben Einblicke in die Ausrüstung zu Derfflingers Zeiten.

Die politische Wende hat auch im Wohnort Derfflingers einiges verändert, denn heute besteht ein ganz anderes Verhältnis zum berühmtesten Gusower. So erinnerten sich die Einwohner und ihre zahlreichen Gäste anläßlich des 300. Todestages an „ihren“ verdienstvollen Feldmarschall. Die Kinder des Ortes erfahren im Schulunterricht oder beim Museumsbesuch „gleich über der Straße“ einiges über dessen Leben. Das neogotische Schloß, ab 1948 unter anderem als Getreidespeicher, Düngemittellagerstätte, Schule, Kindergarten, Hort, Jugendclub, Gaststätte, Großküche, Ferienlager, Jugendunterkunft, Bürgermeisteramt, Dienststelle für weitere Behörden und Umkleidemöglichkeit für die Fußballer genutzt, erlebt seit dem Frühjahr 1993 seine Renaissance.

Es kam in Privatbesitz, nicht an die „Erben“ Derfflingers, wie man vermuten könnte, sondern an einen Berliner, der gemeinsam mit seiner Gemahlin dem historischen Gemäuer ein ganz anderes Gepräge gibt. Das Schloß machte noch 1993 einen heruntergekommenen Eindruck. Heute verkündet die sanierte und restaurierte Vorderansicht mit dem eindrucksvollen Staffelgiebel und den beiden schmalen Türmen vom Willen des Schloßherrn, ein kulturhistorisches Ensemble zu erhalten und wiederherzustellen. Im Schloß selbst gibt ein Museum zur brandenburgisch-preußischen Geschichte interessante Einblicke in den wechselvollen Verlauf der historischen Entwicklung. Im prachtvollen Gartensaal finden regelmäßig Vorträge, Konzerte, Sonderausstellungen sowie andere kulturelle und Bildungsveranstaltungen statt.

Ein Denkmal für den verdienstvollen Generalfeldmarschall wurde nie geschaffen. Nur ein kleiner Granitstein im Schloßpark von Gusow erinnert an ihn. Dieser Stein trägt die Aufschrift „Derfflinger – 10. März 1606–1906“ und wurde anläßlich seines 300. Geburtstages, in Anwesenheit eines seiner Nachkommen und vieler Militärs, durch den Gusower Pastor Winkelmann geweiht. In seiner Rede bezeichnete er den alten Derfflinger als „deutschen Mann, märkischen Helden und Gusower Herr“. Unweit seines früheren Wohnortes, in der Komtureikirche Lietzen, befindet sich zur Aufbewahrung das bereits beschriebene und vor wenigen Jahren restaurierte wertvolle Sandstein-Epitaph. Es ist zu hoffen, daß nach der Restaurierung der Gusower Kirche das wichtigste „Denkmal“ Derfflingers wieder seinen angestammten Platz findet. Ein passendes Jahr wäre 2006, das 400. Geburtsjahr des „alten Haudegens“. Allerdings müssen bis dahin noch gewaltige und vor allem kostspielige Anstrengungen unternommen werden.

In seinem Geburtsort Neuhofen wird sein Andenken ebenfalls wachgehalten. Eine kleine informative Heimatstube

Blick in die Familiengrabstätte Derfflinger.
Die Gruft befand sich in der Gusower Kirche

stellt unter anderem Derfflingers Leben und Wirken dar. Das Prachtstück der Ausstellung ist eine Büste Derfflingers, die der deutsche Kaiser Wilhelm II. dem „K. und K. Oesterreich-Ungarischen Hauptmann im 28. Landwehr Regiment Herrn Derfflinger" schenkte. Ein Schreiben vom 30. Januar 1910 an diesen Offizier, der zu dieser Zeit im böhmischen Pisek diente, ist noch heute vorhanden. Darin heißt es: „Seine Majestät der Kaiser haben die Gnade gehabt, Eure Hochwohlgeboren eine Büste des Feldmarschalls Derfflinger, Ihres Vorfahren, zu verleihen, ausgeführt in Bronze nach der Büste vom Grabe des Feldmarschalls in Gusow." In Linz gibt es eine „Derfflingerstraße". Anläßlich seines 350. Geburtstages wurde am alten Rathaus seines Geburtsortes eine Tafel mit folgender Inschrift enthüllt: „Zur Erinnerung an den BRANDENBURGISCHEN GENERALFELDMARSCHALL GEORG v. DERFFLINGER DEN SIEGER VON FEHRBELLIN (1675) WELCHER AM 10. 3. 1606 IN NEUHOFEN AN DER KREMS GEBOREN WURDE."

Selbstverständlich stellten vergangene Generationen Derfflinger häufig in Kunstwerken dar. So existieren heute viele Gemälde, Grafiken, Romane, Gedichte, Anekdoten und natürlich die verschiedenen zinnfigürlichen Darstellungen, die den Generalfeldmarschall Georg Freiherr von Derfflinger abbilden. Im Jahre 1848 erlebte Berlin die Uraufführung des „Soldatischen National-Lustspiel: Feldmarschall Derfflinger". Fast hundert Jahre später schrieb Walter Kollo das Singspiel „Derfflinger", das am 17. Februar 1934 im Berliner Metropoltheater Premierenerfolg feierte. In Berlin gibt es noch heute eine „Derfflingerstraße".

Die Person des alten Haudegens stand, wie bereits beschrieben, in den vergangenen Jahrhunderten oftmals Pate für eine „preußische Erziehung", obwohl die Schriftenreihe „Borussia" bereits 1838 einräumte: „Obschon nicht Preuße von Geburt, hat Derfflinger doch dem selbstgewählten Vaterland die wichtigsten Dienste geleistet, zu dessen rühmlicher Erhebung viel beigetragen und ist mit den vornehmsten Geschlechtern dieses Landes in Blutsverwandtschaft getreten". Das „Deutsche Adelsblatt", Ausgabe 2/1965, gibt Einblicke in die lange Liste seiner Verwandten, mit denen er in „Blutsverwandtschaft" getreten war. Da ist zuerst Otto v. Bismarck. Er stammte sogar „zweimal von Derfflinger" ab, denn Bismarcks Urgroßmutter, Stephanie v. Bismarck, war eine geborene v. Dewitz. Somit gehörte der „Reichsgründer" zu den Nachkommen der dritten Generation. Auch in den adligen Familien v. d. Marwitz, v. Zieten, v. Haugwitz, v. Schönburg-Glaucha sowie v. Podewils „floß sein Blut". Darüber hinaus existierten verwandtschaftliche Beziehungen zum Graf Heinrich zu Stolberg-Wernigerode, zum Prinz Heinrich LVIII. zu Reuß-Köstritz und zum Großherzog Friedrich Franz von Mecklenburg-Schwerin. Vom Letzteren kann eine direkte Linie zur ehemaligen Kronprinzessin Cecilie und ihrem Sohn, Prinz Louis Ferdinand von Preußen, gezogen werden.

Zeittafel

1606
10. März: Georg Derfflinger wird in Neuhofen an der Krems (Oberösterreich) als „geringer Leute Kind" geboren.
1618
23. Mai: Mit dem Prager Fenstersturz beginnt der Dreißigjährige Krieg.
1620
16. Februar: Kurprinz Friedrich Wilhelm wird im Berliner Stadtschloß geboren.
In diesem Jahr tritt Georg Derfflinger in das böhmische Heer des Grafen v. Thurn ein und nimmt wahrscheinlich an der Schlacht am Weißen Berg bei Prag (8. November) teil. In dieser werden die Truppen des böhmischen „Winterkönigs", Kurfürst Friedrich V. von der Pfalz, vernichtend geschlagen.
1632
16. November: Der schwedische König Gustav II. Adolf fällt in der Schlacht bei Lützen. Zu diesem Zeitpunkt ist Derfflinger bereits schwedischer Offizier.
1634
Derfflinger erstmals als Oberstleutnant im Regiment des Grafen v. Hoditz offiziell erwähnt.
1635
Im Oktober ist Derfflinger Generaladjutant im Stab des Feldmarschalls Banér. Einen Monat später führt er das Regiment Torstensons.
1636
Anfang des Jahres überfällt und schlägt Derfflinger mit seinem Trupp sächsische Truppen bei Halle. Teilnahme an den Kampfhandlungen in Thüringen.

1639
Georg Derfflinger wird Oberst der schwedischen Kavallerie.
1640
Nach Banérs Tod kommt es im schwedischen Heer, infolge des ausbleibenden Soldes, zu Unruhen und ernsthaften Disziplinlosigkeiten. Derfflinger führt mit dem schwedischen Statthalter erfolgreich mehrere Verhandlungen und kehrt mit einer größeren Summe zum Heer zurück.
1642
Derfflinger begab sich in Begleitung eines weiteren Offiziers zum Siebenbürgischen Fürsten Rákóczy, um ihn zum Kriegseintritt zu bewegen. Ende des Jahres wird er vom Feldmarschall Torstenson zur Berichterstattung nach Stockholm geschickt.
1643
Im März berichtet Derfflinger dem schwedischen Kanzler Oxenstierna mehrfach von seiner Reise nach Siebenbürgen und über die Lage auf dem deutschen Kriegsschauplatz. Als Dank erhält Derfflinger von der Königin ein Schreiben und die Zusicherung einer Rente.
1646
26. Januar: Heiratet Derfflinger in Berlin Margaretha Tugendreich v. Schapelow aus Gusow.
1648
24. Oktober: Der Westfälische Frieden beendet den Dreißigjährigen Krieg. Derfflinger verläßt das schwedische Heer. Brandenburg wird seine neue Heimat.
1651
Beginnt der Kauf der brandenburgischen Güter Gusow und Platkow. Insgesamt zahlt Derfflinger 21 136 Taler. Gusow wird sein Wohnort.
1655
Erster Nordischer Krieg. Der schwedische König Karl X. Gustav beginnt einen Feldzug gegen Polen und schließt mit dem Kurfürsten Friedrich Wilhelm den Vertrag von Labiau.

16. August: Derfflinger tritt als ältester Generalwachtmeister in das brandenburgische Heer ein und beginnt mit der Aufstellung von Regimentern.
Tod seiner ersten Frau. In zweiter Ehe heiratet Derfflinger Barbara Rosina v. Beeren.

1656

28.–30. Juli: Brandenburger kämpfen in der siegreichen Schlacht von Warschau an der Seite des schwedischen Heeres. Derfflinger führt ein Korps während verschiedener Streifzüge in Polen.

1657

11. Juni: Beförderung zum Generalleutnant.
19. September: Friedrich Wilhelm schließt in Wehlau einen Waffenstillstand mit Polen.

1658

18. August: Ernennung zum Generalwachtmeister (Chef der Artillerie).
Teilnahme am „dänischen Feldzug“ und an den Kämpfen gegen die Schweden in Vorpommern.

1660

3. Mai: Friedensvertrag von Oliva. Friedrich Wilhelm wird erneut die Souveränität über Preußen bescheinigt. Vorpommern bleibt dagegen unter schwedischem Einfluß.

1670

18. Februar: Derfflinger wird zum Generalfeldmarschall ernannt. Ernsthafte Meinungsverschiedenheiten mit Kurfürst Friedrich Wilhelm.

1674

Derfflinger reist, mit zahlreichen kurfürstlichen Vollmachten, nach Den Haag, um mit dem Prinzen von Oranien über die Zahlung von Hilfsgeldern für die brandenburgische Armee zu verhandeln. Der Generalfeldmarschall wird vom deutschen Kaiser Leopold I. in den Reichsfreiherrenstand erhoben. Anschließend nimmt er am Rheinfeldzug teil.

1675
Beginn des brandenburg-schwedischen Krieges.
15. Juni: Einnahme der Stadt Rathenow. Derfflinger gehört zu den ersten, die den Kampf gegen die Schweden aufnehmen.
18. Juni: Die „Schlacht bei Fehrbellin" bringt den ersten Sieg des brandenburgischen Heeres unter dem „Großen Kurfürsten".
1677
17. Dezember: Die starke Festung Stettin wird nach wochenlanger Belagerung von den Brandenburgern genommen.
1678
12. September: Landung der brandenburgischen Truppen auf Rügen. Die Schweden werden geschlagen.
18. Oktober: Die Festung Stralsund wird vom kurfürstlichen Heer erfolgreich eingenommen.
1679
Durch den „Ostpreußischen Winterfeldzug" werden die Schweden aus Preußen vertrieben.
29. Juni: Unterzeichnung des Friedensvertrages zu St. Germain. Brandenburg muß das eroberte Vorpommern und Stettin den Schweden zurückgeben.
1686
Derfflinger unternimmt besondere Aktivitäten zur Aufstellung eines brandenburgischen Hilfskorps für das kaiserliche Heer im Kampf gegen die Türken. Vor Ofen fällt sein Sohn Karl.
1688
9. Mai: Kurfürst Friedrich Wilhelm stirbt in Berlin. Sein Sohn Friedrich III. wird sein Nachfolger. Ihm dient Derfflinger bis zu seinem Lebensende.
1689
25. Dezember: Beginnt der Feldmarschall seine Statthaltertätigkeit in Preußen. Dort bleibt er bis April des folgenden Jahres.

1689/1690

Letzte militärische Einsätze des Generalfeldmarschalls vor Bonn und während des niederländischen Feldzuges.

1695

4. Februar : Generalfeldmarschall Georg Freiherr v. Derfflinger stirbt fast 89jährig in Gusow.

Gedruckte Quellen und Literatur

Beckmann, Johann C.: Historie des Fürstenthums Anhalt in drei Bänden. Nachdruck der Ausgabe Zerbst 1710, in: Anhaltische Landesbücherei. Dessau 1994

Bieder, H.: Freiherr Georg von Derfflinger. Lebuser Heimatkalender. Lebus 1921

Borussia. Museum für Preußische Vaterlandskunde. Erster Band. Dresden 1838

Büchting, W.: Martin Rinckart – Ein Lebensbild. Göttingen 1903

Czibulka, Alfons v.: Große deutsche Soldaten. Drei Masken Verlag 1933

Ense, K. A. Varnhagen v.: Biographische Denkmale. Siebenter Band. Leipzig 1872

Estorf, v.: Beiheft zum Militär-Wochenblatt 1894. Verlag Mittler und Sohn. Berlin 1894

Estorf, v.: Beiheft zum Militär-Wochenblatt 1896. Verlag Mittler und Sohn. Berlin 1896

Fernau, Joachim: Sprechen wir über Preußen – Die Geschichte der armen Leute. Ullstein-Verlag. Frankfurt/Berlin 1991

Gansauge, H. v.: Veranlassung und Geschichte des Krieges in der Mark Brandenburg im Jahre 1675. Verlag G. Reimer. Berlin 1834

Geisthirt, Johann Conrad: Historia Schmalcaldica, Heft I (Reprint 1992). F. Willisch 1881

Georg Freiherr v. Derfflinger, in: Sonderdruck aus den „Neuen Militärischen Blättern“. Verlags-Buchhandlung für Militär-Literatur. Berlin 1875

Gloger, Bruno: Friedrich Wilhelm. Verlag Neues Leben. Berlin 1985
Groehler, Olaf: Das Heerwesen in Brandenburg und Preußen von 1640 bis 1806. Das Heerwesen. Berlin 1993

Hülber, Hans: Georg Derfflinger – seine Vorfahren und der Lebensraum seiner frühen Jugend. Oberösterreichische Heimatblätter 1983

Jany, Curt v.: Geschichte der Preußischen Armee vom 15. Jahrhundert bis 1914. Erster Band. Biblio Verlag. Osnabrück 1967

Köhler: Wöchentliche Historische Münz-Belustigung. Ausgabe 18. April 1731
Krause, G.: Urkunden, Aktenstücke und Briefe zur Geschichte der Anhaltischen Lande und ihrer Fürsten unter Druck des Dreißigjährigen Krieges. Vierter Band. Dyk'sche Buchhandlung. Leipzig 1864

Merta, Klaus-Peter: Das Heerwesen in Brandenburg und Preußen von 1640 bis 1806. Die Uniformierung. Brandenburgisches Verlagshaus. Berlin 1991
Müller, Heinrich: Das Heerwesen in Brandenburg und Preußen von 1640 bis 1806. Die Bewaffnung. Brandenburgisches Verlagshaus. Berlin 1991
Mülverstedt, George Adalbert v.: Die brandenburgische Kriegsmacht unter dem Großen Kurfürst. Neudruck der Ausgabe Magdeburg 1888. Ltr.-Verlag Wiesbaden 1981

Nachama, Andreas: Der Große Kurfürst. Stapp Verlag Berlin 1989
Neumann, Hans-Joachim: Friedrich Wilhelm der Große Kurfürst. Verlag edition. Berlin 1995

Preradovich, Nikolaus v.: Georg Freiherr v. Derfflinger. Österreichische Militärische Zeitschrift 1965

Rosendorfer, Herbert: Der Prinz von Homburg. Nymphenburger Verlagshandlung München 1989

Schöning, Kurd Wolfgang v.: Leben und Kriegstaten – Des General-Feldmarschalls Hans Adam von Schöning auf Tamsel. Verlag Lüderitz. Berlin 1837

Schöning, Kurd Wolfgang v.: Die Generale der Chur-Brandenburgischen und Königlichen Preußischen Armee von 1640–1840. Verlag Lüderitz. Berlin 1840

Seeckt, Hans v.: Moltke – ein Vorbild. Verlag für Kulturpolitik. Berlin und Wien 1943

Simon, M. Jeremias: Eilenburger Chronica. Leipzig 1696

Sperl, Hans/Steinkogler, Johann: 100 Jahre Ortsgeschichte Eggendorf. Druckerei Mittermüller, Rohr. Eggendorf 1994

Thiel, Rudolf: Preußische Soldaten. Paul Neff Verlag. Berlin und Wien 1943

Unger, W. v.: Feldmarschall Derfflinger. Mittler und Sohn. Berlin 1897

Wedgwood, C. V.: Der 30jährige Krieg. List-Verlag. München 1993

Winkelmann, Arnhold: Predigt zum 300. Geburtstag Derfflingers (10. März 1906). Diesdorf 1906

Register

Eroberung von Rügen und